Elektro Arbeiten

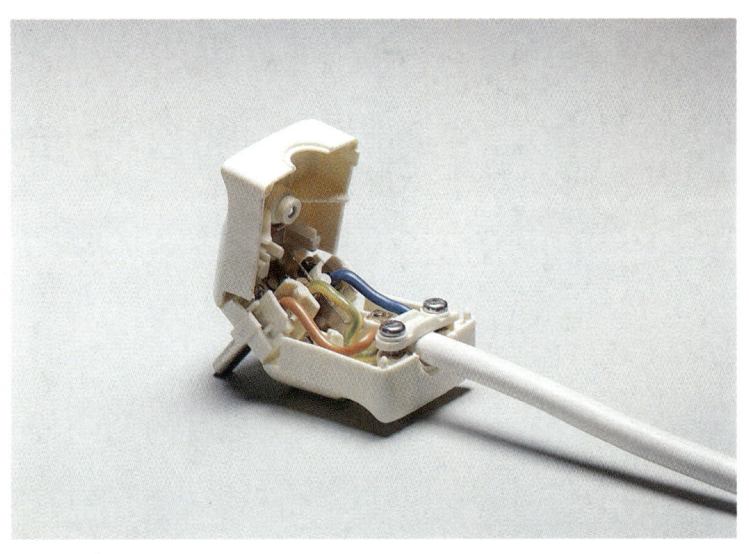

Falken-Heimwerker-Praxis

Selbst gemacht
viel Geld gespart
alles in Farbe
mit vielen Tips vom Profi

Karl H. Schubert

Elektro Arbeiten

FALKEN

Inhalt

Elektroarbeiten selber machen ___ 6

Grundlegende Sicherheitsregeln ___ 8

Elektroinstallation im Haus ___ 10

Hausanschluß und Zähler ___ 12
Wechselstrom und Drehstrom ___ 13
Sicherungen ___ 15
Fehlerstromschutzschaltung ___ 17
Nullung, Schutzleiter und Schutz-
   isolierung ___ 18
Schutzarten und Schutzklassen ___ 20
Schaltpläne und Sinnbilder ___ 21
Leitungsarten und ihre Verwendung ___ 22

Kleine Werkzeugkunde ___ 26

Schraubendreher, Zangen, Spezial-
   werkzeug ___ 28
Prüfschraubendreher ___ 30
Spannungsprüfer ___ 31
Durchgangsprüfung ___ 32

Arbeiten an Zuleitungen und Geräten ___ 34

Stecker und Kupplung ersetzen ___ 36
Fehlersuche bei elektrischen Klein-
   geräten ___ 42
Austausch der Bügeleisenanschluß-
   leitung ___ 43
Kohlen erneuern bei Elektromotoren ___ 46

Glühlampen und Leuchten ___ 48

Leuchten und Strahler montieren
   und auswechseln ___ 50
Deckeneinbauleuchte ___ 51
Die Glühlampe ist abgebrochen ___ 52
Leuchtstofflampen ___ 53
Fehlersuche mit System ___ 54
Halogenlampen ___ 55
Außenleuchten ___ 58
Infrarotschalter ___ 58

Besonderheiten bei Kleinspannung ___ 62

Klingelanlage ___ 64
Antennen und Antennensteckdosen
   für Radio und Fernsehen ___ 66

Arbeiten und Reparaturen an der Installation ___ 70

Austausch einer Steckdose ___ 72
Austausch eines Lichtschalters ___ 75
Stromstoßschalter (Fernschalter) ___ 81
Dimmer ___ 82
Fernbedienung der Lichtschalter ___ 88

Neuinstallation von Steckdosen und Schaltern ___ 90

Planung der Installation ___ 92
Grundregeln
   für die Leitungsverlegung ___ 94
Besonderheiten bei Stegleitungen ___ 96
Stemmarbeiten ___ 97
Verbinden der Leitungen ___ 98
Eingipsen der Schalterdose ___ 100
Hohlwanddosen ___ 101
Schalterkombinationen ___ 104
Leitungen in Installationsrohren ___ 106
Leitungsverlegung auf Putz ___ 108
Montage einer Aufputzsteckdose ___ 109
Abzweigdose montieren ___ 110
Aufputzschalter montieren ___ 111
Kabelkanäle ___ 112
Anschlüsse und Geräte
   in Feuchträumen ___ 112
Außeninstallation ___ 116
Prüfen neuer Anschlüsse ___ 117

Fachausdrücke ___ 118

Register ___ 119

In der Elektrotechnik bedeutet:

A — Ampere, Einheit der elektrischen
   Stromstärke
Hz — Hertz, Einheit für die Frequenz von
   Wechselstrom
J — Joule, Einheit der Arbeit (auch
   Wattsekunde)
Ω — Ohm, Einheit des elektrischen
   Widerstandes
V — Volt, Einheit der elektrischen
   Spannung
W — Watt, Einheit der elektrischen
   Leistung

Folgende Leitungsfarben sind zu beachten:

Phase (P)
Mittelleiter (N)
Schutzleiter
Phase (P)

Diesem Blitz
werden Sie im
Buch immer
wieder begegnen.
Er macht auf-
merksam auf
Arbeiten, bei
denen Sie beson-
ders umsichtig
vorgehen müssen

Elektroarbeiten selber machen

Viele Menschen begegnen der elektrischen Installation mit gehörigem Respekt: Man sieht nicht recht, was passiert, und weiß dennoch, daß ein Berühren von Teilen, die unter Spannung stehen, lebensgefährlich sein kann.

Auf der anderen Seite sind ständig kleine und häufig auch banale Elektroarbeiten zu erledigen: Das Anklemmen von Leuchten bei einem Umzug, das Ersetzen eines durchgescheuerten Kabels, das Erneuern von Teilen der Installation, die Montage eines Steckers usw.

Für viele dieser Arbeiten wird es zu aufwendig sein, einen Handwerker zu bestellen, man macht sie lieber selbst. Dieses Buch soll dabei helfen, indem die technischen Grundlagen und die Abläufe für die am häufigsten in der Wohnung und im Wohnhaus auftretenden Arbeiten beschrieben werden. Es soll dem Heimwerker die Kenntnisse vermitteln, die er benötigt, um die anfallenden Arbeiten ebenso ordentlich und sicher wie ein guter Fachmann zu erledigen.

Unter der Voraussetzung, daß man sorgfältig und genau arbeitet und die entsprechenden Vorschriften beachtet, kann man auch an elektrischen Anlagen oder Geräten einige Arbeiten vornehmen. Besondere Rücksicht muß allerdings auf die Vorschriften der Stromversorgungsunternehmen genommen werden. Der Verbraucher hat mit seinem Stromlieferanten einen Vertrag abgeschlossen, in dem festgelegt ist, daß Arbeiten an den elektrischen Anlagen nur von konzessionierten Betrieben vorgenommen werden dürfen. Damit ist es Heimwerkern grundsätzlich untersagt, solche Arbeiten durchzuführen. Auf der anderen Seite verkauft jeder Elektroinstallateur, aber auch das Kaufhaus oder der Baumarkt Installationsmaterial, so daß ein geschickter und erfahrener Heimwerker die Anlage für sein ganzes Haus selbst installieren kann.

Grundlegende Sicherheitsregeln

Was darf man auf keinen Fall selber machen ?

Viele Unfälle mit elektrischen Geräten und Anlagen sind nur aus Leichtsinn passiert. Grundlage selbst für die kleinsten Arbeiten muß deshalb die Beachtung der Sıcherheitsvorschriften sein. Von ihnen darf auf keinen Fall abgewichen werden, auch nicht, um sich die Arbeit zu vereinfachen oder sie zu verkürzen.

Einige grundlegende Regeln werden im folgenden aufgeführt, weitere Sicherheitsregeln sind bei den beschriebenen Arbeiten in den entsprechenden Kapiteln zu finden. Immer dann, wenn von der Arbeit eine besondere Gefährdung ausgehen kann, ist ein entsprechender Hinweis mit einem Blitz, dem Symbol für elektrische Gefahren, versehen.

Die sieben goldenen Sicherheitsregeln

1. Nie an Leitungen oder Geräten arbeiten, die unter Spannung stehen. Vor Beginn der Arbeit die Sicherung für den entsprechenden Stromkreis herausschrauben oder ausschalten.

2. Die Sicherung gegen Wiedereinschalten durch andere sichern. Dies geschieht am besten durch ein entsprechend beschriftetes Schild, das an die Sicherung gehängt wird. Herausgeschraubte Sicherungen werden nicht auf den Sicherungskasten oder Zähler gelegt, sondern mitgenommen.

3. Vor Beginn der Arbeit mit dem Spannungsprüfer kontrollieren, ob die Leitung tatsächlich spannungsfrei ist.

4. Nie Arbeiten durchführen, bei denen man sich nicht hundertprozentig sicher ist, daß sie so in Ordnung sind.

5. Keine beschädigten, abgenutzten oder veralteten Teile oder Geräte verwenden. Nach einer Reparatur oder Ergänzung muß die Installation unbedingt den neuesten Vorschriften entsprechen.

6. Der grün-gelbe Schutzleiter darf nicht abgeklemmt, entfernt oder für andere Zwecke benutzt werden. Nach jeder Arbeit ist seine Funktion zu überprüfen.

7. Arbeiten am Hauseinlaß, am Zähler, an der Verteilung und an den Sicherungen dürfen nur vom Elektriker vorgenommen werden.

Wer trägt die Verantwortung?

Grundsätzlich sind bei jeder Installation und auch Veränderung der Anlage die VDE-Vorschriften einzuhalten (VDE — Verein Deutscher Elektrotechniker e.V., Frankfurt a.M.). Darauf wird im folgenden Kapitel, aber auch im gesamten Verlauf des Buches näher eingegangen. Eine der wichtigsten VDE-Vorschriften ist die VDE 0100 mit den Bestimmungen für die Schutzmaßnahmen.

Jeder, ob Elektriker oder Heimwerker, hat sich über diese Bestimmungen zu informieren, da er für die Einhaltung dieser anerkannten und verbindlichen Regeln der Elektrotechnik selbst verantwortlich ist.

Bei elektrischen Unfällen wird derjenige zur Verantwortung gezogen, der zuletzt an der Anlage gearbeitet oder das entsprechende elektrische Gerät repariert hat.

Da ein Heimwerker in der Regel nicht alle Bestimmungen kennen kann, wird empfohlen, zumindest bei größeren Anlagen den Rat des Fachmanns zu suchen. Ein konzessionierter Elektriker kann die Anlage überprüfen und abnehmen und damit auch die Gewähr für eine ordnungsgemäße sichere Ausführung bieten.

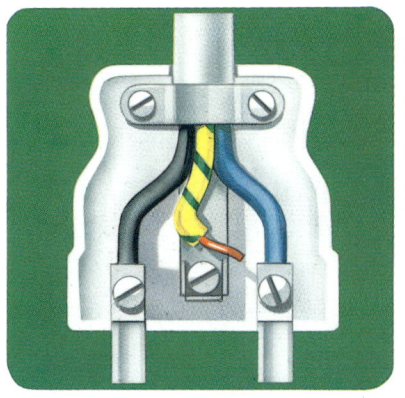

Ein nicht angeschlossener oder defekter Schutzleiter kommt leider bei sehr vielen Elektrogeräten vor

Die Schutzklasse muß dem Verwendungszweck entsprechen. Feuchtigkeit und Nässe können sonst tödlich wirken

Das Vertauschen von Schutz- und Hauptleiter hebt die Schutzwirkung auf

Das Berühren von Elektrogeräten der Schutzklasse I, deren Gehäuse durch Isolationsfehler an elektrischen Teilen und unterbrochenem Schutzleiter unter Spannung stehen, ist eine häufige Unfallursache

Beschädigte Geräte müssen sofort repariert, aber nicht behelfsmäßig geflickt werden

Elektroinstallation im Haus

Die Elektroinstallation ist für viele ein Buch mit
sieben Siegeln. Es wird deshalb ein kurzer
Einblick in die technischen Zusammenhänge
gegeben und erläutert, welche Aufgaben die
Bauteile der Installation haben. Dadurch wird
es bei Störungen leichter, gezielt nach Fehlern
zu suchen und, soweit möglich, selbst Abhilfe
zu schaffen.

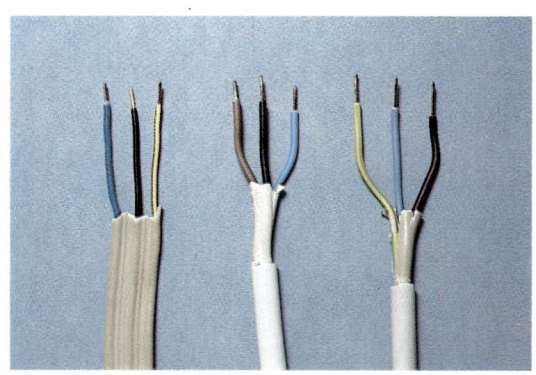

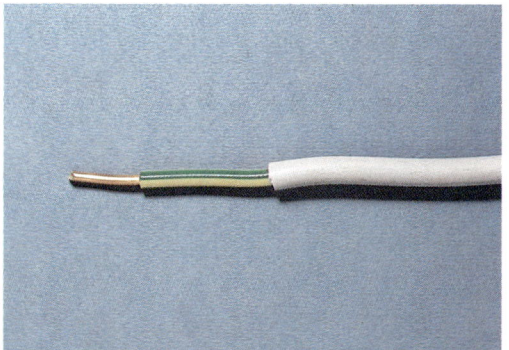

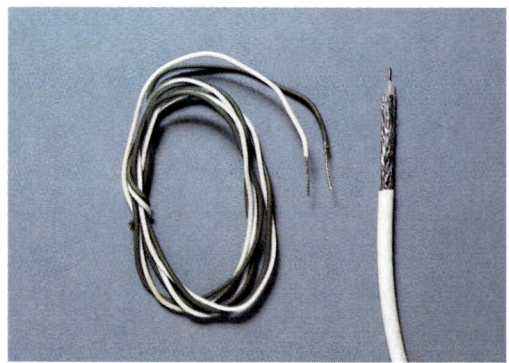

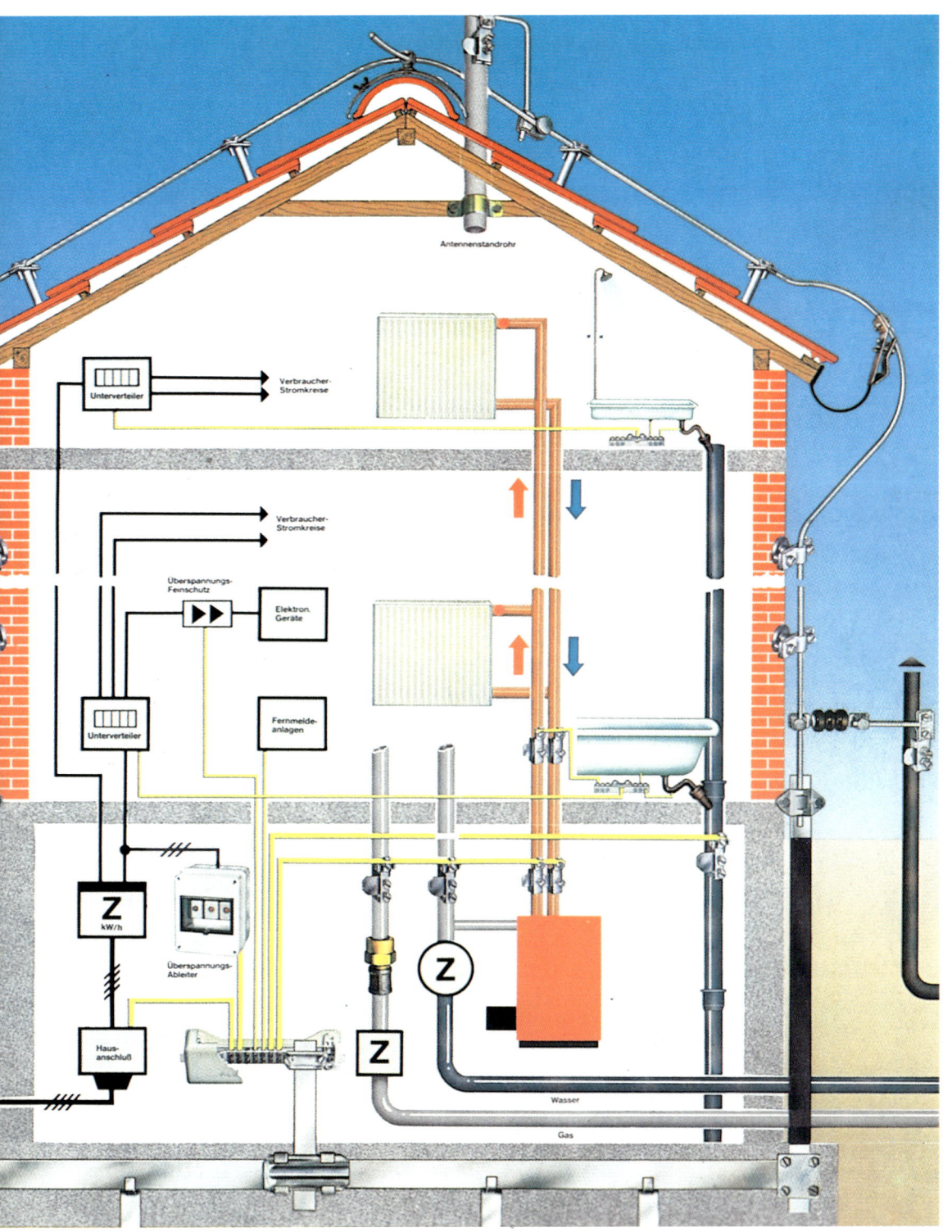

Antennenstandrohr

Unterverteiler

Verbraucher-
Stromkreise

Verbraucher-
Stromkreise

Überspannungs-
Feinschutz

Elektron.
Geräte

Unterverteiler

Fernmelde-
anlagen

Z
kW/h

Überspannungs-
Ableiter

Haus-
anschluß

Z

Z

Wasser

Gas

Zählerschrank mit Sicherungen

Hausanschluß und Zähler

Die elektrische Energie wird vom Energieversorgungsunternehmen über Erdkabel oder Freileitungen ins Haus geliefert. An der Abzweigung des unter der Straße liegenden Kabels beziehungsweise am Dachständer bei Freileitungen beginnt der Hausanschluß. Er endet im Hausanschlußkasten.

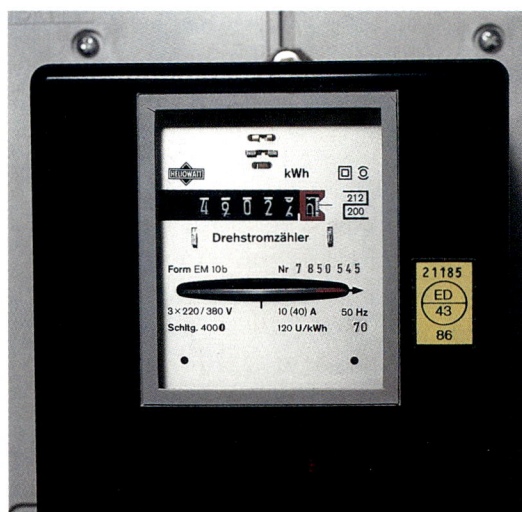

Am Zähler kann man die verbrauchte Energie ablesen. Die Zählerkonstante beträgt bei diesem Zähler 120 U/kWh

Der Hausanschlußkasten ist verplombt und darf nur von konzessionierten Elektrikern oder vom Energieversorgungsunternehmen geöffnet werden. Er enthält die Hauptsicherungen, die verhindern, daß Schäden in der Hausinstallation zu Störungen im Netz des Stromversorgungsunternehmens führen. Der Hausanschlußkasten ist, wenn möglich, im Keller in einem Hausanschlußraum untergebracht, der auch den Zählerschrank und andere Hausanschlüsse wie Telefon oder Wasser aufnehmen kann.

Vom Hausanschlußkasten führt eine Hauptleitung zum Zähler. Der Zähler ist häufig in einem Zählerschrank untergebracht, der außerdem die Zählerabgangssicherung und den Stromkreisverteiler mit den Sicherungen für die einzelnen Stromkreise enthält. Der Hausanschluß wird bis zum Zähler immer als Drehstromleitung verlegt.

GEWUSST WIE

Mit dem Zähler kann man messen, welche Leistung ein im Haus angeschlossener Verbraucher hat. Dazu benötigt man die Zählerkonstante, die auf dem Zähler in Umdrehungen je Kilowattstunde (U/kWh) angegeben ist. Eine übliche Größe ist beispielsweise 75 U/kWh, das bedeutet, daß die sichtbare Zählerscheibe 75 Umdrehungen macht, bis eine Kilowattstunde verbraucht ist.

Zur Leistungsmessung zählt man die Umdrehungen der Zählerscheibe in einer Minute und rechnet:

$$\text{Leistung } P = \frac{\text{Zahl der Umdrehungen/min x 60}}{\text{Zählerkonstante}}$$

Beispiel: Bei einem Heizofen werden 2 Umdrehungen gezählt, die Zählerkonstante ist 75 U/kWh:

$$P = \frac{2 \times 60}{75} = 1,6 \text{ kW}$$

Vor der Leistungsmessung mit dem Zähler müssen alle anderen am Zähler angeschlossenen Verbraucher abgeschaltet werden.

Wechselstrom und Drehstrom

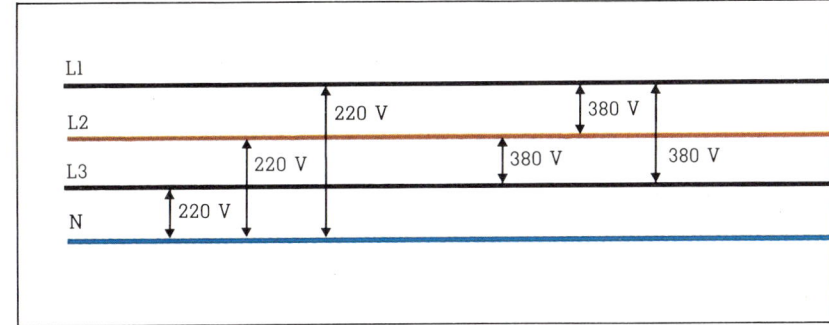

L1

L2

L3

N

220 V

220 V

220 V

380 V

380 V

380 V

Schematische Darstellung des Drehstromnetzes mit Angabe der Spannungen, die zwischen den Adern gemessen werden können

In einem Drehstromnetz sind drei stromführende Leiter, die als L 1, L 2 und L 3 (früher: R,S,T) bezeichnet werden. Dazu kommt ein Mittelleiter mit der Bezeichnung N und der Schutzleiter PE (früher: SL). Die Spannung wird als Wechselspannung mit einer Frequenz von 50 Hz bezeichnet, das heißt, sie ändert sich 50mal in der Sekunde.

Zwischen jeweils zwei Außenleitern kann bei Drehstrom eine Spannung von 380 V gemessen werden, zwischen einem der drei Außenleiter und dem Mittelleiter eine Spannung von 220 V. Innerhalb des Hauses können daher zwei Arten von Leitungen verlegt werden: 220-V-Leitungen für Steckdosen und Beleuchtung und 380-V-Leitungen für stärkere Verbraucher wie den Backofen in der Küche oder die große Kreissäge und andere Geräte in der Werkstatt des Heimwerkers.

Der Schutzleiter wird an einer Potentialausgleichsschiene angeschlossen. Sie verbindet folgende leitfähigen Teile innerhalb des Hauses miteinander: Schutzleiter, Erdungsleitung, Blitzschutzerder (falls vorhanden), Hauptwasserrohre, Gasrohre, Heizungsrohre, Fernmeldeanlagen und Metallteile der Gebäudekonstruktion. Dadurch werden die Potentialunterschiede, das sind Spannungen zwischen den verschiedenen leitfähigen Rohr- oder Gebäudeteilen, verhindert.

Die Potentialausgleichsschiene ist (bei neueren Häusern) mit dem Fundamenterder verbunden. Das ist ein verzinkter Bandstahl oder Rundstahl, der beim Bau des Hauses im Be-

tonfundament mitverlegt wurde. Da sich der elektrische Widerstand des Betons dem des Erdbodens annähert, ist eine gute Erdung gewährleistet. Auch beim Bau eingebrachte Kunststoffolien unter der Fundamentsohle verringern die Wirksamkeit des Erders nicht wesentlich.

Sämtliche Arbeiten am Hausanschluß, am Zähler, am Stromkreisverteiler, an den Sicherungen und an der Verbindung zur Potentialausgleichsschiene dürfen nur vom zugelasse-

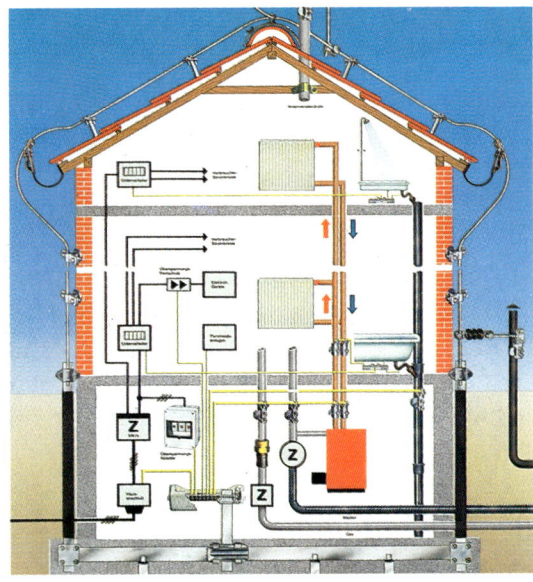

Die Verbindung aller metallischen Leitungen im Haus mit dem Potentialausgleich (Z bedeutet Zähler für Strom, Gas oder Wasser)

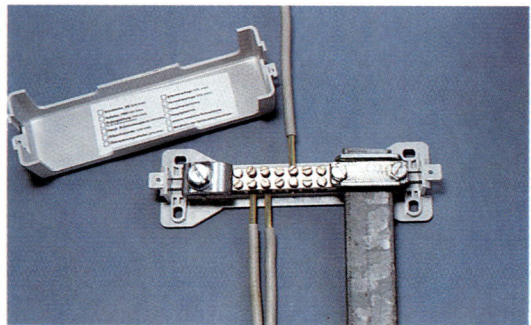

Die Potentialausgleichsschiene mit dem Fundamenterder aus verzinktem Flachstahl und mehreren Erdungsleitungen aus Kupfer

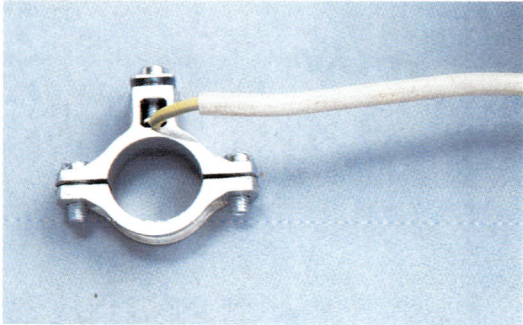

Rohrschelle zum Anschluß von Gas-, Wasser- und
Heizungsleitungen an den Potentialausgleich —
der Schutzleiter ist bereits eingeklemmt

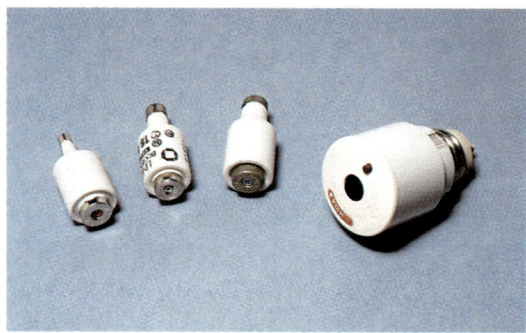

Verschiedene Schmelzsicherungen und ein Siche-
rungsautomat mit Schraubgewinde

nen Elektriker durchgeführt werden. Dies ist
besonders deshalb wichtig, weil in den einzelnen Versorgungsgebieten der Stromlieferanten
unterschiedliche Arten der Anschlüsse und
Schutzmaßnahmen möglich sind.

Die meisten Verbraucher im Haus sind an eine
220-V-Wechselstromleitung   angeschlossen.
Diese Leitung besteht aus drei Adern: dem
schwarzen Außenleiter (auch Phase genannt),
dem blauen Mittelleiter und dem gelb-grünen
Schutzleiter. In älteren Anlagen einiger Versor-
gungsgebiete gibt es noch Anschlüsse mit der
klassischen Nullung, bei der der Schutzkontakt
direkt mit dem Mittelleiter verbunden wird.
Beim Austausch von Steckdosen ist hierauf besonders zu achten; in den entsprechenden Kapiteln dieses Buches wird darauf genauer hingewiesen.

Der Schutzleiter erhöht die Sicherheit gegenüber der klassischen Nullung, da bei einer Unterbrechung des Mittelleiters die angeschlossenen Geräte weiterhin geerdet sind. Bei einer
Unterbrechung des Schutzleiters wird dagegen nur die zusätzliche Schutzwirkung aufge-
hoben. Der Anschluß an den Mittelleiter bleibt
bestehen, so daß ein Berühren der angeschlossenen Geräte nicht gefährlich wird.

Bei einer Erweiterung von Anlagen mit klassischer Nullung wird ebenfalls ein Schutzleiter
verwendet. Diese Arbeiten sollten nur von einem Elektriker durchgeführt werden.

Verschiedene größere Verbraucher werden mit
einer fünfadrigen Drehstromleitung angeschlossen, die drei Außenleiter, einen Mittelleiter und den Schutzleiter enthält. Arbeiten an
der Drehstrominstallation sollten vom Heimwerker nicht vorgenommen werden, da ein
Verwechseln der Anschlüsse oder der Kontakt
zweier Außenleiter miteinander schwerwie-
gende Folgen haben kann. Eine Ausnahme ist
der mit Fotos beschriebene Backofenanschluß,
da die Anschlußverhältnisse dort recht übersichtlich sind.

Auf keinen Fall dürfen 380-V-Drehstromlei-
tungen mit der 220-V-Wechselstrominstallation
zusammen in Abzweigdosen oder Steckdosen
benutzt werden. Beide Netze werden unabhängig voneinander verlegt, die Aufteilung erfolgt
im Stromkreisverteiler.

Sicherungen

Fließt in einer Leitung ein für den Querschnitt zu hoher Strom, erwärmt sie sich, und es besteht Brandgefahr.

Aus diesem Grund sind Leitungen mit Schmelzsicherungen oder Leitungsschutzschaltern gesichert. Bei Überschreiten der vorgesehenen Stärke der Sicherung oder bei einem Kurzschluß schmilzt der Sicherungsdraht, und der Stromkreis ist unterbrochen. Schmelzsicherungen stehen in verschiedenen Stromstärken zur Verfügung. Durch eine Paßschraube im Sockel, die nur der Elektriker auswechseln sollte, wird verhindert, daß eine stärkere Sicherung als zulässig eingeschraubt wird. Früher wurden flinke und träge Sicherungen verwendet, die heute durch die gL-Sicherung ersetzt werden: gL bedeutet »Ganzbereichs — Kabel- und Leitungsschutz«. gL-Schmelzsicherungen schalten bei 10fachem Nennstrom innerhalb von 0,2 Sekunden ab. Schmelzsicherungen haben ein kleines farbiges Plättchen, das herausspringt, wenn die Sicherung durch zu hohen Strom oder Kurzschluß zerstört wird. An der Farbe dieses Plättchens, die mit der Farbe der Paßschraube übereinstimmt, erkennt man die Stromstärke der Sicherung.

Stromstärke	Kennfarbe
4 A	braun
6 A	grün
10 A	rot
16 A	grau
20 A	blau
25 A	gelb

Die Schmelzsicherung wird durch eine Schraubkappe mit einer kleinen runden Glasscheibe abgedeckt. Dadurch wird ein Schutz gegen das Berühren spannungführender Teile erreicht. Durch die Glasscheibe kann kontrolliert werden, ob das farbige Plättchen der Sicherung noch vorhanden ist. Bei älteren Sicherungen fehlen die Glasscheiben häufig.

Sicherungen dürfen unter keinen Umständen geflickt oder überbrückt werden, da dadurch die Gefahr einer Überlastung der Leitung besteht.

Leitungsquerschnitt

Die Belastung und Absicherung einer Leitung richtet sich nach dem Querschnitt:

Querschnitt	Belastbarkeit	Sicherung
1,5 mm^2	2,2 kW	10 A (16 A)
2,5 mm^2	4,4 kW	20 A

Leitungsschutzschalter

Anstelle von Schmelzsicherungen werden häufig Leitungsschutzschalter (auch Automaten genannt) eingebaut. Sie schützen die Leitung ebenfalls vor Überlast und Kurzschluß.

Der Wohnungsverteiler nimmt alle für eine Wohnung benötigten Sicherungen und Fehlerstromschutzschalter sowie den Klingeltrafo und andere Geräte auf

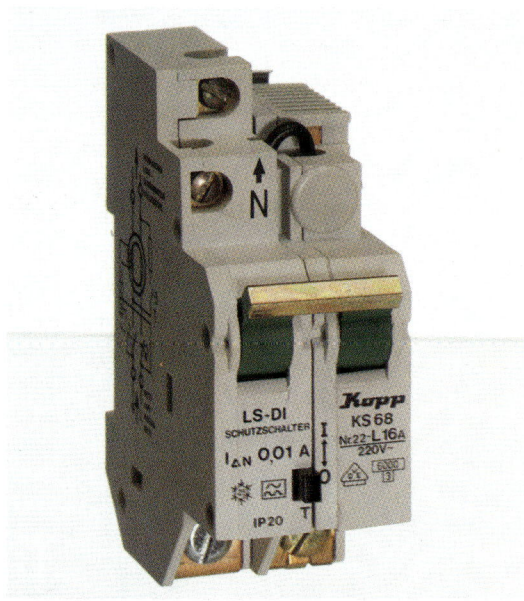

Sicherheitskombination mit Leitungsschutzschalter und Differenzstromauslöser. Durch den Einbau dieses Gerätes in die Verteilung erreicht man Leitungs-, Brand- und Personenschutz

Leitungsschutzschalter dürfen nur vom Elektriker ein- oder ausgebaut werden, da die Installation durch Herausdrehen der Zählervor- oder -nachsicherungen spannungsfrei geschaltet werden muß.

Die Feinsicherung ist mit Buchstaben und Zahlen gekennzeichnet. Es gibt fünf Sorten:

- superflink   Kennzeichen FF
- flink   Kennzeichen F,
                Ansprechzeit weniger als
                30 Millisekunden
- mittelträge   Kennzeichen M,
                Ansprechzeit 30—80 Milli-
                sekunden
- träge   Kennzeichen T,
                Ansprechzeit 80—300
                Millisekunden
- superträge   Kennzeichen TT

Für Dimmer wird beispielsweise bei 400 W Leistung eine Feinsicherung 1,6 A träge und 600 W 2,5 A träge verwendet.

Sie arbeiten mit einem thermischen (wärmeempfindlichen) und einem magnetischen Auslöser. Bei kleinen Überströmen schaltet der thermische Auslöser nach einer gewissen Zeit ab. Bei hohem Überstrom oder einem Kurzschluß unterbricht eine Magnetspule den Stromkreis sofort.

Leitungsschutzschalter haben den Vorteil, daß sie nach dem Auslösen wieder eingeschaltet werden können. Für den Ersatz von Schmelzsicherungen gibt es Schalter mit Schraubgewinde. In neueren Anlagen werden die Leitungsschutzschalter in die Zählertafel fest eingebaut. Da sie eine Breite von nur 17,5 mm haben, kann auch auf engem Raum eine größere Zahl von Leitungsschutzschaltern eingebaut werden.

Da auf keinen Fall an spannungführenden Leitungen gearbeitet werden darf, muß vor Beginn der Arbeit die Schmelzsicherung herausgedreht oder der Leitungsschutzschalter ausgeschaltet werden. In den einzelnen Kapiteln dieses Buches wird darauf immer wieder hingewiesen. Um zu verhindern, daß zum Beispiel Mitbewohner die Sicherung wieder einschalten, während noch an der Leitung gearbeitet wird, sollte ein Schild am Sicherungskasten befestigt werden:

**Nicht einschalten! Gefahr!
Es wird gearbeitet!**

Herausgedrehte Schmelzsicherungen dürfen nicht auf der Verteilung abgelegt, sondern sie müssen mitgenommen werden.

Feinsicherungen

In elektronische Helligkeitsregler (Dimmer), Rundfunkgeräte und viele andere elektronische Geräte werden Feinsicherungen eingebaut. Sie schützen vor zu hoher Stromaufnahme, da die Verteilersicherung dafür zu grob ist. Sie werden auch als Gerätesicherung bezeichnet. Häufig verwendete Feinsicherungen bestehen aus einem dünnen Glasröhrchen mit 5 mm Durchmesser und 20 mm Länge mit Metallkappen an den Enden. Innen liegt ein feiner Schmelzdraht, der bei Überlast rechtzeitig zerstört wird.

Fehlerstrom-schutzschaltung

Täglich passieren Unfälle mit elektrischem Strom, die auf defekte Elektrogeräte zurückzuführen sind. Die Ursachen sind in den meisten Fällen unterbrochene Schutzleiter, mangelhafte oder fehlerhafte Isolation, fehlerhafte Anschlüsse und die direkte Berührung spannungführender Teile.

Eine Möglichkeit, sich dagegen zu schützen, ist der Einbau eines Fehlerstromschutzschalters (FI-Schutzschalter). Er schaltet den Stromkreis innerhalb von Sekundenbruchteilen ab, wenn durch einen Schaden ein Fehlerstrom von mehr als 30 mA (je nach Bauart auch mehr) auftritt. Dadurch wird eine Gefährdung von Menschen ausgeschlossen. Darüber hinaus gibt es Fehlerstromschutzschalter mit einem Nennfehlerstrom von 10 mA für erhöhten Personen- und Brandschutz.

Bei Neuanlagen ist der Einbau eines Fehlerstromschutzschalters mittlerweile üblich. Bei Altanlagen ist ein nachträglicher Einbau in der Regel möglich und auch sinnvoll. Es gibt allerdings Altanlagen, in denen empfindliche Fehlerstromschutzschalter nur nach einer vollständigen Erneuerung des Leitungsnetzes eingebaut werden können. Bei klassischer Nullung kann kein Fehlerstromschutzschalter verwendet werden.

Eine Funktion ist nur dann gewährleistet, wenn alle Leitungen, Außenleiter und Mittelleiter über den FI-Schutzschalter geführt werden, ausgenommen der Schutzleiter. Der Nulleiter muß hinter dem FI-Schutzschalter genauso sorgfältig isoliert sein wie der Außenleiter, auch gegen Erde. Alle zu schützenden berührbaren Anlageteile müssen ordnungsgemäß geerdet sein.

Für nichtgeschützte Leitungen und Anlagen gibt es Fehlerstromschutzschalter zum Gebrauch an der Steckdose, beispielsweise in einer Steckdosenleiste oder einer Kabelbox eingebaut. Dadurch ist für Geräte, die mit dieser Steckdose benutzt werden, ein vollständiger Schutz gewährleistet.

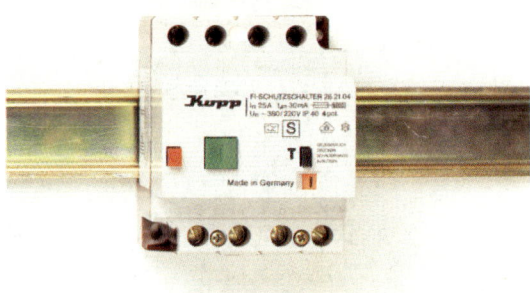

Fehlerstromschutzschalter zum Einbau in die Verteilung. Durch Drücken der Prüftaste sollte regelmäßig die Funktion kontrolliert werden

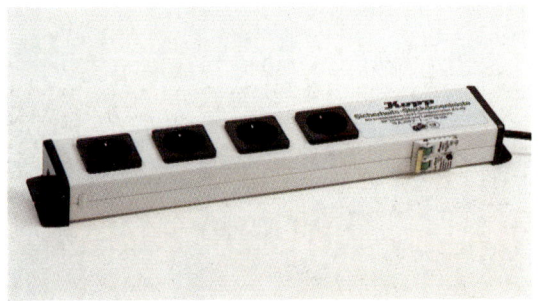

Steckdosenleiste mit eingebautem Schutzschalter. Alle daran angeschlossenen Geräte sind in den Schutz mit einbezogen

Sicherheitskabelbox mit Fehlerstromschutzschalter im Schutzkontaktstecker

In einer anderen Ausführung kann der Schutz-schalter anstelle eines Schutzkontaktsteckers an der Gerätezuleitung montiert werden. Da-durch ist ein Schutz ab dieser Steckdose ge-währleistet. Sollte der Schalthebel beim Ein-stecken des Schutzschaltersteckers in die Steckdose auf 0 schalten, liegt ein Fehler im angeschlossenen Gerät vor, oder der An-schluß wurde fehlerhaft ausgeführt.

Etwa zweimal im Jahr sollte der FI-Schutz-schalter überprüft werden. Dazu drückt man die mit P oder T gekennzeichnete Prüftaste und löst dadurch den Schutzschalter aus. An-schließend wird wieder eingeschaltet. Man er-fährt dadurch allerdings nur, ob der Schaltme-chanismus arbeitet. Weitergehende Prüfun-gen kann nur der Elektriker vornehmen.

Schutzkontaktstecker mit einem integrierten Differenzstromschutzschalter zum nachträg-lichen Anschluß an Gerätezuleitungen oder Kabelboxen

Zum Anschluß der dreiadrigen Zuleitung wird die mit einer Schraube befestigte Klemmabdeckung entfernt. Die Leitung von 0,75 bis 1,5 mm² Querschnitt wird wie bei Schutzkontaktsteckern angeschlossen

Nullung, Schutz-leiter und Schutz-isolierung

Die in der Bundesrepublik Deutschland übli-chen Schutzkontaktsteckdosen (»Schuko«) sind in der Regel mit drei Leitern angeschlossen:
- dem stromführenden Leiter (L)
- dem Nulleiter (N)
- dem Schutzleiter (PE)

Der grün-gelbe Schutzleiter verbindet das elektrisch leitende Gehäuse von Elektrogerä-ten über die Schutzkontaktsteckdose mit der Hauptverteilung. Dadurch wird erreicht, daß auch bei einer Unterbrechung des Nulleiters keine gefährliche Fehlerspannung am Gehäu-se des Gerätes entstehen kann. Diesen An-schluß bezeichnet man als Nullung.

Bei älteren Häusern findet man noch häufig die klassische Nullung. Dabei ist die Steckdo-se lediglich mit zwei Leitern, der Phase und dem Nulleiter angeschlossen. In der Steckdo-se wird der Schutzleiter mit dem Nulleiter durch eine Brücke verbunden. Die Verbindung

1 Schrauben der Spreizkrallen
2 Schrauben der Anschlußklemmen
3 Schraube des Schutzleiters

4 Schutzleiter, Farbkennzeichnung grün-gelb
5 Neutralleiter N
6 stromführender Leiter L

Links: Anschluß einer Steckdose mit einer dreiadrigen Leitung mit Schutzleiter. **Rechts:** Anschluß der gleichen Steckdose bei »klassischer Nullung«. In diesem Fall werden die Schrauben für den Schutzleiter und für den Nulleiter (5) durch eine Brücke miteinander verbunden

zum Elektrogerät erfolgt wiederum über die dreiadrige Leitung mit Schutzleiter. Die klassische Nullung ist weniger sicher als der Anschluß mit Schutzleiter, da bei einer Unterbrechung des Nulleiters das Gehäuse des Gerätes unter Spannung stehen kann. Bei Neuanlagen darf die klassische Nullung auf keinen Fall mehr angewendet werden.

Viele Geräte, wie Lampen, Haushaltsgeräte oder Elektrowerkzeuge, werden mit einer zweiadrigen Anschlußleitung und einem flachen Stecker ohne Schutzkontakte, dem Eurostecker, geliefert. Diese Geräte sind schutzisoliert. Das bedeutet, daß auch bei durchtrenntem Nulleiter keine Spannung am Gehäuse anliegen kann. Schutzisolierte Geräte sind mit einem besonderen Zeichen versehen. Sie benötigen keinen Schutzleiter. Bei Verwendung von Eurosteckern und Steckdosen mit zusätzlichen Steckbuchsen kann eine Schutzkontaktsteckdose zwei Eurostecker aufnehmen.

Grundsätzlich gilt auch bei der Verwendung von schutzisolierten Geräten: Der Schutzleiter in der Schutzkontaktsteckdose muß angeschlossen sein, da die Steckdose unter Umständen auch für andere, nicht schutzisolierte Geräte benutzt wird.

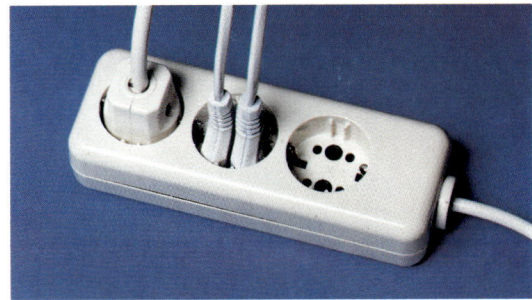

Schutzkontakt-Mehrfachsteckdose für Eurostecker und Schutzkontaktstecker

Arbeitsregeln:

● Schutzkontaktsteckdosen dürfen nur mit angeschlossenem und überprüftem Schutzleiter in Betrieb genommen werden

● Bei Schutzkontaktsteckern und -kupplungen sowie bei Geräten ohne Schutzisolierung ist immer der Schutzleiter anzuschließen

● Grün-gelbe Leiter dürfen nur als Schutzleiter verwendet werden. Die Benutzung als Schaltleitung ist nicht zulässig. In Altanlagen kann der Schutzleiter rot sein

● Wasser- oder Heizungsleitungen dürfen nicht als Schutzleiter verwendet werden

Schutzarten und Schutzklassen

Elektrogeräte werden, je nach Verwendungszweck, so geschützt, daß Fremdkörper und Wasser nicht eindringen und die Funktion nicht beeinträchtigen können. Da es aber sehr unterschiedliche Anforderungen an den Schutz gibt, wird eine Einteilung in verschiedene Schutzarten vorgenommen.
Dabei wird unterschieden nach *Fremdkörperschutz* und *Wasserschutz*. Die Schutzart wird am Gerät und auch in den technischen Unterlagen durch eine Kurzziffer bezeichnet, die aus den Buchstaben IP und zwei Kennziffern besteht. So bedeutet beispielsweise IP 45 bei einer Leuchte, daß sie gegen das Eindringen von Fremdkörpern geschützt ist, die größer als 1 mm sind (1. Kennziffer) sowie gegen Strahlwasser (2. Kennziffer). Zusätzlich zu diesen Kurzzeichen werden Bildzeichen verwendet, die die Schutzart einprägsam bezeichnen.

Schutzklassen

Die Schutzklasse gibt an, wie ein Gerät vor Berührungsspannung am Gehäuse geschützt ist, falls ein Fehler auftritt. Auch die Schutzklassen werden mit Bildzeichen dargestellt, die am Gehäuse des Gerätes oder an den Anschlußklemmen sichtbar sind.

Schutzklasse I
Die Geräte werden mit einem Schutzleiter angeschlossen. Im Fehlerfall erfolgt eine Netzabschaltung durch Sicherungen oder, bei modernen Anlagen, durch Fehlerstromschutzschalter.

Schutzklasse II
Die Geräte sind schutzisoliert. Das brührbare Gehäuse ist aus Kunststoff, oder es ist so isoliert, daß im Fehlerfall keine gefährliche Berührungsspannung auftreten kann.

Schutzklasse III
Die Geräte werden über einen Sicherheitstransformator mit einer Schutzkleinspannung von 42 V betrieben. Dadurch wird das Auftreten einer unzulässig hohen Berührungsspannung bei einem Isolationsfehler verhindert. Verwendet wird die Schutzkleinspannung in besonders gefährdeten Bereichen, beispielsweise bei einer Schwimmbadleuchte.

Fremdkörperschutz
(1. Kennziffer)

IP1...1 Schutz gegen große Fremdkörper über 50 mm
IP2... Schutz gegen mittelgroße Fremdkörper über 12 mm
IP3... Schutz gegen kleine Fremdkörper über 2,5 mm
IP4... Schutz gegen kornförmige Fremdkörper über 1 mm
IP5... Schutz gegen schädliche Staubablagerungen
IP6... Schutz gegen Eindringen von Staub

Wasserschutz
(2. Kennziffer)

IP...1 Schutz gegen senkrecht fallendes Tropfwasser
IP...2 Schutz gegen schräg fallendes Tropfwasser bis15° Neigung
IP...3 Schutz gegen Sprühwasser
IP...4 Schutz gegen Spritzwasser
IP...5 Schutz gegen Strahlwasser
IP...6 Schutz gegen schwere See
IP...7 Schutz beim Eintauchen
IP...8 Schutz beim Untertauchen

GEWUSST WIE

Außenleiter und Mittelleiter sind die Fachausdrücke für die stromführenden Leiter in der bei uns üblichen Wechselstrominstallation. Diese Bezeichnungen werden hergeleitet von der Lage der Anschlüsse bei der Stromerzeugung mit einem Drehstromgenerator. Außenleiter werden auch als Phase bezeichnet. Berührt man einen unter Spannung stehenden Außenleiter — zum Beispiel den Kontakt in einer reparaturbedürftigen Steckdose — mit der Prüfspitze eines Spannungsprüfers, leuchtet die Glimmlampe des Spannungsprüfers auf.

Der Mittelleiter dient zur Rückleitung des Stroms, er ist am Generator geerdet. Zwischen einem Außenleiter und dem Mittelleiter kann man mit dem Spannungsprüfer 220 V messen, das ist auch die Spannung gegen die Erde. Im Drehstromnetz gibt es drei Außenleiter (L1, L2 und L3) und damit drei Phasen. Zwischen jeweils zwei Außenleitern kann man mit dem Spannungsprüfer eine Spannung von 380 V messen, zwischen jeweils einem Außenleiter und dem Mittelleiter 220 V. Mit der Bezeichnung Drehstrom wird angedeutet, daß bei Motoren, die mit Drehstrom betrieben werden, die Drehbewegung durch ein umlaufendes Drehfeld erzeugt wird. Die Drehrichtung dieses Drehfeldes hängt von der Phasenfolge ab, sie wird durch Vertauschen zweier Außenleiter miteinander geändert.

Schaltpläne und Sinnbilder

Die Zeichnungen und Schaltpläne in diesem Buch sind durchweg so gestaltet, daß sie auch ohne besondere Kenntnisse der in der Elektrotechnik gängigen Sinnbilder verstanden werden können. Da jedoch vielen Elektrogeräten Schaltpläne beigefügt sind, deren Verständnis wichtig für den Anschluß ist, folgt eine kleine Auswahl von häufig verwendeten Sinnbildern und Schaltzeichen.

Sinnbild	Bedeutung
—	Gleichspannung, Gleichstrom
~	Wechselspannung, Wechselstrom
▭	Widerstand
—	Leitung, Bewegliche Leitung
┬	Leitungsverzweigung
⏚	Erdung
▭	Sicherung
⌐	Ausschalter
⌄	Serienschalter
⌐	Wechselschalter
✕	Kreuzschalter
◎	Tastschalter
⌐	Dimmer
⊥	Einfach-Schutzkontaktsteckdose
⊗	Leuchte

Leitungsarten und ihre Verwendung

Es gibt eine Vielzahl von verschiedenen Leitungen für die Elektroinstallation, die sich für den Heimwerker allerdings auf wenige gängige Arten reduziert. Leitungen bestehen in der Regel aus mehreren Adern, die mit einer farbigen Kunststoffumhüllung isoliert sind. Die Zahl der Adern einer Leitung und die Kennfarben der Isolierung richten sich nach dem Verwendungszweck.
Die Kennfarben haben folgende Bedeutung:

Farbe	Bezeichnung	Kurzzeichen
grün-gelb	Schutzleiter	PE
hellblau	Mittelleiter (Nulleiter)	N
schwarz oder braun	Außenleiter (Phase)	L1, L2 oder L3

In Altbauten sind zum Teil noch Leitungen mit anderen Kennfarben installiert. Dabei ist der:
● Schutzleiter PE: rot
● Mittelleiter N: grau
● Außenleiter L1, L2, L3:   schwarz

Die Leitungen mit den alten Kennfarben dürfen bei einer Erweiterung der Installation weiter verwendet werden, wenn die Querschnitte ausreichen. Dabei werden miteinander verbunden:
● Schutzleiter grün-gelb: mit rot
● Mittelleiter blau: mit grau
● Außenleiter schwarz oder braun: mit schwarz

Vor Arbeiten an der Installation muß sowohl bei alten als auch bei neuen Anlagen mit dem Spannungsprüfer kontrolliert werden, ob die Kennfarben tatsächlich ihrer Verwendung entsprechen. Man weiß schließlich nie, wer vorher an der Anlage gearbeitet hat.
Je nach Verwendungszweck sind Leitungen ein- bis fünfadrig. Eindrähtige Adern werden für feste Verlegung, mehrdrähtige für flexible Verlegung verwendet.
Die folgenden Tabellen geben eine Auswahl von häufig verwendeten Leitungen und die dafür genormten Kurzzeichen. Darüber hinaus gibt es noch weitere Leitungsarten für die feste Verlegung. Auch das Angebot an Leitungen für die flexible Verlegung, für Schwachstrom sowie für Fernsehen und Rundfunk ist äußerst vielfältig (siehe S. 24—25).

Leitungen für feste Verlegung

Bezeichnung	Verwendung	Kurzzeichen
Stegleitung	in trockenen Räumen, in und unter Putz, nicht in Holzhäusern und landwirtschaftlichen Gebäuden	NYIF — 0 2 x 1,5 mm² NYIF — J 3 x 1,5 mm²
Mantelleitung (Feuchtraumleitung)	in trockenen und feuchten Räumen sowie im Freien; auf, in und unter Putz, nicht im Erdreich	NYM — J 3 x 1,5 mm² 3 x 2,5 mm² 4 x 1,5 mm² 5 x 1,5 mm² 5 x 2,5 mm²
Energiekabel (Erdkabel)	im Freien und in der Erde, in Innenräumen, in Kabelkanälen	NYY — I 3 x 1,5 mm²

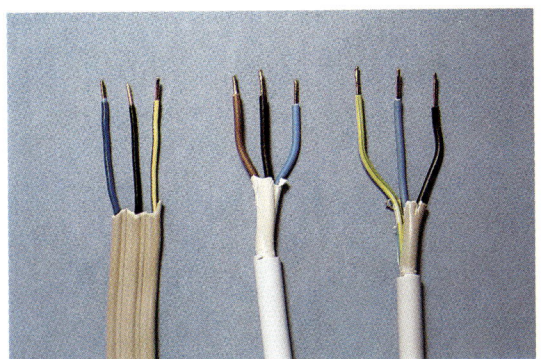

Von links nach rechts: dreiadrige Stegleitung mit den Farben Blau, Schwarz, Gelb-Grün (Kurzzeichen NYIF-0 3 x 1,5 mm²)
dreiadrige Mantelleitung für feste Verlegung mit den Farben Braun, Schwarz, Blau (NYM-I 3 x 1,5 mm²)
dreiadrige Mantelleitung mit den Aderfarben Gelb-Grün, Blau, Schwarz (NYM -I 3 x 1,5 mm²)

Von links nach rechts: flexible PVC-Schlauchleitung; dreiadrig mit den Farben Blau, Gelb-Grün, Schwarz (HO5VVV-F 3G 1,5 mm²); fünfadrig mit den Farben Braun, Blau, Schwarz, Gelb-Grün, Schwarz

Flexible Leitungen

Leitungen für bewegliche Verlegung, zum Beispiel Anschlüsse von beweglichen Leuchten oder Geräten, bestehen aus feindrähtigen flexiblen Leitern. Häufig verwendet werden Kunststoffschlauchleitungen für trockene Räume bei leichter Beanspruchung. Bei stärkerer Beanspruchung und im Freien muß eine Gummischlauchleitung in schwerer Ausführung gewählt werden.

Bewegliche Leitungen zum Anschluß von Stromverbrauchern bis 10 A (beispielsweise Steh- und Tischlampen) müssen einen Mindestquerschnitt von 0,75 mm² haben. Bewegliche Leitungen für Verbraucher bis 16 A (beispielsweise Heizgeräte) müssen einen Querschnitt von mindestens 1 mm² haben.

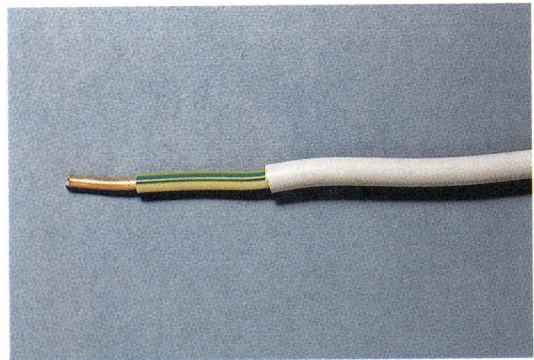

Einadrige Erdungsleitung mit der Kennfarbe Gelb-Grün

Zulässige Leitungsquerschnitte für flexible Leitungen:

Verbraucher	Querschnitt
bis 10 A	0,75 mm²
10 A bis 16 A	1 mm²
sowie Verlängerungsleitungen	

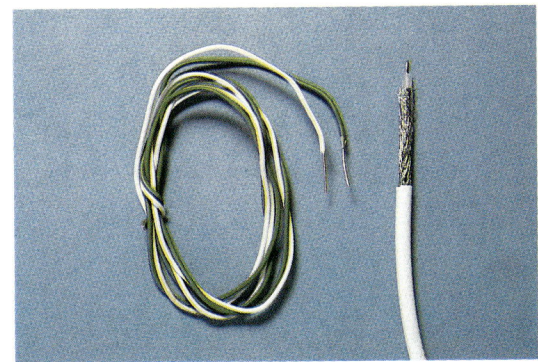

Y-Draht (Klingelleitung), zweiadrig (2 x 0,6 mm²);
HF-Koaxialkabel für Fernseh- und Rundfunkanlagen (rechts)

Leitungen für flexible Verlegung

Bezeichnung	Verwendung	Kurzzeichen
leichte PVC-Schlauchleitung	bei geringen Beanspruchungen in Haushalten und Büroräumen, für leichte Handgeräte und Heimwerkerwerkzeuge 0,75mm² ist zugelassen für Wärmegeräte, wenn die Leitung nicht mit heißen Teilen in Berührung kommt	HO3VV — F $2 \times 0,75$ mm² $3G0,75$ mm²
mittlere PVC-Schlauchleitung	in trockenen Räumen bei mittleren mechanischen Beanspruchungen. Nicht im Freien und nicht für Landwirtschaft und Gewerbe. Für Wärmegeräte, wenn die Leitung nicht mit heißen Teilen in Berührung kommt	HO5VVV — F $3G1$ mm² $3G1,5$ mm²
Herdanschlußleitung	bei mittlerer Beanspruchung im Haushalt	HO5VV — F $5G2,5$ mm²
leichte Gummischlauchleitung	für leichte mechanische Beanspruchung in trockenen und feuchten Räumen; nicht für Landwirtschaft und Gewerbe	HO5RN — F $3G1,5$ mm²
schwere Gummischlauchleitung	bei mittlerer mechanischer Beanspruchung in trockenen und feuchten Räumen, auf Baustellen	HO7RN — F $3G1,5$ mm²
Gummiaderschnur (Bügeleisen)	in trockenen Räumen bei geringer mechanischer Beanspruchung	HO3RT — F $3G0,75$ mm²

Leitungen für Schwachstrom

Bezeichnung	Verwendung	Kurzzeichen
Zwillings-leitung	nur in trockenen Räumen	2 x 0,4 mm^2
Klingel-stegleitung	als Klingelleitung in trockenen Räumen in und unter Putz	2 x 0,6 mm^2
Klingel-leitung Y-Draht	als Schaltdraht in Sprech- und Signalanlagen	2 x 0,6 mm^2

Leitungen für Fernsehen und Rundfunk

Bezeichnung	Verwendung	Kurzzeichen
HF-Schaum-stoffleitung	für Fernseh- und Rundfunkeinzel-anlagen auf Putz zu verlegen	240 W
HF-Ko-axialkabel	für Fernseh- und Rundfunkeinzel- und -gemeinschaftsanlagen	75 W

Kleine Werkzeugkunde

Bei manchen der hier vorgestellten Werkzeuge wird sich der Heimwerker fragen: Benötige ich das wirklich ? Aber ohne gutes Werkzeug sind Elektroarbeiten nicht möglich. Einige einfache Meßgeräte sind besonders wichtig, denn elektrische Spannung kann nur mit ihrer Hilfe sichtbar gemacht werden.

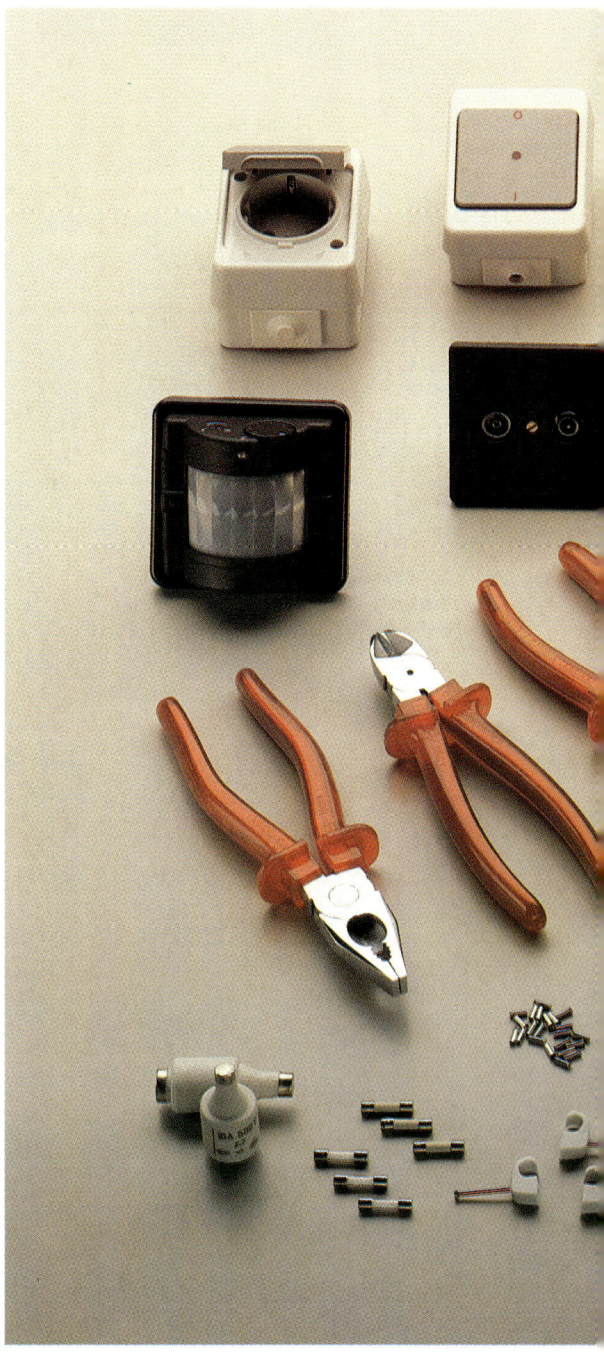

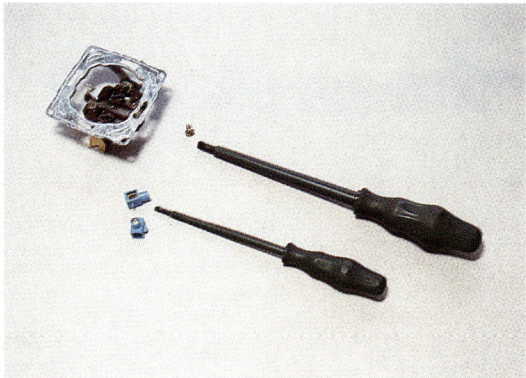

Zur Werkzeuggrundausstattung gehört ein kleiner und ein mittlerer Schraubendreher

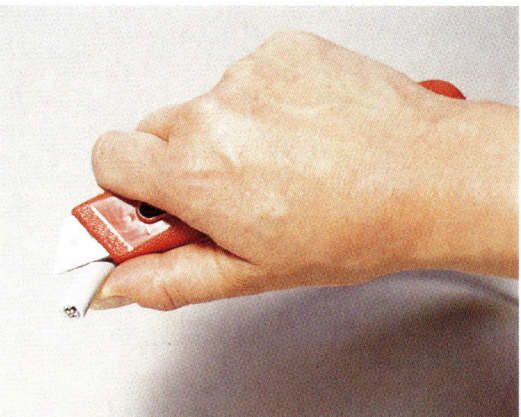

Auch das Bastelmesser kann man benutzen

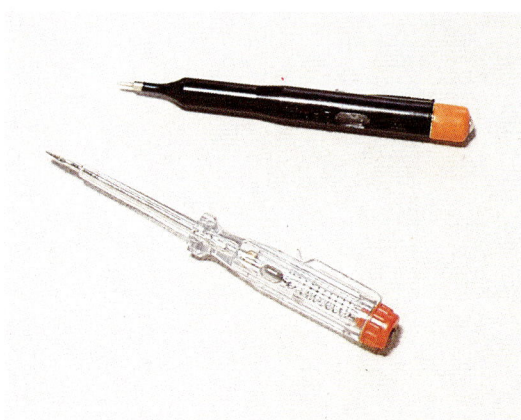

Phasenprüfer und Prüfschraubendreher (im Vordergrund)

Eine Reihe von Elektroarbeiten kann man mit den in den meisten Haushalten vorfindbaren Werkzeugen erledigen. Das sind in der Regel:
● ein kleiner Schraubendreher mit einer 3 mm breiten Klinge
● ein Schraubendreher mit einer 5 — 6 mm breiten Klinge
● ein scharfes Messer (Küchenmesser oder Bastelmesser)

Wie bei allen Arbeiten gilt auch hier: Um gute Ergebnisse zu erzielen, muß man gutes Werkzeug verwenden. Bei Werkzeugen für Elektroarbeiten sollte man darüber hinaus darauf achten, daß sie isoliert sind. Dies wird dann wichtig, wenn man unbeabsichtigt spannungführende Teile mit dem Werkzeug berührt.
Ein einfacher Kunststoffüberzug, wie er zum Teil bei Billigwerkzeugen zu finden ist, reicht nicht aus. Ein vorschriftsmäßig isoliertes Werkzeug ist mit dem VDE-Zeichen und dem Spannungsbereich gekennzeichnet.

Schraubendreher, Zangen, Spezialwerkzeug

Will man mehr machen, als gelegentlich eine Leuchte aufzuhängen, kommt man nicht umhin, sich weiteres Werkzeug zuzulegen:
● einen Phasenprüfer (oder Prüfschraubendreher), mit dem man kontrollieren kann, ob eine Leitung Spannung führt
● einen kleinen bis mittelgroßen Seitenschneider zum Abschneiden von Leitungen
● eine gerade oder gekröpfte (gebogene) Spitzzange für Arbeiten an schwer zugänglichen Stellen
● eine Klemmzange zum Anklemmen von Aderendhülsen an flexible Adern, dazu ein Sortiment von Aderendhülsen für 0,75 mm^2, 1 mm^2 und 1,5 mm^2 Leitungsquerschnitt

● einen zweipoligen Spannungsprüfer zum Messen der Spannung und Überprüfen der Leitungen

Die bis jetzt aufgeführten Werkzeuge können als unbedingt notwendige Grundausstattung gelten. Außerdem gibt es aber eine Reihe von weiteren Werkzeugen, die die Arbeit erheblich erleichtern und deren Anschaffung empfehlenswert ist:
● eine Abisolierzange für Aderenden
● ein Durchgangsprüfer zum Durchklingeln von Leitungen
● eine Kombizange

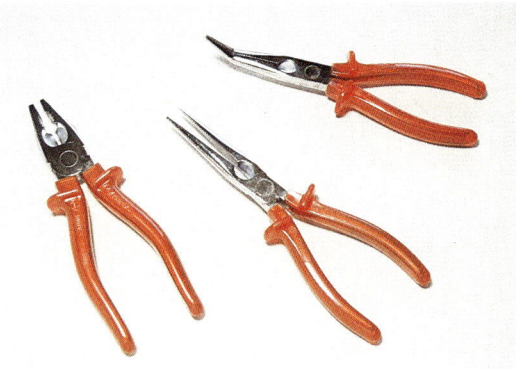

Das Zangensortiment: gekröpfte und gerade Spitzzange sowie Kombizange (links)

Weitere, nicht so häufig benutzte Werkzeuge werden jeweils in den einzelnen Anleitungen aufgeführt.
Es ist empfehlenswert, sich einen nur für das Elektrowerkzeug vorgesehenen Werkzeugkasten zuzulegen, der außerdem noch das wichtigste Kleinmaterial, wie Anschlußklemmen, Sicherungen, Schrauben sowie andere Ersatzteile aufnehmen kann.

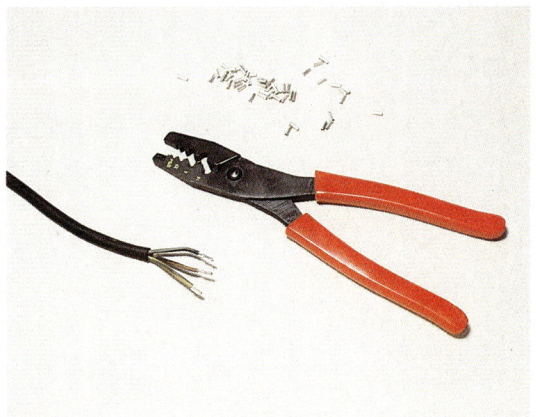

Klemmzange für Aderendhülsen

Mittelgroßer Seitenschneider zum Abschneiden der Leitungen

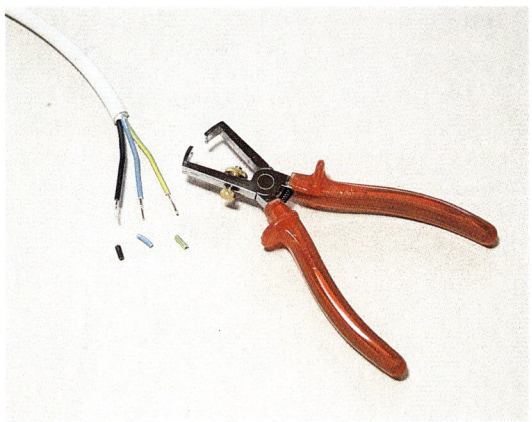

Abisolierzange für Aderenden

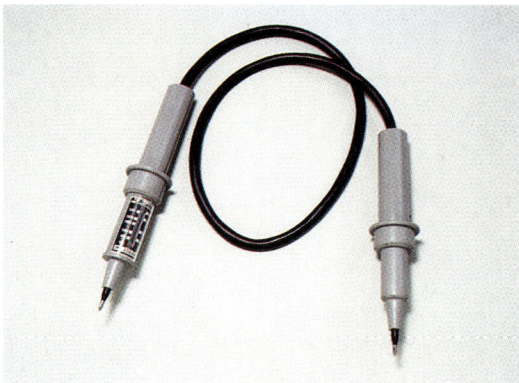

Zweipoliger Spannungsprüfer

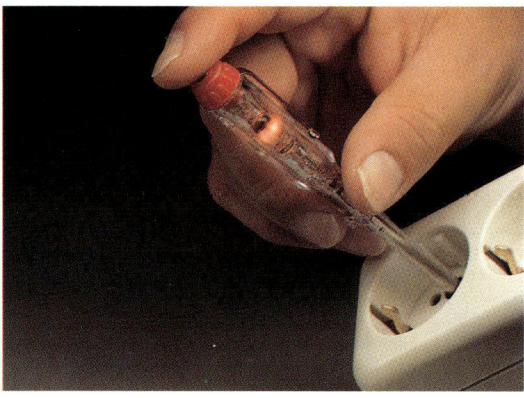

Mit dem einpoligen Spannungsprüfer kann man kontrollieren, an welchem der Kontakte Phase anliegt

GEWUSST WIE

Vor dem *Benutzen des Spannungsprüfers* an einer funktionsfähigen Steckdose überprüfen, ob er Spannung anzeigt. Nur dadurch kann man sich bei der Arbeit auf seine Anzeige verlassen.

Prüfschrauben-dreher

Der einpolige Spannungsprüfer (auch Phasenprüfer genannt) in Form eines kleinen Schraubendrehers ist wohl in jedem Haushalt zu finden. Er zeigt an, ob ein Kontakt, beispielsweise in der Steckdose, oder ein Leiter Spannung führt oder nicht.

Zum Prüfen wird die nicht isolierte Spitze des Spannungsprüfers an die zu prüfende Leitung gehalten und mit einem Finger der Kontakt am anderen Ende des Spannungsprüfers berührt. Steht die Leitung unter Spannung, fließt ein kleiner (ungefährlicher) Strom durch den Spannungsprüfer und läßt eine Glimmlampe aufleuchten.

Der Spannungsprüfer ist schnell und einfach anzuwenden, er hat im Gebrauch aber mehrere Nachteile:

- Wenn man gut isoliert steht, leuchtet die Glimmlampe nicht, obwohl Spannung vorhanden ist
- Es gibt Fälle, in denen die Glimmlampe leuchtet, obwohl keine Spannung anliegt (Aufladung der Leitung)
- Die Höhe der vorhandenen Spannung wird nicht angezeigt
- Man kann den Nulleiter und Schutzleiter nicht prüfen

Der Prüfschraubendreher sollte nicht verwendet werden, um festsitzende Schrauben zu lösen oder Schrauben fest anzuziehen. Es besteht dadurch die Gefahr einer inneren Beschädigung, so daß die Leuchtanzeige nicht mehr zuverlässig arbeitet.

Beim Kauf eines Spannungsprüfers sollte man darauf achten, daß er nicht zerlegbar ist. Wird bei einer Demontage — mit oder ohne Absicht — der eingebaute Widerstand entfernt, besteht die Gefahr eines Stromschlages bei der Anwendung des Spannungsprüfers.

Fortgeschrittene Heimwerker wie auch der Elektriker werden aus diesen Gründen in der Regel mit dem zweipoligen Spannungsprüfer arbeiten, der jene Nachteile ausschließt.

Spannungsprüfer

Der zweipolige Spannungsprüfer hat gegenüber dem einpoligen Phasenprüfer oder Prüf-
schraubenzieher den Vorteil, daß man feststel-
len kann,
- wie hoch die Spannung ist (das ist beispielsweise wichtig zum Unterscheiden von
  220 V und 380 V)
- ob tatsächlich Spannung vorliegt (die
  Glimmlampe des Prüfschraubenziehers
  leuchtet auch bei einer Aufladung der Leitung oder einer Blindspannung)
- ob Nulleiter oder Schutzleiter angeschlossen sind

Die Prüfspitzen des zweipoligen Spannungsprüfers werden an die Kontakte der Steckdose
gehalten. Das Meßwerk zeigt die Spannung an

Zum Messen werden die beiden Prüfspitzen
des Spannungsprüfers angelegt, zum Beispiel
an die beiden Kontakte einer Steckdose. Wenn
die Glimmlampe des Spannungsprüfers leuchtet, ist Spannung vorhanden. Wenn der
Druckknopf gedrückt wird, zeigt das Meßwerk
an der Skala die Spannungshöhe an, beispielsweise 220 V oder 380 V. Wenn die
Glimmlampe nach dem Drücken des Knopfes
erlischt und das Meßwerk keine Spannung anzeigt, lag eine Aufladung oder Blindspannung
vor.
Diese Beschreibung gilt für den abgebildeten
Spannungsprüfer. Bei anderen Fabrikaten
wird möglicherweise anders gearbeitet. Die
genaue Anleitung ist deshalb der jeweils beiliegenden Bedienungsanleitung zu entnehmen.

⚡ Die Prüfspitzen dürfen während der
Messung nicht berührt werden., da sie
unter Spannung stehen können. Aus
Sicherheitsgründen darf der Spannungsprüfer
nur so verwendet werden, daß man mit jeder
Hand einen der beiden Handgriffe anfaßt.

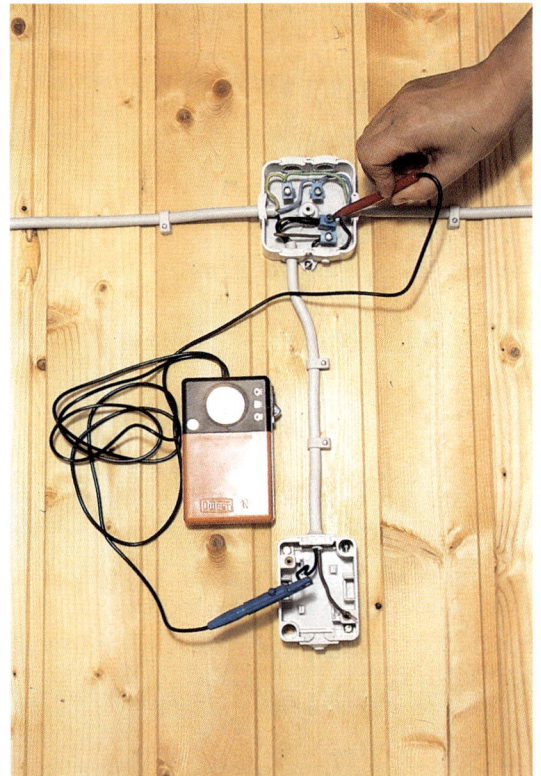

Mit dem Durchgangsprüfer kann man heraus-
finden, welche Leitung zu welchem Anschluß
gehört

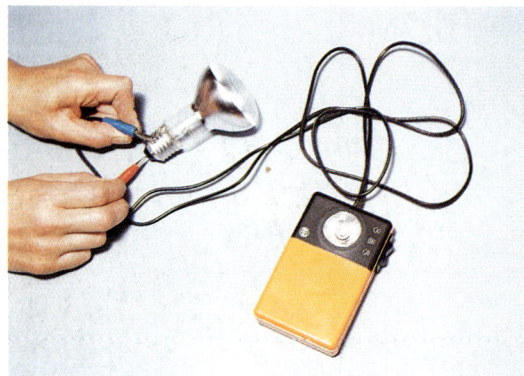

Auch Glühlampen und Elektrogeräte können mit dem Durchgangsprüfer kontrolliert werden

Die zu untersuchenden Leitungen müssen spannungsfrei sein. Beim versehentlichen Antasten an Fremdspannung können entweder die eingebaute Glühlampe oder der Summer durchbrennen.

Durchgangsprüfung

Als Durchgangsprüfung, auch Durchklingeln genannt, bezeichnet man das Prüfen von Leitungen oder Geräten mit einem Durchgangsprüfer.

Der Durchgangsprüfer besteht aus einem Gehäuse ähnlich einer Taschenlampe, in das eine Klingel und eine Lampe eingebaut sind. Die Stromversorgung erfolgt über eine Flachbatterie mit 4,5 V. Am Prüfer sind zwei Leitungen mit einer Prüfspitze und einer Klemme, mit denen die zu prüfende Leitung angeschlossen wird. Ist die Leitung in Ordnung, erhält man je nach Schalterstellung des Durchgangsprüfers ein Licht- oder Klingelsignal.

Der Durchgangsprüfer ist vor allem für folgende Aufgaben zu gebrauchen:
● Prüfen einer Leitung auf Durchgang
● Suchen von zugehörigen Leitern, beispielsweise wenn in einer Verteilerdose einzelne Leiter nicht an der Farbe unterschieden werden können
● Prüfen von Glühlampen oder auch der Wicklung eines Elektromotors auf Durchgang
● Darüber hinaus kann der Durchgangsprüfer bei Bedarf auch als Taschenlampe verwendet werden

Der hier abgebildete Durchgangsprüfer hat zwei Prüfbereiche. Bei der Schalterstellung »Lampe« prüft er den Durchgang bis etwa 10 Ω, die Lampe leuchtet bei Durchgang. Diese Stellung ist vor allem zum Prüfen von Leitungen geeignet, die in der Regel einen geringen Widerstand haben.

In der Schalterstellung »Summer« werden Widerstände bis etwa 100 Ω geprüft, bei Durchgang gibt der Summer ein Signal. Diese Schalterstellung ist zum Prüfen von Glühlampen und Motorwicklungen, aber auch für Leitungen mit geringem Widerstand geeignet.

Der Elektrowerkzeugkasten ist jederzeit griffbereit und enthält außer dem notwendigen Werkzeug auch das wichtigste Kleinmaterial wie Anschlußklemmen, Aderendhülsen, Sicherungen und Schrauben

Arbeiten an Zuleitungen und Geräten

Einige der hier vorgestellten Arbeiten mögen einem fortgeschrittenen Heimwerker banal erscheinen. Aber: Ein großer Teil der Elektrounfälle entsteht beispielsweise, weil der Schutzleiter nicht richtig angeklemmt ist. Leider kann man auch bei den einfachsten Arbeiten Fehler machen. Darüber hinaus entwickeln sich die Technik und ihre Anwendung ständig weiter.

Beim täglichen Gebrauch von Elektrogeräten treten immer wieder Störungen und kleinere Schäden auf. Eine Reparatur in der Werkstatt eines Elektrikers oder die Anforderung des Kundendienstes lohnen nicht, da die Reparaturkosten oft den Wert des Gerätes übersteigen. Ähnlich verhält es sich beim Anschluß von Lampen oder kleinen Elektrogeräten — kaum ein Handwerker ist dafür zu begeistern. Es heißt also, selbst Hand anzulegen. Viele dieser Arbeiten sind mit entsprechendem Werkzeug recht einfach durchzuführen. Auf den folgenden Seiten werden die Arbeitsabläufe ausführlich dargestellt. Darunter sind auch solche, wie zum Beispiel das Auswechseln eines Steckers, die viele Heimwerker »mit links« durchführen. Auch in diesem Fall sollte die Anleitung kurz durchgelesen werden. Sie dient dann zumindest als Kontrolle.

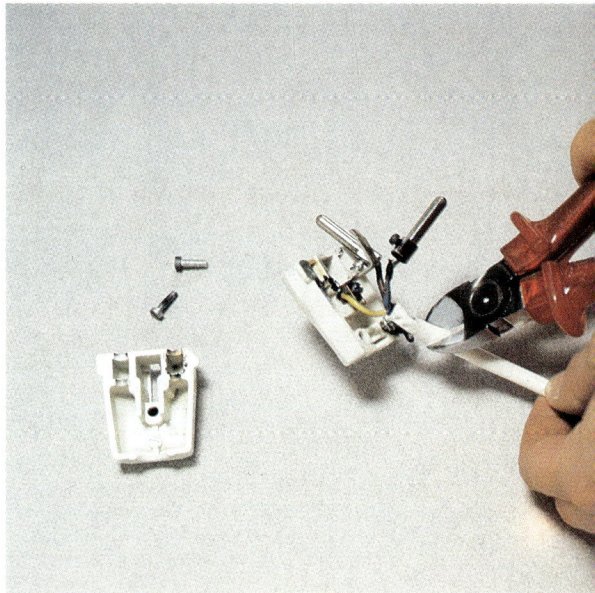

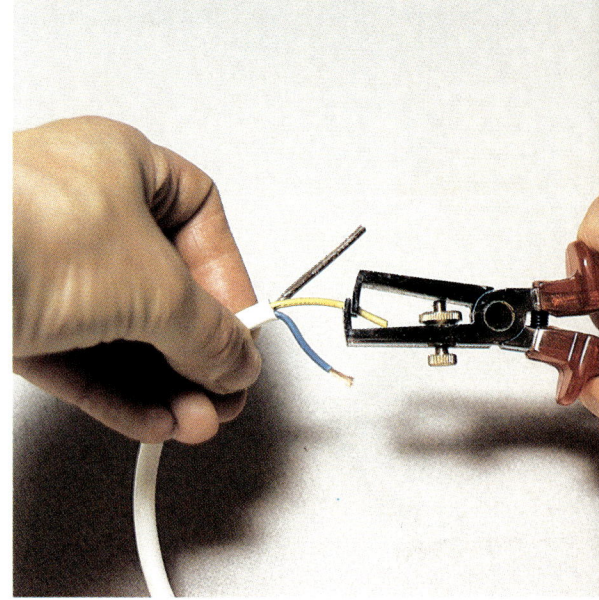

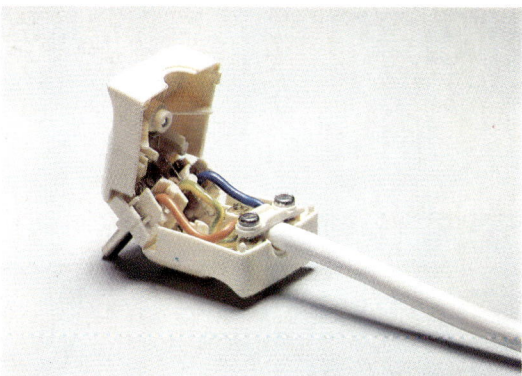

Anschluß der Adern in einem Schutzkontaktklapp-
stecker

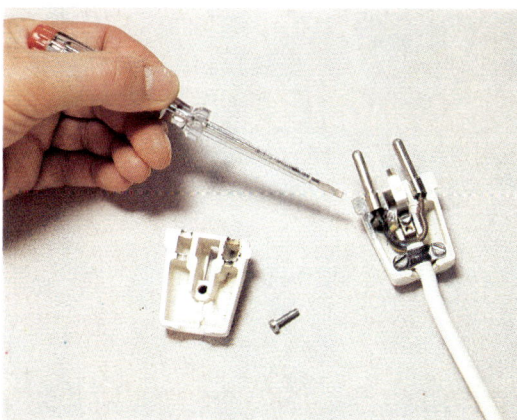

Durch einen lockeren Kontakt ist die Anschluß-
stelle verschmort

Stecker und Kupplung ersetzen

Viele kennen den Ärger: Im Stecker beginnt es
zu knistern, es riecht verschmort, und es wird
dunkel im Raum; Anschluß- und Verlänge-
rungsleitung sind nicht mehr zu verwenden.
Die Ursache dafür ist in der Regel ein lockerer
Kontakt im Stecker. Dadurch wird der Widerstand für den fließenden Strom erhöht, es entsteht zu viel Wärme, und die Kontaktstelle verschmort vollständig.
Der Schaden bleibt häufig auf den Stecker begrenzt, da die Sicherung durch den zu hohen
Strom abschaltet. Dieser Fehler tritt sowohl bei
fest mit dem Kabel verschweißten Steckern als
auch bei verschraubten auf.

Fehlersuche

Den Stecker aus der Steckdose ziehen. Ist der
Stecker äußerlich beschädigt, vorher die Sicherung abschalten oder herausdrehen, damit
die Leitung spannungsfrei ist. Der Stecker wird
aufgeschraubt und der Fehler gesucht. Bei einem fest mit dem Kabel verschweißten Stecker
ist keine Reparatur, sondern nur ein Austausch
möglich. In diesem Fall wird der Stecker abgeschnitten und ein neuer entsprechend der folgenden Anleitung montiert.

Reparatur

Die Kabelenden im Stecker werden gelöst. Die beschädigte Leitung wird so weit wie nötig abgeschnitten.

Ist dies nicht möglich, weil der Stecker zu stark beschädigt ist, wird die Leitung mit dem Seitenschneider abgeschnitten.

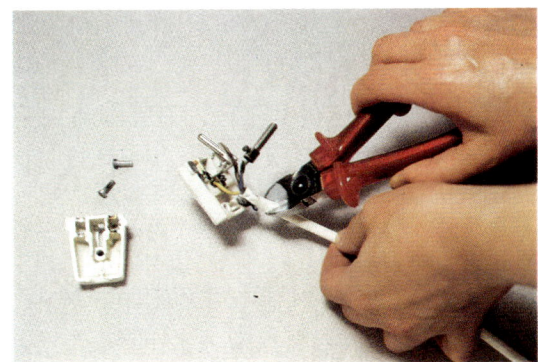

Die äußere Isolierung der Leitung (der Mantel) wird etwa 4 cm weit entfernt. Das Maß richtet sich nach dem Stecker und kann meist genauso lang wie bei dem abgeschnittenen beschädigten Stück gewählt werden.

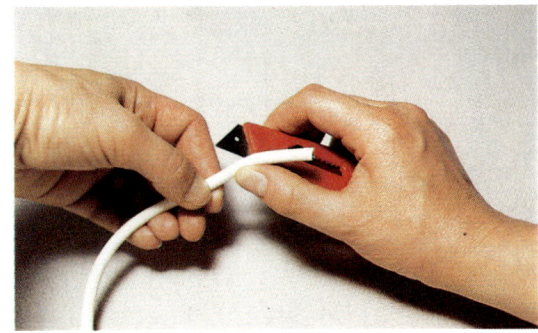

Beim Entfernen des Mantels darf die farbige Isolierung der Adern nicht beschädigt werden. Ist das trotz vorsichtigen Schneidens passiert, muß das ganze abisolierte Ende abgeschnitten und das Kabel neu abisoliert werden.
Der grün-gelbe Schutzleiter soll bei der Montage im Stecker 5—10 mm länger sein als der braune und der blaue Leiter. Hierdurch wird erreicht, daß bei einem Herausreißen der Leitung aus dem Stecker der Schutzleiter zuletzt abgetrennt wird. Er behält dadurch auch bei Schäden länger seine Schutzwirkung.

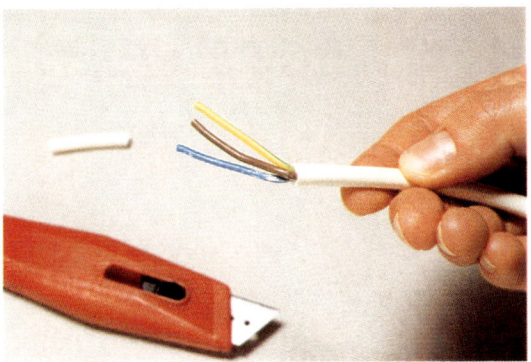

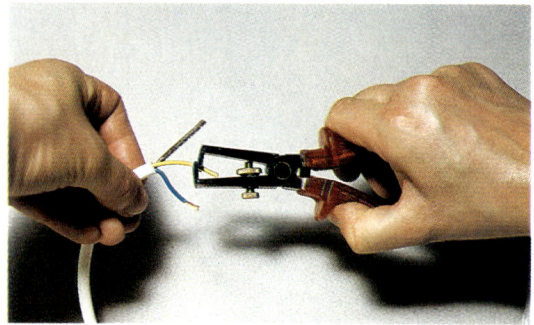

Alle drei Leiter werden auf einer Länge von etwa 5 mm abisoliert. Dazu ist die auf dem Bild gezeigte Abisolierzange nicht unbedingt erforderlich, es kann auch mit dem Messer geschehen. Die Zange beschleunigt die Arbeit jedoch erheblich.

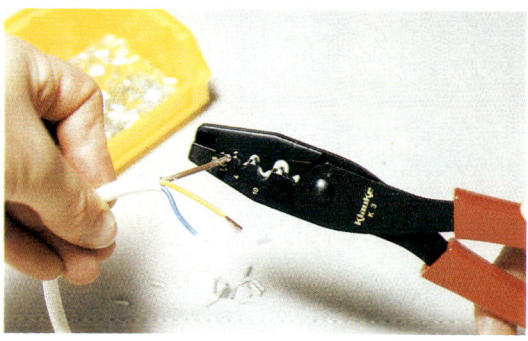

Um zu verhindern, daß die aus feinen Drähten hergestellte Leitung beim Anziehen der Klemmschrauben zerquetscht wird, muß eine Aderendhülse verwendet werden. Sie hat einen zur Leitung passenden Durchmesser, wird auf das abisolierte Ende aufgeschoben und mit der Quetschzange zusammengedrückt. Früher wurden die Aderenden verlötet. Das Löten hat sich als nicht zweckmäßig herausgestellt und sollte nicht angewendet werden.

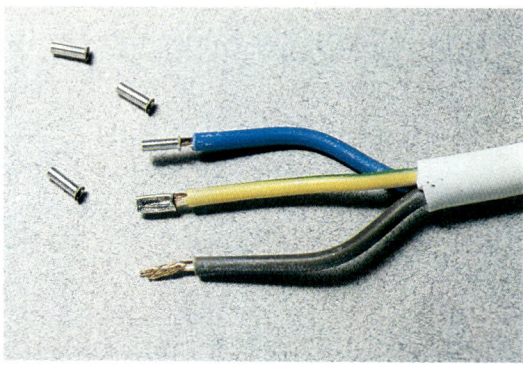

Durch die Aderendhülse wird die Verbindung gegen ein Aufspleißen sicher geschützt und läßt sich leicht in den Anschluß am Stecker einführen.

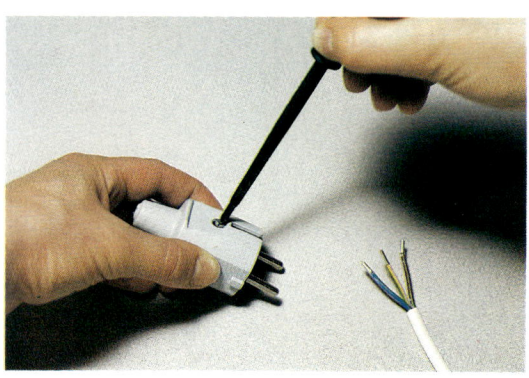

Der neue Stecker wird geöffnet.

Es gibt verschiedene Bauformen und Montage-
möglichkeiten. Dieser Gummistecker wird in
Innenteil und Ummantelung zerlegt.

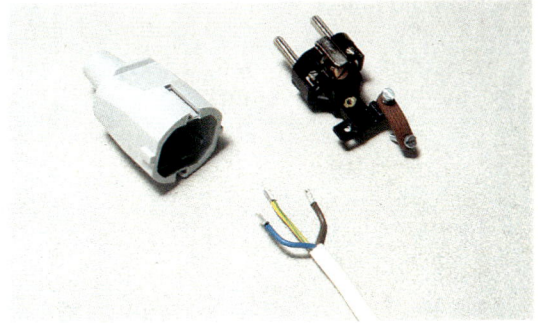

Die Schrauben für den Anschluß der Adern
und die Zugentlastung werden gelöst.

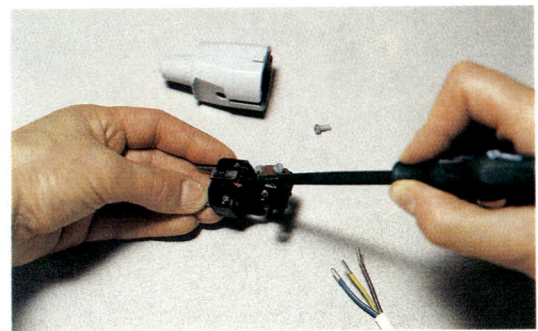

Die Leitung wird in die Ummantelung des
Steckers eingeführt.

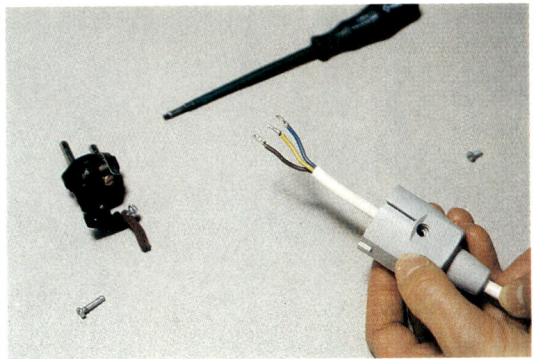

Zunächst wird der grün-gelbe Schutzleiter an
der mittleren Schraube befestigt. An der Befe-
stigungsstelle ist das Kennzeichen ⏚ für
Schutzleiter.
Daraufhin werden der braune und der blaue
Leiter an jeweils einen Steckkontakt angeklemmt.

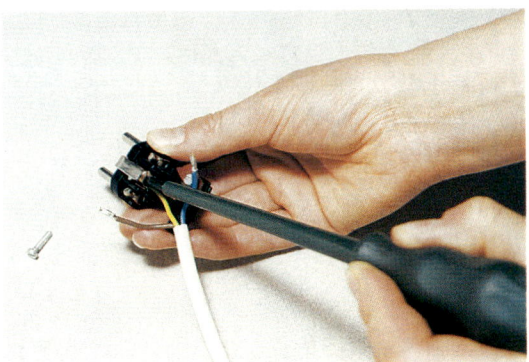

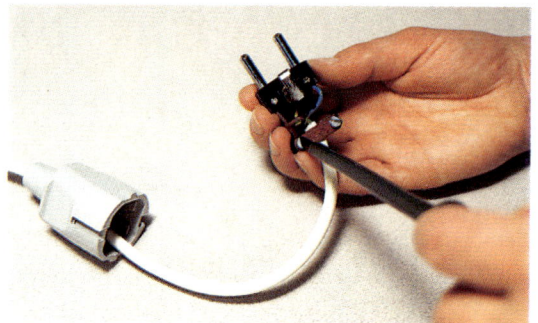

Mit der Zugentlastung wird die Leitung an der äußeren Isolierung so festgeklemmt, daß eine etwaige Belastung der Leitung hier aufgefangen wird. Die farbigen Adern liegen unbelastet im Steckergehäuse.

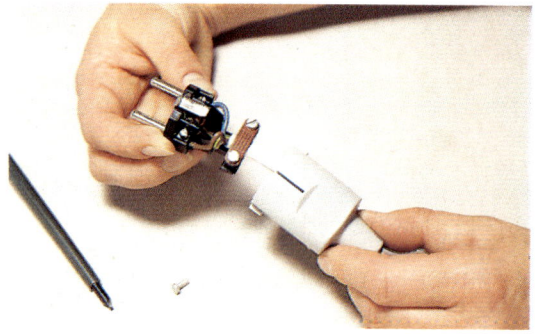

Die Steckerteile werden zusammengesetzt...

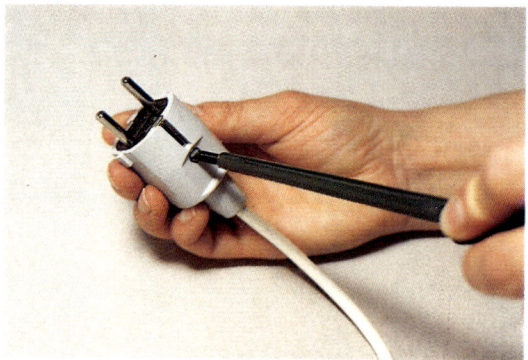

...und wieder miteinander verschraubt.

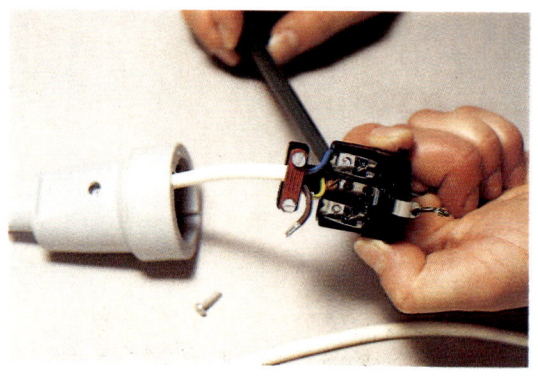

An der Kupplung wird diese Reparatur sinngemäß genauso durchgeführt. Bei der im Bild gezeigten Ausführung werden die Anschlußklemmen im Gegensatz zum Stecker von hinten verschraubt. Auch hier muß man darauf achten, daß der Schutzleiter an der mittleren Klemme mit dem Kennzeichen ⏚ angeschlossen wird.

Prüfen der Leitung

Vor dem Zusammenbau werden Stecker und Kupplung überprüft:
● Ist der Schutzleiter richtig angeschlossen?
● Sind blauer und brauner Leiter jeweils an einem Steckkontakt angeschlossen?
● Ist die Zugentlastung wirksam?

Nach dem Zusammenbau der Leitung wird mit dem Durchgangsprüfer kontrolliert:
● Hat der Schutzleiter vom Stecker bis zur Kupplung Durchgang? (Messen in Stellung »Lampe« mit 10 Ω, wie im Kapitel »Durchgangsprüfung« beschrieben.)
● Haben die beiden spannungführenden Leiter Durchgang vom Stecker bis zur Kupplung?

Der Stecker der fertig montierten Leitung wird in die Steckdose gesteckt und an der Kupplung mit dem Spannungsprüfer kontrolliert:
● Liegt die Phase auf einer Steckbuchse?
● Kann zwischen den beiden Steckbuchsen 220 V gemessen werden?
● Falls ein Fehlerstromschutzschalter mit 30 mA oder geringer vorhanden ist, muß er ausschalten, wenn Phase und Schutzleiter mit dem zweipoligen Spannungsprüfer verbunden werden.

Gummisteckverbindung für »Härtefälle«.
Sie wird aus Industriekautschuk hergestellt und ist besonders bruchsicher (beide Abbildungen)

Fehlersuche bei elektrischen Kleingeräten

Häufig treten an elektrischen Kleingeräten wie Bügeleisen, Haartrockner oder Küchenmixer Störungen auf. Das Gerät kann nicht mehr benutzt werden, und man steht vor der Frage, woran das eigentlich liegt. Die Fehlerursachen sind häufig geringfügig. Vielleicht hat sich nur ein Kontakt gelockert, den man durch systematisches Suchen schnell finden kann. Unter Umständen kann es selbst bei billigen Geräten sinnvoll sein, ein beschädigtes Teil gegen ein neues Ersatzteil auszutauschen, wenn man den Fehler eindeutig erkannt hat.

Auf keinen Fall sollte man versuchen, Schäden mit untauglichen Mitteln zu beheben. Das wäre beispielsweise der Fall, wenn man nicht passende Teile einbaut, Anschlüsse willkürlich verändert oder versucht, zerbrochene Teile mit Klebeband zusammenzuhalten. Grundsatz bei allen Reparaturen sollte sein, daß das Gerät in einen neuwertigen Zustand versetzt wird. Behelfsmäßige Lösungen sind aus Gründen der elektrischen Sicherheit nicht zulässig.

Und so ist bei der Fehlersuche vorzugehen:
- *Funktionskontrolle*
  Sind nur Teile der Gerätefunktion beeinträchtigt, oder ist das Gerät in seiner Gesamtheit betroffen? Häufig lassen sich daraus Rückschlüsse auf die Fehlerursache ziehen
- *Sichtkontrolle*
  Stecker, Anschlußleitung und Gerät werden äußerlich kontrolliert. Fehler machen sich häufig durch Schmauchspuren, Geruch angeschmorter Teile oder Geräusche bemerkbar
- *Kontaktlockerung?*
  Der Netzstecker wird aus der Steckdose gezogen. Das Gerät wird geöffnet, und alle Kontakte werden überprüft
- *Durchgangsprüfung*
  Scheinen bei einem Gerät bei der Sichtprüfung alle Leitungen in Ordnung und alle Kontakte fest, muß eine Durchgangsprüfung gemacht werden. Auch diese Prüfung darf auf keinen Fall mit Netzspannung gemacht werden. Das heißt: Netzstecker ziehen oder bei fest angeschlossenen Geräten die Anschlußleitung lösen.
  Für die Prüfung benötigt man den im Kapitel »Durchgangsprüfung« beschriebenen Durchgangsprüfer.
  Zunächst verbindet man bei eingeschaltetem Geräteschalter die Kontakte des Durchgangsprüfers mit den Stiften des Netzsteckers. Bei Leuchten muß eine funktionsfähige Glühlampe eingeschraubt sein, um Durchgang zu erreichen.
  Gibt der Durchgangsprüfer kein Signal, müssen nach und nach alle Leitungsabschnitte und Bauteile überprüft werden. Das bedeutet zum Beispiel eine Kontrolle des Leitungsabschnittes vom Netzstecker zum Geräteschalter; des Geräteschalters; der Wicklungen und Motoren; der Kontrolleuchten und Glühlampen; der Rückleitung zum Netzstecker

Bei älteren Geräteanschlußleitungen kann die Ummantelung brüchig werden. Schon bei kleinsten Beschädigungen muß die Leitung deshalb ausgetauscht werden, damit es nicht soweit kommt wie auf diesem Bild

Austausch
der Bügeleisenanschlußleitung

Durch die ständige Bewegung nutzt sich die Anschlußleitung am Bügeleisen recht schnell ab. Diese Leitung hat als äußere Isolierung anstatt der üblichen Kunststoffummantelung bei anderen Geräteanschlußleitungen eine Gewebeumhüllung.

Zunächst scheuert das Gewebe durch. Häufig ist die darunter liegende Kunststoffisolierung der einzelnen Adern brüchig geworden. Da der Anschluß am Bügeleisen stark belastet wird, ist es leichtsinnig, diese Stelle mit Isolierband oder anderen Mitteln behelfsmäßig zu flicken. Der Anschluß muß auf jeden Fall erneuert werden. Dabei gibt es zwei Möglichkeiten: Man verkürzt die Leitung genau um das beschädigte Stück, oder man ersetzt die ganze Anschlußleitung. Dabei hat man die Möglichkeit, die Länge der oft zu kurzen Leitung nach Wunsch festzulegen. Bei einem Ersatz der Leitung muß man auf jeden Fall wieder eine geeignete Bügeleisenanschlußleitung mit Gewebeummantelung wählen.

Reparatur

Das Bügeleisen wird — je nach Modell unterschiedlich — durch Entfernen der Abdeckplatte geöffnet. Der beschädigte Teil der Leitung wird abgeschnitten.

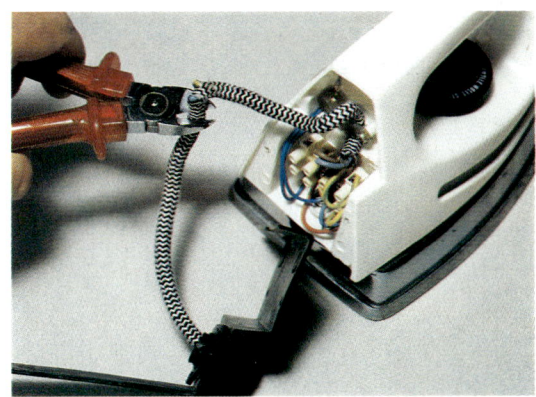

Die freigelegten Anschlüsse werden kontrolliert. Sind sie in Ordnung, können die nachfolgenden Bilder überschlagen werden.
Bei diesem Bügeleisen ist ein Kontakt verschmort. Er muß bei dieser Gelegenheit mit erneuert werden.

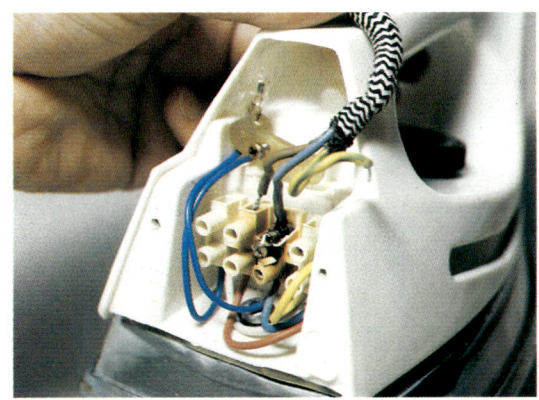

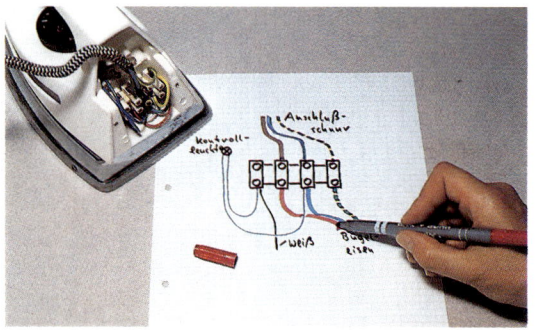

Vor dem Entfernen der Leitung fertigt man zweckmäßigerweise eine Skizze an, auf der die Lage der Adern und ihre Kennfarben festgehalten werden.

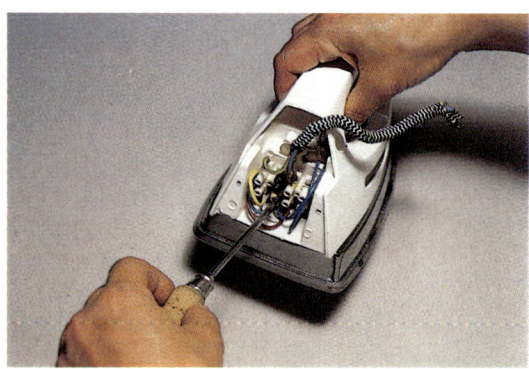

Alle Anschlüsse werden abgeklemmt. Falls die Anschlußklemme für eine Wiederverwendung zu stark beschädigt ist, muß sie ebenfalls ausgebaut werden.

Adern, die sich nicht mit dem Schraubendreher lösen lassen, werden mit dem Seitenschneider abgeschnitten.

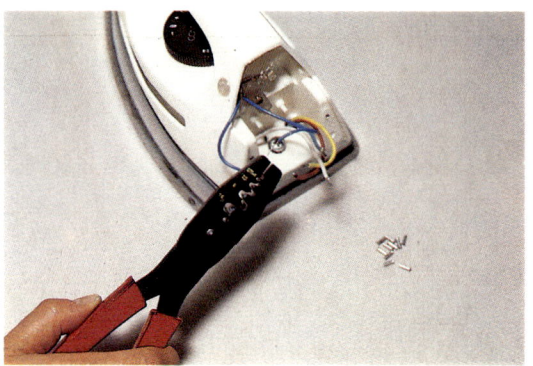

Falls nötig, werden die Aderenden mit neuen Aderendhülsen versehen.

An der Anschlußleitung wird die Gewebeumhüllung so weit abgeschnitten, wie es für den
Anschluß im Bügeleisen notwendig ist.

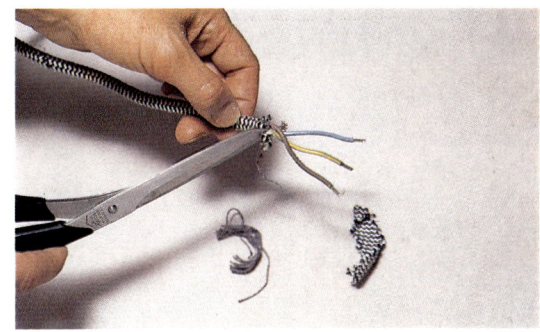

Um ein weiteres Auftrennen oder Durchscheu-
ern der Gewebeumhüllung zu verhindern,
wird sie mit einem Stück Klebeband gesichert.
An dieser Stelle wird die Leitung später in der
Zugentlastung befestigt.

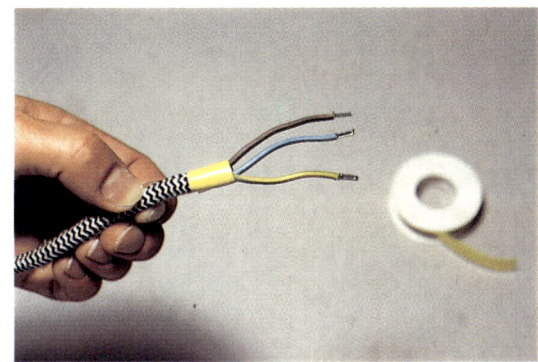

Leitung und Bügeleisenkontakte werden anhand der Skizze in einer neuen Anschlußklemme miteinander verbunden. Häufig kann man
dafür handelsübliche Lüsterklemmen in entsprechender Größe verwenden. Es besteht
auch die Möglichkeit, sich vom Hersteller die
Originalersatzteile für das Gerät zuschicken zu
lassen.

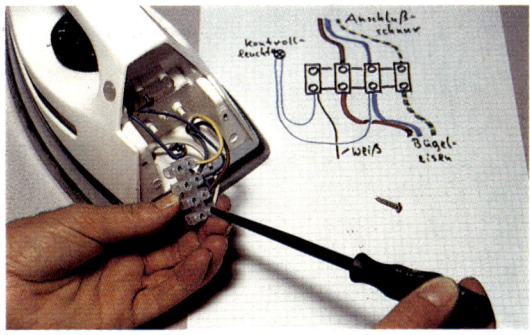

Mit der Zugentlastung wird die Leitung befestigt. Zum Schluß wird das Bügeleisen wieder
zusammengebaut.

Prüfen

Folgende Punkte sind zu berücksichtigen:
- Vor dem Zusammenbau des Gerätes noch-
  mals alle Anschlüsse überprüfen
- Ist der Schutzleiter richtig angeschlossen?
- Nach dem Zusammenbau muß eine Funk-
  tionskontrolle durchgeführt werden

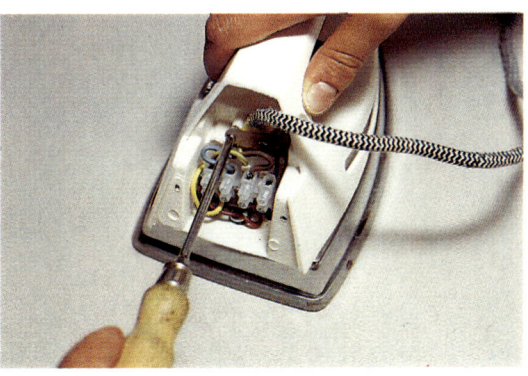

Kohlen erneuern bei Elektromotoren

Sowohl Elektrowerkzeuge wie Bohrmaschine und Kreissäge als auch motorgetriebene Haushaltsgeräte haben Kohlen. Sie dienen dazu, den Strom auf die sich drehende Wicklung zu übertragen. Durch die ständige Bewegung nutzen sie sich nach längerer Betriebszeit ab. Bemerkt man die Abnutzung nicht, kann der Motor bei weiterem Gebrauch zerstört werden. Aus diesem Grund gibt es bei Elektrowerkzeugen häufig selbstabschaltende Kohlen, die ein Weiterbenutzen verhindern. Die Kohlen müssen nach längerem Gebrauch kontrolliert und ausgetauscht werden, wenn sie bis auf etwa ein Drittel der ursprünglichen Länge verbraucht sind. Man sollte sie lieber zu früh als zu spät austauschen, um Schäden am Motor vorzubeugen.

Kohlen als Ersatzteile liefern die Hersteller der Geräte, unter Umständen auch ein guter Fachhändler. Der Arbeitsablauf beim Austauschen ist auf den Bildern am Beispiel einer alten Bohrmaschine dargestellt.

 Vor dem Öffnen des Gerätes Netzstecker ziehen!

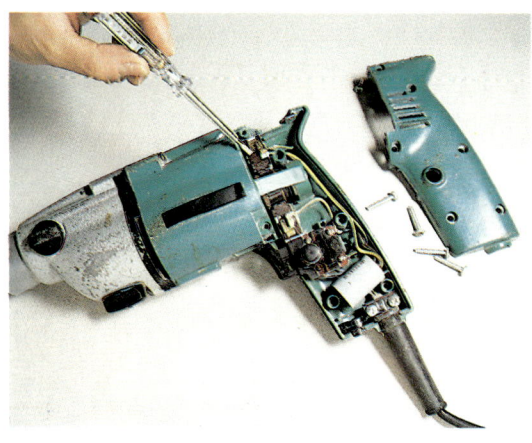

Reparatur

Schrauben der Gehäuseabdeckung lösen und die Bohrmaschine öffnen. Die Kohlen liegen rechts und links der Motorwelle.

Die Steckkontakte werden abgezogen.

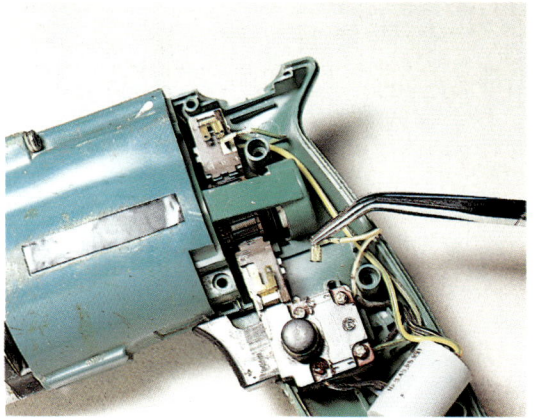

Die Kohlenhalter werden herausgenommen und die Kohlen ausgetauscht. Dabei muß die an der Kohle befestigte Feder zusammengedrückt werden.

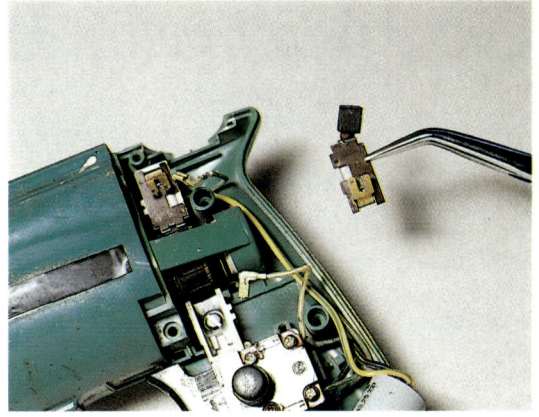

Vergleich zwischen einer alten und einer neuen Kohle; der mit einer neuen Kohle versehene Kohlenhalter.

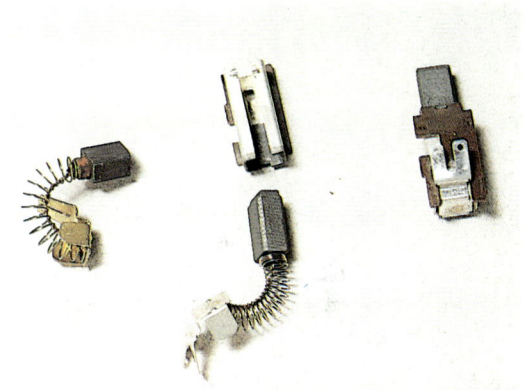

Nach dem Austausch werden die Kohlen eingebaut, die Kontakte aufgesteckt und die Bohrmaschine wieder zusammengebaut. Bei dieser Gelegenheit können auch Schmutz und Staub aus dem Gehäuse entfernt und die Anschlüsse einer vorbeugenden Sichtkontrolle unterzogen werden.

Glühlampen und Leuchten

Gutes Licht schont die Augen und kann dem Raum unterschiedliche Stimmungen verleihen. Arbeiten und Reparaturen an der Beleuchtung sind im Haushalt fast alltäglich — und müssen fachgerecht durchgeführt werden, damit von der Beleuchtung keine Gefährdung ausgeht.

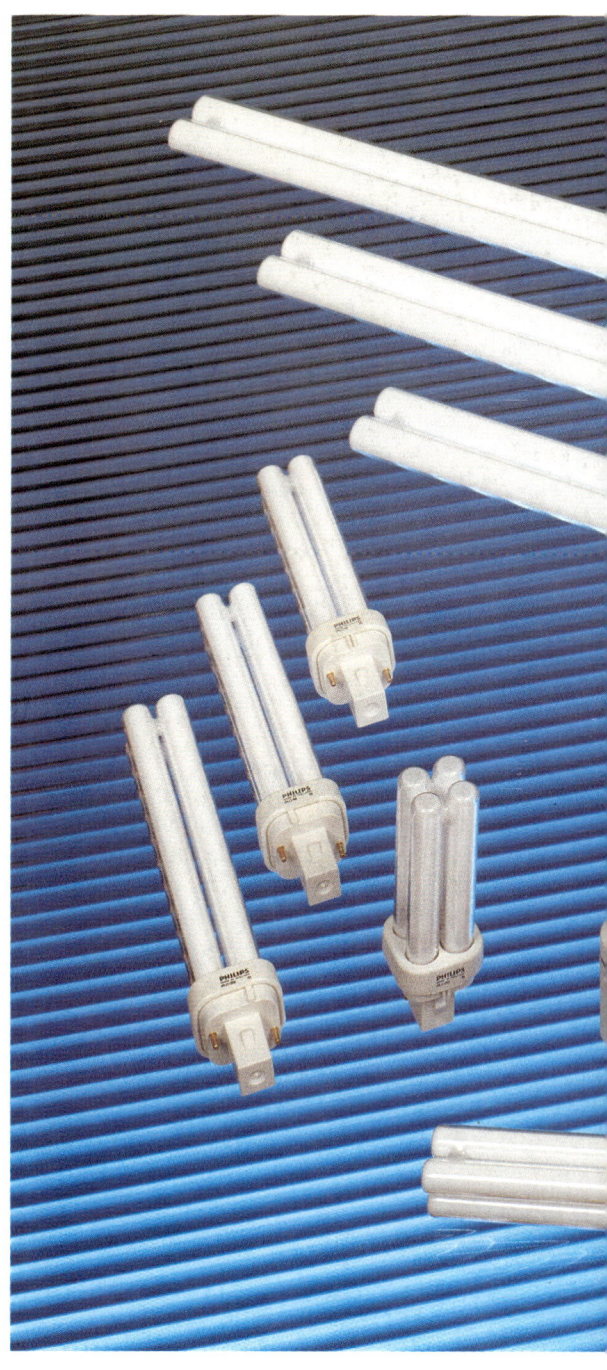

Die Leuchte wird mit einer Lüsterklemme an die Zuleitung angeschlossen

Lüsterklemme und Zuleitung werden vom Leuchtenfuß abgedeckt. Der Strahler wird mit Holzschrauben befestigt

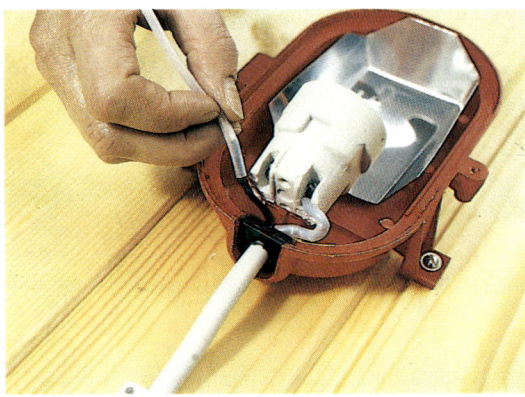

Bei Anschlüssen direkt an der Lampenfassung werden als Wärmeschutz Silikonschläuche übergeschoben

Leuchten und Strahler montieren und auswechseln

Wand und Deckenleuchten werden mit Lüsterklemmen an Phase und Nulleiter angeschlossen. Der grün-gelbe Schutzleiter wird ebenfalls mit einer Lüsterklemme oder an einer besonders dafür vorgesehenen und mit $\bigoplus$ gekennzeichneten Klemmschraube angeschlossen. Leuchten, deren Gehäuse aus Kunststoff besteht, benötigen keinen Schutzleiteranschluß. In diesem Fall wird der Schutzleiter der Zuleitung nicht abisoliert und nur in der Anschlußdose beigelegt.

Achtung: Auch Schutzleiter, die nicht an der Leuchte angeklemmt sind, müssen in der Verteiler- oder Abzweigdose angeschlossen sein. Es darf keine Schutzleiter ohne Anschluß in der Installation geben.

Flexible Adern bei Leuchten werden vor der Montage mit Aderendhülsen versehen, wie es im Kapitel »Stecker und Kupplung ersetzen« beschrieben wurde.

Die Anschlüsse der Leuchte werden ihren Farben entsprechend mit einer Lüsterklemme miteinander verbunden. Besteht bei Kunststoffleuchten keine Anschlußmöglichkeit für den Schutzleiter, wird er so beigelegt, damit er nicht stört.

Wird ein Anschluß direkt an der Lampenfassung vorgenommen, ist es empfehlenswert, Silikonschläuche über die Enden zu ziehen. Silikon ist hitzebeständiger als die Aderisolierung und verhindert dadurch bei starker Erwärmung, daß die Isolierung verschmort und beschädigt wird. Die Folge wäre ein Kurzschluß. Bei Reparaturen oder Arbeiten an älteren Leuchten erkennt man gut, wie die Isolierung unter der Wärmeeinwirkung gelitten hat. In diesem Fall sollte man sich beim Elektriker Silikonschlauch besorgen und nachträglich überziehen.

GEWUSST WIE

Neonleuchten werden wie Glühleuchten mit Lüsterklemmen angeschlosen, die häufig fest am Leuchtenkörper montiert sind. Der Schutzleiter wird ebenfalls angeschlossen. Die anderen innerhalb des Leuchtenkörpers zugänglichen Anschlüsse werden nicht verändert.

Übliche *Fassungen für Glühlampen* gibt es in zwei genormten Gewindegrößen:
E 14 und E 27.
E bedeutet Elektrogewinde, die Zahl gibt in etwa den Außendurchmesser des jeweiligen Gewindes an.

Phase und Nulleiter sind an der Fassung angeschlossen; bei dieser Kunststofflampe ist ein Schutzleiteranschluß nicht vorgesehen und nicht erforderlich

Decken-einbauleuchte

Deckeneinbauleuchten, auch Downlights genannt, sind immer häufiger anzutreffen. Sie können nur in abgehängte Decken eingebaut werden, die genügend Platz für den Leuchtenkörper lassen.

Einbau

Zunächst wird mit einer Schablone oder der dazugehörigen Abschlußblende ein Loch an der vorgesehenen Stelle angezeichnet.

Das Loch wird mit der Stichsäge ausgeschnitten und das Anschlußkabel herausgeführt.

Die Lampe wird außerhalb der Öffnung angeschlossen und die Funktion nach Einschrau-
ben einer Glühlampe überprüft. Anschließend
die Leitung wieder spannungsfrei schalten!

Die Leuchte wird eingesetzt und mit Schrauben befestigt.

Der Glaskolben der Glühlampe ist abgebrochen

Die Glühlampe ist abgebrochen

Wenn man gegen den Glaskolben einer Glühlampe stößt oder die Lampe aus der Fassung
dreht, kann es geschehen, daß der Glaskolben
abbricht und das Schraubgewinde in der Fassung bleibt.

⚡ Stromkreis durch Herausziehen des
Netzsteckers oder durch Abschalten
oder Herausdrehen der Sicherung unbedingt spannungsfrei machen.

Jetzt leistet die Spitzzange gute Dienste. Mit ihr
kann man in die Lampenfassung hineingrei-
fen, das Gewindeteil fassen und herausdrehen. Dabei ist es häufig nötig, das dünne
Blech des Gewindes zu verbiegen. Es wird zur
Mitte hingezogen, damit sich das Gewinde in
der Fassung lockern kann.

**Mit der Spitzzange kann man das Gewinde der
Lampe fassen und herausdrehen**

Leuchtstoff-lampen

Leuchtstofflampen, häufig fälschlich auch als Neonlampen bezeichnet, haben gegenüber Glühlampen den Vorteil, daß sie bei gleicher Lichtstärke weniger Energie verbrauchen. Für den Betrieb einer Leuchtstofflampe werden ein Vorschaltgerät, ein Kompensationskondensator und ein Starter benötigt. Diese Teile sind in der Regel im Lampengehäuse montiert.
Trotz dieses gegenüber einer Glühlampe komplizierteren Aufbaus ist der elektrische Anschluß denkbar einfach. Es müssen lediglich Phase, Nulleiter und Schutzleiter an der Anschlußklemme im Lampengehäuse angeschlossen werden.

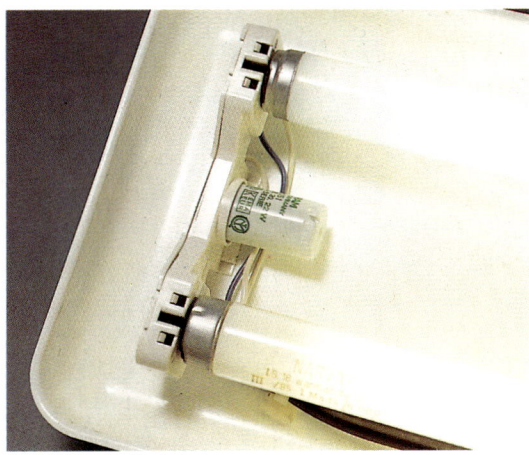

Leuchtstoffleuchte mit zwei Röhren

Beheben von Störungen

Nach längerem Betrieb von Leuchtstofflampen können sich zwei unterschiedliche Störungen bemerkbar machen:
● Nach dem Einschalten flackert die Leuchtröhre ständig. Die Leuchtstoffröhre ist defekt und muß ausgetauscht werden
● Nach dem Einschalten glimmt die Röhre nur, das typische Flackern setzt nicht ein. Der Starter ist defekt und muß ausgetauscht werden

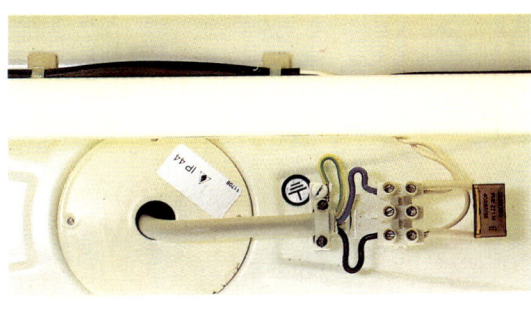

Der elektrische Anschluß der Leuchtstofflampe

In den letzten Jahren sind neue Bauformen von Leuchtstofflampen entwickelt worden. Dadurch ist es beispielsweise möglich, eine Glühlampe mit Schraubfassung durch eine Leuchtstofflampe zu ersetzen, bei der das Vorschaltgerät in der Fassung integriert wird.

GEWUSST WIE
Defekte Leuchtstoffröhren dürfen nicht zerschlagen werden und gehören nicht in den Hausmüll, da dadurch gesundheitsgefährdender Quecksilberdampf entweicht. Sie sollten deshalb unbedingt an einer Sondermüllsammelstelle abgegeben werden.

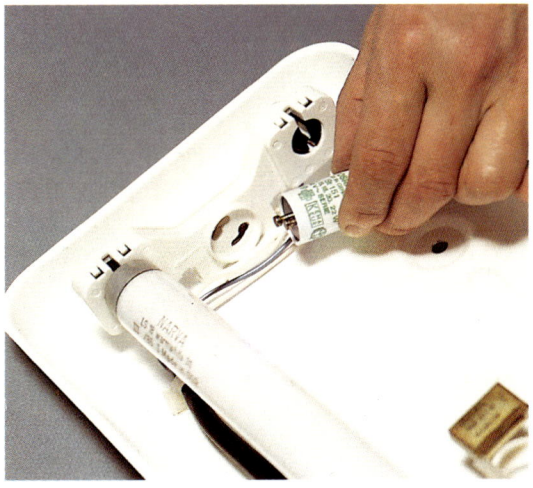

Einsetzen eines neuen Starters

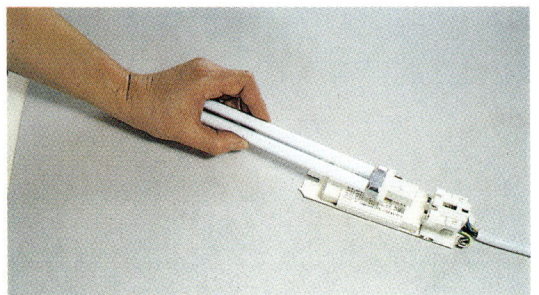

Beim Anschluß einer Kompaktleuchtstofflampe muß das Schaltbild beachtet werden.

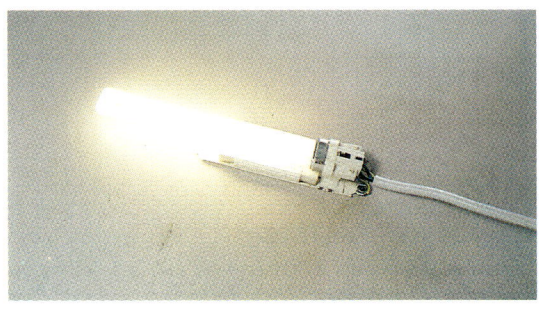

Kompaktleuchtstofflampen verbreiten klares Licht bei geringem Stromverbrauch

Fehlersuche mit System

Wenn das Licht nicht angeht und der Fehler nicht offensichtlich ist, ist man manchmal recht ratlos. In diesem Fall hilft nur eins: Fehlersuche mit System. Das bedeutet, daß alle möglichen Fehlerquellen überprüft werden. Der Ablauf einer solchen Fehlersuche wird hier am Beispiel einer Stehlampe beschrieben. Er gilt auch für andere Leuchten.

Die Stehlampe leuchtet nicht

| Glühlampe in einer anderen Leuchte oder mit dem Durchgangsprüfer kontrollieren | defekt → | Glühlampe austauschen |

in Ordnung
↓

| an der Steckdose überprüfen, ob Spannung anliegt | keine Spannung → | Sicherung überprüfen, andere Steckdose benutzen |

Spannung vorhanden
↓

| Vom Netzstecker über die Anschlußleitung bis zu den Kontakten in der Fassung mit dem Durchgangsprüfer überprüfen, ob alle Leiter Durchgang haben | Alle Leiter haben Durchgang → | Kontakte in der Fassung hochbiegen, damit sie den Lampensockel berühren |

kein Durchgang
↓

● Stecker ● Anschlußleitung
● Geräteschalter ● Fassung
überprüfen, eventuell reparieren oder
austauschen

Das Überprüfen der Anschlüsse an der Lampenfassung

Ein Hochbiegen der Kontakte kann die Verbindung zum Lampensockel verbessern

Halogenlampen

Im Wohnbereich setzen sich Halogenlampen, die im privaten Bereich bisher nur bei Autoscheinwerfern oder Diaprojektoren verwendet wurden, immer mehr durch.

Eine Halogenlampe ist im Vergleich zur normalen Glühlampe drastisch verkleinert. Der Lampenkolben aus Quarzglas ist mit Halogenen gefüllt, die eine besondere physikalische Wirkung haben. Sie fangen die an der Glühwendel verdampften Wolframteilchen in der kühleren Außenzone der Lampe ein und verhindern dadurch eine Schwärzung wie bei der herkömmlichen Glühlampe. In der Innenzone an der heißen Wendel zerfallen die Wolfram-Halogen-Verbindungen wieder, das Wolfram lagert sich an der Wendel ab, und das Halogen wird wieder frei.

Da sich dieser Prozeß ständig wiederholt, hat die Halogenlampe eine deutlich längere Lebensdauer. Die Lichtausbeute bleibt ständig gleich, da der Kolben nicht schwarz wird. Halogenlampen erzeugen ein angenehmes, »frisch« wirkendes Licht mit einer guten Farbwiedergabe. Bei gleicher elektrischer Leistung erhält man durch die hohe Wendeltemperatur mehr Licht als von einer Glühlampe.

Halogenlampen können auch mit einem Dimmer verwendet werden. Bei der Auswahl des Dimmers ist darauf zu achten, daß er für den Betrieb mit Trafo geeignet ist, sofern es um den Einbau von Niedervoltlampen geht.

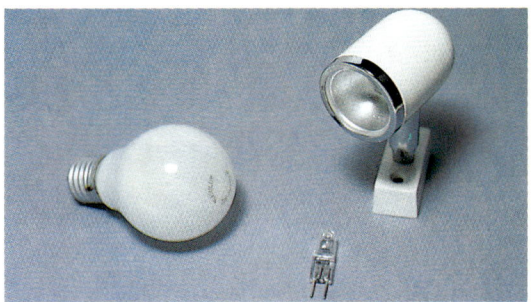

Ein Größenvergleich: Die vollständige Halogenleuchte ist nur so groß wie eine Glühlampe

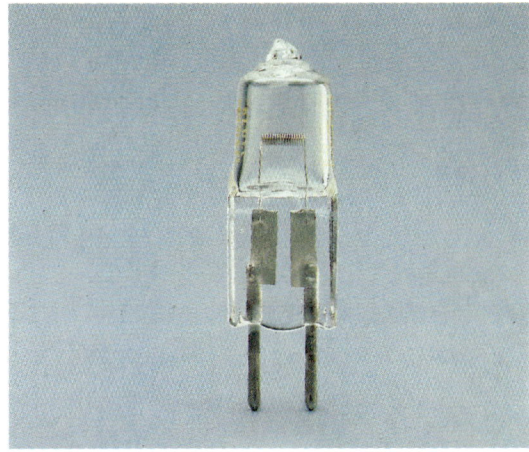

Niedervolt-Halogenlampe. Es sind zwei Größen üblich: Baugröße 1 bis 20W und Baugröße 2 mit höherer Leistung. Ausführung in 6, 12 oder 24V Anwendung: In Leuchten mit eingebautem Reflektor; Akzentbeleuchtung für Wohnbereiche, Vitrinen, Ausstellungen u. a.

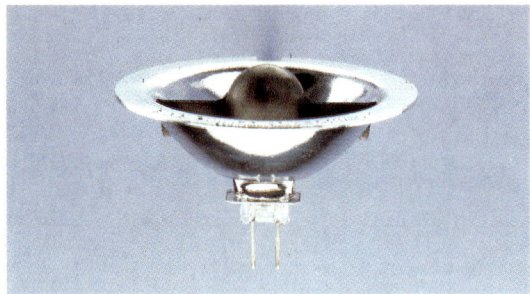

Niedervolt-Halogenreflektorlampe 12 V;
besonders gute Lichtbündelung durch präzise
Justierung der Lampe im Reflektor
Anwendung: Akzentbeleuchtung in Wohnungen;
Schaufenster und Ausstellungen

Es gibt zwei grundsätzliche Bauformen von
Halogenlampen: Die Niedervolt- und die
Hochvoltlampe.
Niedervoltlampen werden mit einer Spannung
von 6, 12 oder 24 V betrieben, sie müssen deshalb mit einem Transformator angeschlossen
werden.
Hochvoltlampen eignen sich für den direkten
Netzanschluß. Sie haben einen Bajonettsockel
oder einen Schraubsockel wie eine Glühlampe und können in vielen Leuchten anstelle
normaler Glühlampen eingesetzt werden.
Halogen-Hochvoltlampen werden als Downlights, Strahler, Pendelleuchten und Schein-
werfer angewendet.

Niedervolt-Halogenreflektorlampe mit Bajonett-
sockel; Baugröße 1 mit 15 oder 20 W, Baugröße 2
mit 35 und 50 W Leistung. Spannung 6 oder
12 V. Keine Verschmutzung des Brenners und
Berührungsschutz durch Frontscheibe
Anwendung: Akzentbeleuchtung; Lichtquelle für
Präzisionsarbeiten

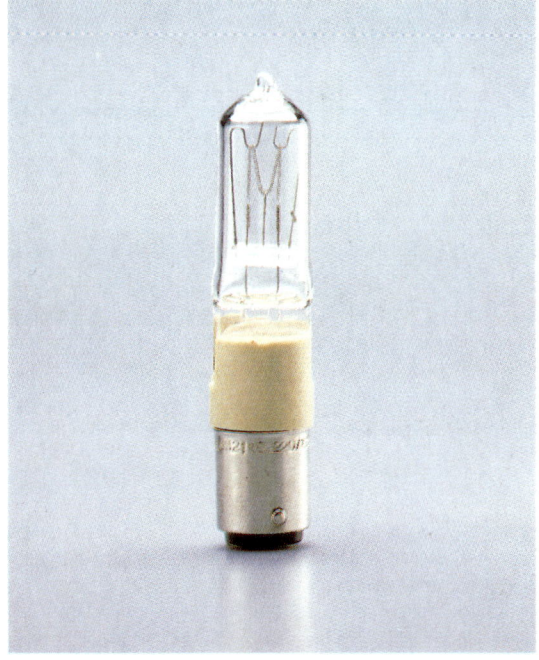

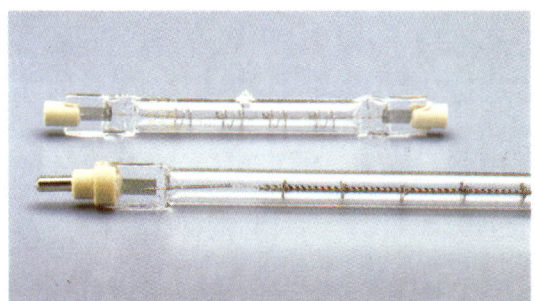

Zweiseitig gesockelte Hochvolt-Halogenlampe
220 V; Leistung 100 bis 2000 W; Betrieb ohne Trafo
Anwendung: Für Strahler, wenn viel Licht benötigt
wird; Anstrahlung des Wohnhauses oder Aus-
leuchten des Grundstücks

Halogen-Hochvoltlampe 220 V mit Bajonettsockel
(auch mit Schraubsockel E 27); Leistung 75 bis
150 W; Glaskolben in matter und in klarer Ausführung erhältlich; Betrieb durch Netzspannung ohne
Trafo. Mit Schraubfassung einfacher Ersatz von
Glühlampen

Installation von Niedervolt-Halogenleuchten

Die Verwendung von Niedervolt-Halogen-lampen ist ohne Transformator nicht möglich. Bei Tisch- und Stehlampen ist er bereits häufig im Leuchtenfuß eingebaut.

Bei der Installation von Decken- oder Wand-leuchten muß der Trafo an einer geeigneten Stelle untergebracht werden. Dabei sollte man darauf achten,

● daß der Trafo jederzeit leicht zugänglich ist, um eine ausgefallene Sicherung problem-los ersetzen zu können
● daß der Trafo so montiert wird, daß keine Schwingungen übertragen werden, um Brummgeräusche zu vermeiden
● daß der Trafo möglichst dicht an der Licht-quelle angebracht ist. Bei Niedervoltinstal-lationen fließen verhältnismäßig hohe Strö-me, deshalb spielen Leiterlänge und Leiter-querschnitt eine wichtige Rolle, da durch den Widerstand der Leitung der Lichtstrom vermindert wird

Die Hersteller von Niedervoltlampen stellen Tabellen zur Verfügung, in denen der erforder-liche Leitungsquerschnitt bei einer bestimm-ten Leitungslänge angegeben wird.

Bei einer Lichtstromminderung von 10 % ist beispielsweise bei einer 12-V- / 80-W-Halogen-lampe folgender *Leitungsquerschnitt* erforder-lich:

Leitungslänge:	Leitungsquerschnitt in mm^2
2,5 m	1,5
5 m	4
7,5 m	6
10 m	6
15 m	10

Aus diesem Grund bietet sich häufig eine sternförmige Installation an, da die Belastung der einzelnen Leitungen dadurch verringert und die Lichtausbeute verbessert wird.

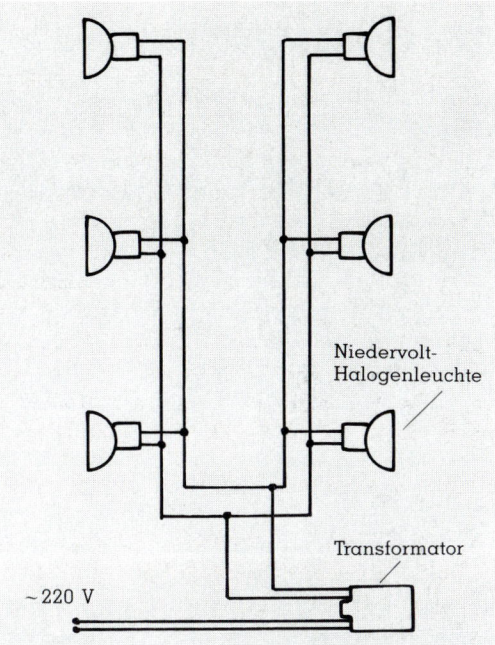

Installation von Halogenleuchten mit einer Ringleitung

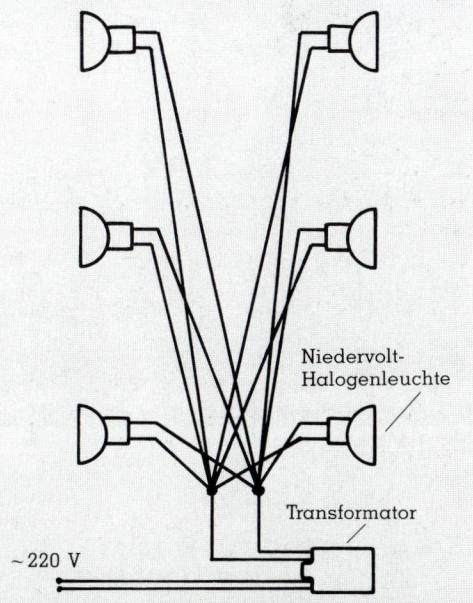

Sternförmige Installation von Halogenleuchten. Durch diese Anordnung können die Leitungs-verluste verringert werden, die Lichtausbeute wird höher

Außenleuchten

Außenleuchten müssen vor eindringendem Regenwasser geschützt sein. Es dürfen deshalb nur tropf- oder spritzwassergeschützte Leuchten mit den Kennzeichen 💧 oder ⚠ verwendet werden. Bei diesen Leuchten ist auch die Glühlampe zusätzlich geschützt, in der Regel durch eine Glaskugel oder eine Abdeckung. Dies ist vor allem deshalb nötig, weil ungeschützte Glühlampen platzen, wenn sie in heißem Zustand naß werden.

Bei einer Wandleuchte, die am Haus montiert wird, ragt in der Regel ein bereits dafür vorgesehenes Stück Leitung aus der Wand. Die Leuchte wird auf diesem Anschluß mit Dübeln befestigt und mit Lüsterklemmen angeschlossen. Je nach Material und Ausführung der Leuchte hat sie die Schutzklasse I und muß mit Schutzleiter angeschlossen werden. Bei Schutzklasse II (Schutzisolierung) kann normalerweise auf den Anschluß des Schutzleiters verzichtet werden.

Wenn für eine Außenleuchte eine neue Leitung verlegt werden muß, wird am besten schwarzes Kabel (Kurzzeichen NYY) verwendet. Feuchtraumleitung (NYM) kann auch verwendet werden, sollte aber vor Sonnenlicht geschützt verlegt sein (im Erdreich nur in Schutzrohren). Als bewegliche Leitungen sind im Außenbereich mindestens mittelschwere Gummischlauchleitungen erforderlich.

An der Hauswand montierter Infrarotschalter

Infrarotschalter

Die Überraschung ist perfekt: Man nähert sich dem Haus, und das Licht geht selbsttätig an. Auslöser ist ein Infrarotschalter, der auf Wärmestrahlung reagiert.

Der Unterschied zwischen der Temperatur eines Menschen und der Umgebung wird vom Infrarotfühler genauso bemerkt wie die Wärmestrahlung eines Autos, das sich dem Fühler nähert.

Der Infrarotschalter ist dadurch für eine Vielzahl von Schalt- und Überwachungsaufgaben geeignet. So kann der Zuweg zu einem Wohnhaus kontrolliert werden: Das Licht geht immer dann an, wenn sich jemand nähert, sei es ein freundlich gesinnter oder auch ein unerwünschter Besucher. Es funktioniert natürlich auch während der Abwesenheit der Hausbewohner, so daß das Einschalten des Lichts eine abschreckende Wirkung haben kann. Ebenfalls günstig ist es, wenn rund ums Haus mehrere Infrarotschalter angeordnet sind, so daß man im Dunkeln bei einem Rundgang nicht erst Schalter suchen muß.

Genausogut wie außerhalb des Hauses ist der Infrarotschalter auch im Haus einzusetzen. Er kann, in einer anderen Ausführung als für die Außenmontage, in Unterputzschalterdosen eingebaut werden. Dadurch ist er in der Lage, Wechsel- und Kreuzschalter in einem langen Flur zu ersetzen: Immer dann, wenn man den Flur betritt, wird das Licht eingeschaltet. Ebensogut kann er aber auch als Bewegungsmelder im Haus verwendet werden, der eine Leuchte anschaltet, sobald jemand einen Raum betritt.

Der Infrarotschalter enthält als zusätzliche Funktion eine Schaltuhr mit einer einstellbaren Schaltzeit — je nach Fabrikat — von einigen Sekunden bis zu 12 Minuten. Mit dieser Schaltuhr wird das Licht nach der vorgegebenen Zeit wieder ausgeschaltet.

Zusätzlich ist noch ein Sensor für die Umgebungshelligkeit eingebaut. An einem kleinen Rädchen kann man einstellen, bei welcher Helligkeit der Infrarotschalter einschaltet. Dadurch kann verhindert werden, daß er auch tagsüber das Licht einschaltet. Mit einem

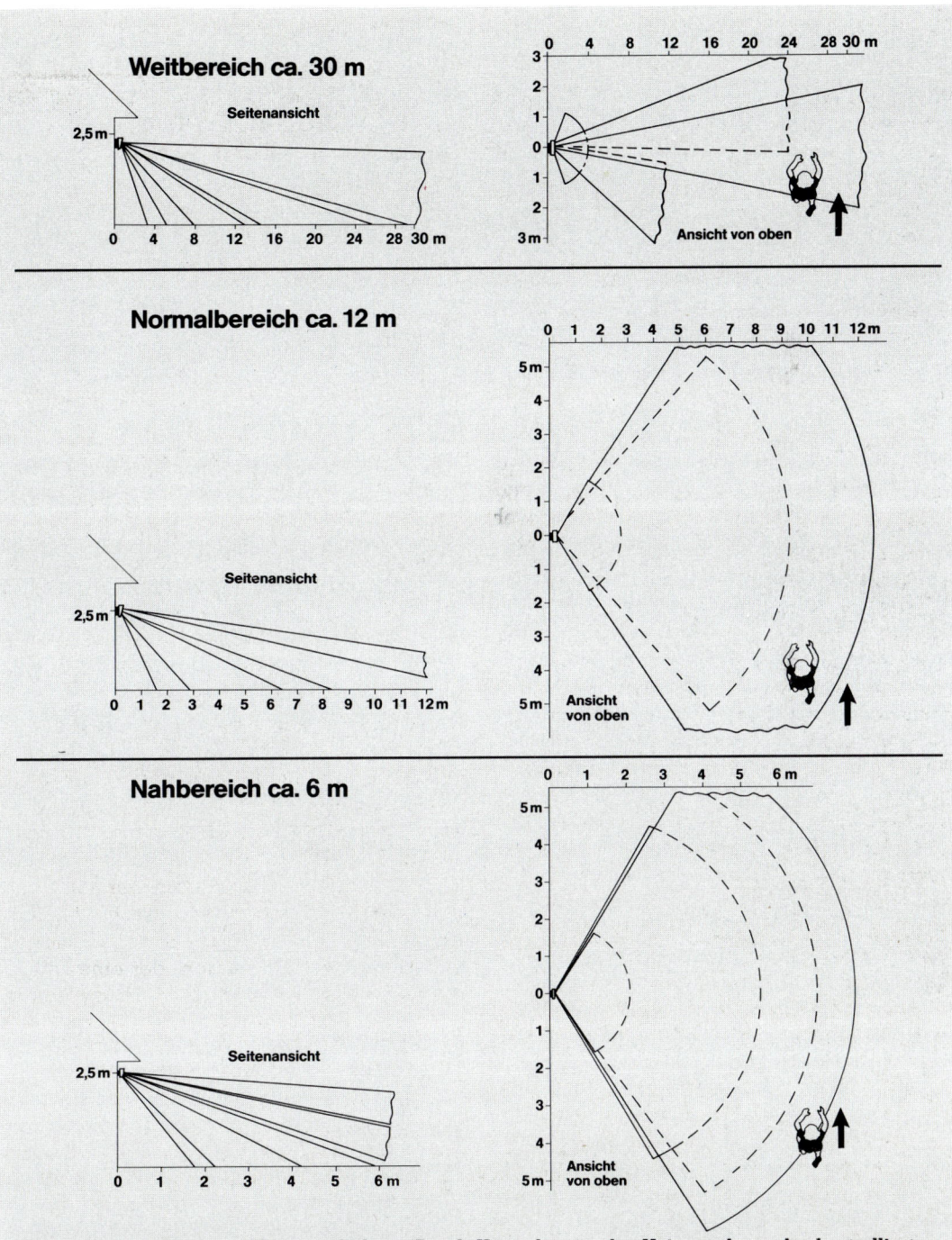

Weitbereich ca. 30 m

Seitenansicht

2,5 m

0 4 8 12 16 20 24 28 30 m

0 4 8 12 16 20 24 28 30 m

Ansicht von oben

Normalbereich ca. 12 m

Seitenansicht

2,5 m

0 1 2 3 4 5 6 7 8 9 10 11 12 m

0 1 2 3 4 5 6 7 8 9 10 11 12 m

Ansicht von oben

Nahbereich ca. 6 m

Seitenansicht

2,5 m

0 1 2 3 4 5 6 m

0 1 2 3 4 5 6 m

Ansicht von oben

Ansprechbereiche eines Infrarotschalters. Durch Veränderung der Neigung kann der kontrollierte Bereich verändert werden. Die Einstellung für Normal-, Weit- und Nahbereich wird durch Verwenden unterschiedlicher Linsen erreicht

Nach Entfernen der Abdeckung können die Anschlüsse montiert werden

Mit diesen Einstellschrauben werden Einschaltdauer und Ansprechhelligkeit eingestellt

Stellknopf kann man genau den Zeitpunkt in der Dämmerung bestimmen, an dem der Infrarotschalter wirksam werden soll. Man kann den Helligkeitsfühler jedoch auch so einstellen, daß bei Tag und Nacht geschaltet wird. Die Reichweite des Infrarotschalters liegt bei etwa 10—12 m. Sie ist abhängig von dem Temperaturunterschied, den er erfassen kann. Der Ansprechbereich ist, von oben gesehen, strahlenförmig. Es ist dadurch möglich, daß der Schalter nicht anspricht, wenn man gerade auf ihn zugeht.
Er sollte deshalb so montiert werden, daß seine Meßzone schräg zum zu kontrollierenden Bereich liegt. Dadurch wird erreicht, daß man beim Näherkommen auf jeden Fall eine oder mehrere Ansprechzonen kreuzen muß.

Anschluß des Infrarotschalters

Obwohl man ein kleines Kästchen voller Elektronik vor sich hat, ist der elektrische Anschluß recht einfach. Nach Entfernen der Abdeckung liegen die Anschlußklemmen frei, die entsprechend der dem Schalter beigefügten Anleitung angeschlossen werden. Es gibt mehrere Anschlußarten, die sich nach dem Verwendungszweck und nach den vorhandenen Leitungen richten:

● Anschluß anstelle eines Lichtschalters
   Der Infrarotschalter wird in der Unterputzschalterdose eingebaut und genauso wie der Lichtschalter angeschlossen
● Montage an der Wand
   Die Zuleitung erfolgt von der Leuchte. Stehen vom Schalter bis zur Leuchte nur zwei Adern zur Verfügung, wird der Schalter durch einen Taster ersetzt. Durch Antasten schaltet der Infrarotschalter ein und nach der vorgewählten Zeit selbsttätig wieder aus. Die Leuchte dauernd leuchten zu lassen, ist mit dieser Schaltung nicht möglich. Durch Verlegen einer dritten Ader zur Leuchte kann man durch Überbrücken des Infrarotschalters auch Dauerlicht erreichen.

Da die verschiedenen Bauarten der Infrarot-schalter voneinander abweichen, können hier keine genauen Anleitungen für den elektrischen Anschluß gegeben werden. Er ist in der Regel unkompliziert und der dem Schalter beiliegenden Montageanleitung und dem Schaltbild zu entnehmen. Sie werden sicher keine Schwierigkeiten damit haben.

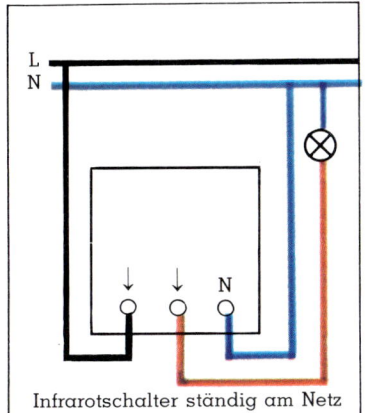

Infrarotschalter ständig am Netz

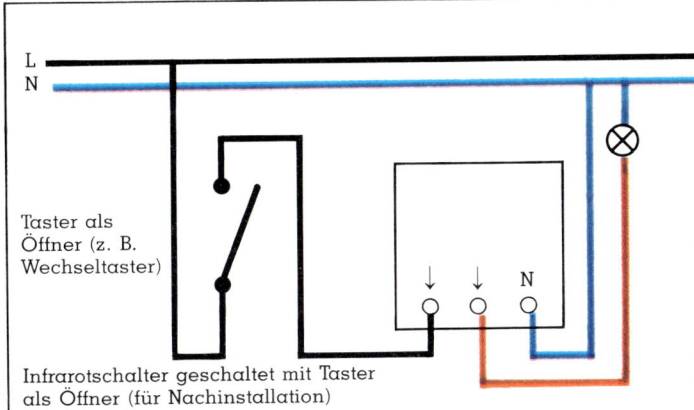

Taster als Öffner (z. B. Wechseltaster)

Infrarotschalter geschaltet mit Taster als Öffner (für Nachinstallation)

Schaltbild für den Anschluß des Infrarotschalters. Beachten Sie auf jeden Fall die Montageanleitung, da die Schaltbilder je nach Fabrikat unterschiedlich sein können

Besonderheiten bei Kleinspannung

Schwachstromanlagen unterliegen besonderen Regeln. Da sie im Zusammenhang mit der Elektroinstallation stehen, muß man auf sorgfältige Trennung bei der Leitungsführung und bei den angeschlossenen Geräten achten.

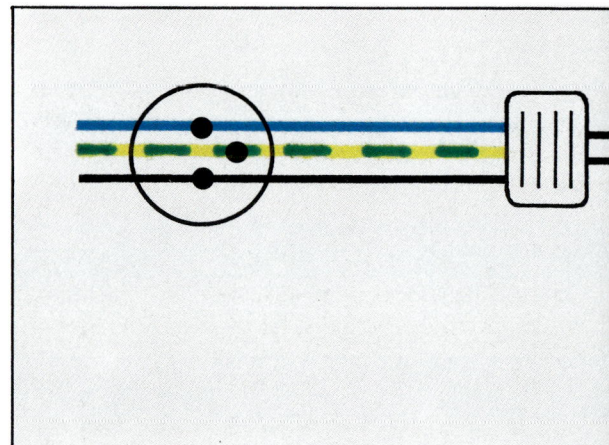

Gongs und Läutwerke gibt es in vielen unterschiedlichen Ausführungen, hier als Massivholzmodell in Eiche, Nußbaum und Kiefer sowie als Kunststoffmodell mit Dekor

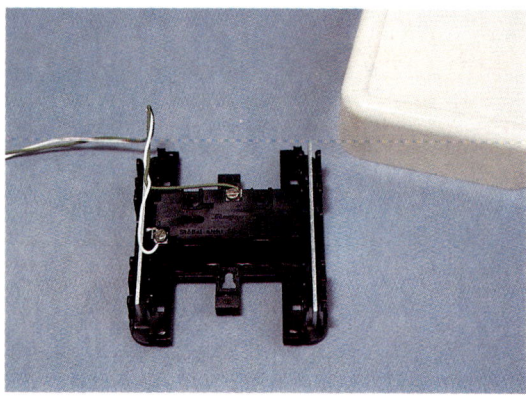

Am Läutwerk oder Gong wird ein zweiadriger Anschluß mit Klingelleitung vorgenommen

Klingelanlage

Die Klingelanlage hat in der Elektroinstallation eine besondere Stellung, da sie mit einer Spannung von nur 5 — 8 V betrieben wird. Die Stromversorgung erfolgt deshalb über einen Transformator oder über eine Batterie.

Der Klingeltransformator kann in den Wohnungsverteiler eingebaut oder auch auf Putz in der Nähe der Klingel montiert werden. Er wird zur Stromversorgung über Anschlußklemmen an das 220-V-Netz angeschlossen und liefert wahlweise 4, 6 oder 8 V Spannung. Die 220-V-Seite wird primär genannt, die Kleinspannungsseite sekundär.

Die Stromaufnahme eines Klingeltransformators liegt in der Regel bei 0,5 oder 1,0 A. Da es Gongs mit unterschiedlicher Stromaufnahme gibt, muß man den Trafo dazu passend wählen. Für einen »Multiklanggong« ist ein zusätzliches Netzteil erforderlich, statt dessen kann aber auch ohne Bedenken ein 9-V-Batterieblock eingesetzt werden.

Das herkömmliche Läutwerk, die altbekannte Klingel, wird von vielen als zu aufdringlich empfunden, deshalb setzen sich Gongs in den unterschiedlichsten Bauformen immer mehr durch.

Der Anschluß

Der elektrische Anschluß ist bei einem Läutwerk recht einfach. Entsprechend dem Schaltbild wird die Klingel so angeschlossen, daß bei Betätigung des Tasters der Stromkreis geschlossen ist.

Elektronische Gongs, Doppelklanggongs und Multiklanggongs sind nicht mehr wie das herkömmliche Läutwerk mit Spule und Glocke ausgerüstet. Sie erzeugen den Ton über eine elektronische Schaltung mit einem kleinen Lautsprecher. Dadurch ist die Vielfalt der Klangmöglichkeiten fast unbegrenzt.

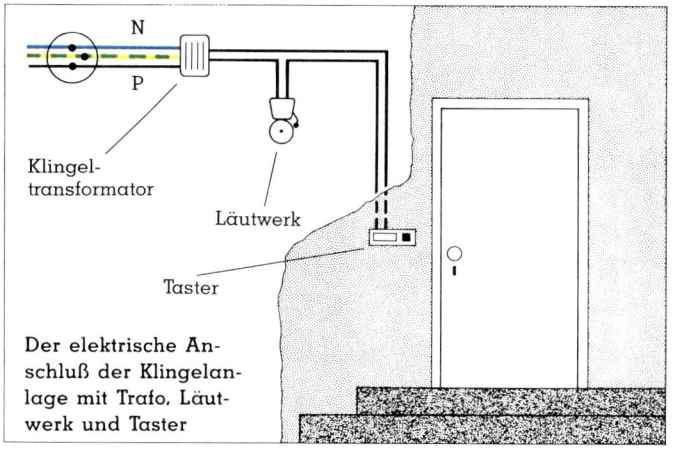

N
P

Klingeltransformator

Läutwerk

Taster

Der elektrische Anschluß der Klingelanlage mit Trafo, Läutwerk und Taster

Für die Stromversorgung gibt es drei Möglich-
keiten:
● Batteriebetrieb sollte nur in Ausnahmefäl-
len verwendet werden, da das Wechseln
der Batterie auf Dauer lästig und teuer wird
● Betrieb mit Batterie und Klingeltrafo bei
Multiklanggongs, da hier der Trafo zur
Stromversorgung nicht ausreicht
● Betrieb mit Klingeltrafo und Netzteil. Das
Netzteil ersetzt bei Multiklanggongs die
sonst erforderliche Batterie. Diese Lösung
ist vorzuziehen

Die zusätzliche Batterie oder das Netzteil wird
benötigt, weil über den Klingeltaster in der Regel nur ein kurzer Stromimpuls gegeben wird.
Da der elektronisch erzeugte Klang jedoch oft
mehrere Sekunden bis zum Ende der Klangfol-
ge benötigt, muß für diese Zeit zusätzlich
Strom zur Verfügung gestellt werden.
Das Netzteil wird anstelle des Batterieblocks
im Gong eingebaut und vom Klingeltransformator aus mit Strom versorgt.
Ein weiteres nützliches Zubehör ist der Klingel-
ausschalter, der die Garantie für einen unge-
störten Mittagsschlaf bedeuten kann. Er wird
neben die Klingel oder den Gong montiert und
unterbricht auf Wunsch die Stromversorgung
der Klingelanlage.

Die Leitung

Als Leitung für die Klingelanlage wird eine
Stegleitung (Kurzzeichen IFY) mit 0,6 mm
Durchmesser verwendet. Die Klingelleitung
kann in oder unter Putz verlegt werden. Auf-
grund der niedrigen Spannung sind nur zwei
Leiter erforderlich, ein Schutzleiter wird nicht
verwendet.
Es ist durchaus möglich, auch andere Arten
von Leitungen zu verwenden. Der Durchmesser sollte jedoch nicht kleiner als 0,6 mm sein,
um die Leitungswiderstände klein zu halten.
Es können grundsätzlich auch Mantelleitungen und Stegleitungen wie in der 220-V-
Installation verwendet werden. Dabei ist allerdings besonders sorgfältig auf die Leitungsführung zu achten, damit nicht durch Verwechseln der Leitungen der Gong mit 220 V betrieben wird.

Der Anschluß des elektronischen Gongs ist
genauso einfach

**Schaltbilder für unterschiedliche Anschluß-
möglichkeiten eines Multiklanggongs mit
Dauerklang:**

a) Betrieb nur mit Batterie

b) Betrieb mit Batterie und Klingeltrafo

c) Betrieb mit Netzteil ohne Batterie

Antennen und Antennensteckdosen für Radio und Fernsehen

Das Koaxialkabel

Radio- und Fernsehgeräte werden in der Regel über eine Antennensteckdose an die Antennenanlage angeschlossen. Die Verbindung zwischen Steckdose und Antenne wird durch ein Koaxialkabel hergestellt, das sich von den in der Elektroinstallation üblichen Kabeln deutlich unterscheidet. Der Kern des Kabels (die Seele) ist ein Innenleiter aus versilbertem Kupferdraht mit einem Durchmesser von 0,75—1,4 mm. Von diesem Durchmesser ist die Dämpfung des Kabels abhängig. Der größere Durchmesser ergibt eine bessere Übertragung und geringere Verluste in der Leitung und letztendlich einen besseren Empfang. Er ist vor allem bei größeren Kabellängen empfehlenswert.

Der Innenleiter ist isoliert. Die Isolierung ist mit einem versilberten Kupfergewebe zur Abschirmung der Leitung umgeben (Schirm). Das Kabel ist mit einem PVC-Mantel isoliert, so daß es von außen einem Kabel für die Elektroinstallation gleicht.

Bei der Montage von Antennensteckdosen oder Kupplungen und Steckern für den Geräteanschluß muß man sorgfältig darauf achten, daß sich Innenleiter und Abschirmung nicht berühren. Man erreicht das dadurch, daß nach Entfernen von etwa 2—3 cm der Außenisolierung das Drahtgewebe über die Außenisolierung zurückgezogen wird. Dabei läßt sich in der Regel nicht verhindern, daß einige feine Drähtchen der Abschirmung frei herumhängen. Sie werden abgeschnitten, damit sie nicht versehentlich in die Nähe des Innenleiters gelangen.

Steckdosen

Es gibt zwei unterschiedliche Arten von Antennensteckdosen: Durchgangsdosen und Enddosen. Enddosen enthalten einen Abschlußwiderstand, der zum Verhindern von Störungen benötigt wird. Häufig werden Durchgangssteckdosen geliefert, die man durch Einsetzen eines Abschlußwiderstandes in eine Enddose umbauen kann.

Antennensteckdosen können auf Putz oder unter Putz montiert werden. Bei Unterputzdosen wählt man häufig eine Kombination mit Schutzkontaktsteckdosen. Die Mindestausstattung sollte aus drei bis fünf Steckdosen bestehen, so daß der Anschluß von Radio und Fernsehen sowie weiterer Geräte ohne größes Kabelwirrwarr möglich ist.

Die Antennen- und die Starkstromleitung müssen voneinander getrennt verlegt werden. Sie sollen einander nicht kreuzen und bei gemeinsamer Verlegung in einem Kabelschacht einen Abstand von mindestens 1 cm haben, um Empfangsstörungen zu vermeiden.

Soll von einem Antennenkabel eine Leitung abzweigen, benötigt man einen Antennenverteiler, der in einer Unterputzverteilerdose eingebaut werden kann. Der Anschluß der Zuleitung und der abgehenden Leitungen im Antennenverteiler erfolgt nach der mitgelieferten Montageanleitung.

Antennenverstärker

Wenn das Fernsehbild unzureichend ist, kann unter Umständen ein Antennenverstärker helfen. Ursachen mangelnder Bildqualität können sein:

- Verluste in zu langen Koaxialkabeln
- Verluste in Durchgangs- und Enddosen
- Verluste in Verteilern
- Verluste durch schlechte Installation (zum Beispiel geflickte Kabel und schlechte Schraubverbindungen an den Steckdosen).

Während die Verluste infolge schlechter Installation durch sorgfältiges Arbeiten und Nachbesserungen vermieden werden, können die anderen Verluste durch einen Antennenver-

Nützliche Ratgeber

Stand: Sommer 1988

Essen und Trinken

FALKEN EXKLUSIV
Kochen in höchster Vollendung
Aus vier Elementen ist alles zusammengefügt (Theophrast). (4291) Von M. Wissing, M. Kirsch, 160 S., 230 Farbfotos, Leinen geprägt mit Schutzumschlag, im Schuber, **DM 98,–**, S 784,–

Was koche ich heute?
Neue Rezepte für Fix-Gerichte. (0608) Von A. Badelt-Vogt, 112 S., 16 Farbtafeln, kart. ●

Kochen für 1 Person
Rationell wirtschaften, abwechslungsreich und schmackhaft zubereiten. (0586) Von M. Nicolin, 136 S., 8 Farbtafeln, 23 Zeichnungen, kart. ●

Schnell und individuell
Die raffinierte Single-Küche
(4266) Von F. Faist, 160 S., 151 Farbfotos, Pappband. ● ● ●

Gesunde Kost aus dem Römertopf
(0442) Von J. Kramer, 128 S., 8 Farbtafeln, 13 Zeichnungen, kart. ●

FALKEN-FEINSCHMECKER
Pasta in Höchstform **Nudeln**
(0884) Von M. Kirsch, 64 S., 62 Farbfotos, Pappband. ●

Nudelgerichte
– lecker, locker, leicht zu kochen. (0466) Von C. Stephan, 80 S., 8 Farbtafeln, kart. ●

FALKEN-FEINSCHMECKER
In Hülle und Fülle
Pasteten und Terrinen
(0883) Von M. Kirsch, 48 S., 62 Farbfotos, Pappband. ●

FALKEN-FEINSCHMECKER
Spezialitäten unter knuspriger Decke
Aufläufe
(0882) Von C. Adam, 48 S., 33 Farbfotos, Pappband. ●

Eintöpfe und Aufläufe
Das Beste aus den Kochtöpfen der Welt (5079) Von A. und G. Eckert, 64 S., 50 Farbfotos, Pappband. ● ●

FALKEN-FEINSCHMECKER
Herzhaftes für Leib und Seele
Eintöpfe
(0820) Von P. Klein, 48 S., 30 Farbfotos, Pappband. ●

Schnell und gut gekocht
Die tollsten Rezepte für den Schnellkochtopf. (0265) Von J. Ley, 96 S., 8 Farbtafeln, kart. ●

Kochen und backen im Heißluftherd
Vorteile, Gebrauchsanleitung, Rezepte. (0516) Von K. Kölner, 72 S., 8 Farbtafeln, kart. ●

Zaubern mit der schnellen Welle
Die neue Mikrowellenküche
(4289) Von F. Faist, 208 S., 188 Farbfotos, Pappband. ● ●

Das neue Mikrowellen-Kochbuch
(0434) Von H. Neu, 64 S., 4 Farbtafeln, 16 s/w Zeichnungen, kart. ●

Ganz und gar mit Mikrowellen
(4094) Von T. Peters, 208 S., 24 Farbfotos, 12 Zeichnungen, kart. ● ● ●

FALKEN-FEINSCHMECKER
Schnell auf den Tisch gezaubert
Kochen mit Mikrowellen
(0818) Von A. Danner, 64 S., 52 Farbfotos, Pappband. ●

Marmeladen, Gelees und Konfitüren
Köstlich wie zu Omas Zeiten – einfach selbstgemacht. (0720) Von M. Gutta, 32 S., 23 Farbfotos, 1 Zeichnung, Pappband. ●

Einkochen
nach allen Regeln der Kunst. (0405) Von B. Müller, 128 S., 8 Farbtafeln, kart. ●

Einkochen, Einlegen, Einfrieren
(4055) Von B. Müller, 152 S., 27 s/w.-Abb., kart. ● ●

Haltbarmachen in der Öko-Küche
Gesunde Konservierungsmethoden für Obst, Gemüse, Kräuter und Pilze. (0932) Von M. Bustorf-Hirsch, 120 S., 56 Farbfotos, 36 Farbzeichnungen. kart. ● ●

FALKEN-FEINSCHMECKER
Goldbraun und knusprig
Fritierte Leckerbissen
(0868) Von F. Faist, 64 S., 47 Farbfotos, Pappband. ●

Das neue Fritieren
geruchlos, schmackhaft und gesund. (0365) Von P. Kühne, 96 S., 8 Farbtafeln, kart. ●

FALKEN-FEINSCHMECKER
Die Krönung der feinen Küche
Saucen
(0817) Von G. Cavestri, 48 S., 40 Farbfotos, Pappband. ●

FALKEN-FEINSCHMECKER
Edler Kern in harter Schale
Meeresfrüchte
(0886) Von L. Grieser, 48 S., 52 Farbfotos, Pappband. ●

FALKEN-FEINSCHMECKER
Von Tatar und falschen Hasen
Hackfleisch
(0866) Von A. und G. Eckert, 64 S., 42 Farbfotos, Pappband. ●

Mehr Freude und Erfolg beim **Grillen**
(4141) Von A. Berliner, 160 S., 147 Farbfotos, 10 farbige Zeichnungen, Pappband. ● ● ●

Grillen für Geniesser
Fleisch · Fisch · Beilagen · Soßen. (5001) Von E. Fuhrmann, 64 S., 38 Farbfotos, Pappband. ● ●

FALKEN-FEINSCHMECKER
Köstliches von Rost und Spieß
Grillen
(0931) Von A. Kalcher-Dähn, H. K. Kalcher, 64 S., 43 Farbfotos, Pappband. ●

Chinesisch kochen
mit dem Wok-Topf und dem Mongolen-Topf. (0557) Von C. Korn, 64 S., 8 Farbfotos, kart. ●

FALKEN-FEINSCHMECKER
Verheißungsvoll fernöstlich
Spezialitäten aus dem Wok
(0933) Von H. K. Jen, 64 S., 56 Farbfotos, Pappband. ●

Schlemmerreise durch die
Chinesische Küche
(4184) Von K. H. Jen, 160 S., 117 Farbfotos, Pappband. ● ● ●

Nordische Küche
Speisen und Getränke von der Küste. (5082) Von J. Kürtz, 64 S., 44 Farbfotos, Pappband. ● ●

Essen in Hessen
Spezialitäten zwischen Schwalm und Odenwald. (0837) Von R. Witt, 120 S., 10 s/w-Zeichnungen, Pappband. ● ●

Schlemmerreise durch die
Französische Küche
(4296) Von H. Imhof, 160 S., 147 Farbfotos, 3 s/w-Fotos, Pappband. ● ● ●

Französisch kochen
Eine kulinarische Reise durch Frankreich. (5016) Von M. Gutta, 64 S., 35 Farbfotos, Pappband. ● ●

Französische Küche
(0685) Von M. Gutta, 96 S., 16 Farbtafeln, kart. ●

Französische Spezialitäten aus dem Backofen
Herzhafte Tartes und Quiches mit Fleisch, Fisch, Gemüse und Käse
(5146) Von P. Klein, 64 S., 43 Farbfotos, Pappband. ● ●

FALKEN-FEINSCHMECKER
Aus lauter Lust und Liebe
Knoblauch
(0867) Von L. Reinirkens, 64 S., 45 Farbfotos, Pappband. ●

Kochen und würzen mit Knoblauch
(0725) Von A. und G. Eckert, 96 S., 8 Farbtafeln, kart. ●

Schlemmerreise durch die
Italienische Küche
(4172) Von V. Pifferi. 160 S., 109 Farbfotos, Pappband. ● ● ●

Pizza, Pasta und die feine italienische Küche
(4270) Von R. Rudatis, 120 S., 255 Farbfotos, Pappband. ● ●

Italienische Küche
Ein kulinarischer Streifzug mit regionalen Spezialitäten. (5026) Von M. Gutta, 64 S., 35 Farbfotos, Pappband. ● ●

FALKEN-FEINSCHMECKER
Schlemmen wie bei Mamma Maria
Pizzas
(0815) Von F. Faist, 64 S., 62 Farbfotos, Pappband. ●

Köstliche Pilzgerichte
Tips und Rezepte für die häufigsten Pilzgattungen. (5133) Von V. Spicker-Noack, M. Knoop, 64 S., 52 Farbfotos, Pappband. ● ●

Fondues
und fritierte Leckerbissen. (0471) Von S. Stein, 96 S., 8 Farbtafeln, kart. ●

Fondues · Raclettes · Flambiertes
(4081) Von R. Peiler und M.-L. Schult, 136 S., 15 Farbtafeln, 28 Zeichnungen, kart. ● ●

Neue, raffinierte Rezepte mit dem Raclette-Grill
(0558) Von L. Helger, 56 S., 8 Farbtafeln, kart. ●

Rezepte rund um Raclette und Doppeldecker
(0420) Von J. W. Hochscheid, 72 S., 8 Farbtafeln, kart. ●

Die hier vorgestellten Bücher, Videokassetten und Software sind in folgende Preisgruppen unterteilt:

● Preisgruppe bis DM 10,–/S 79,–
● ● Preisgruppe über DM 10,– bis DM 20,– S 80,– bis S 160,–
● ● ● Preisgruppe über DM 20,– bis DM 30,– S 161,– bis S 240,–
● ● ● ● Preisgruppe über DM 30,– bis DM 50,– S 241,– bis S 400,–
● ● ● ● ● Preisgruppe über DM 50,–/S 401,– *(unverbindliche Preisempfehlung)

Die Preise entsprechen dem Status beim Druck dieses Verzeichnisses (s. Seite 1) – Änderungen, im besonderen der Preise, vorbehalten –

Fondues und Raclettes
(4253) Von F. Faist, 160 S., 125 Farbfotos, Pappband. ●●●

FALKEN-FEINSCHMECKER
Schmelzendes Käsevergnügen
Raclette
(0881) Von F. Faist, 48 S., 33 Farbfotos, Pappband. ●

Kulinarischer Feuerzauber
Flambieren
(4294) Von R. Wesseler, 120 S., 100 Farbfotos, Pappband. ●●●

Kochen und würzen mit
Paprika
(0792) Von A. und G. Eckert, 88 S., 8 Farbtafeln, kart. ●

Köstlichkeiten für Gäste und Feste
Kalte Platten
(4200) Von I. Pfliegner. 160 S., 130 Farbfotos, Pappband. ●●●

Kalte Happen und Partysnacks
Canapés, Sandwiches, Pastetchen, Salate und Suppen. (5029) Von D. Peters, 64 S., 44 Farbfotos, Pappband. ●●

Garnieren und Verzieren
(4236) Von R. Biller, 160 S., 329 Farbfotos, 57 Zeichnungen, Pappband. ●●●

Desserts
Puddings, Joghurts, Fruchtsalate, Eis, Gebäck, Getränke. (5020) Von M. Gutta, 64 S., 41 Farbfotos, Pappband. ●●

FALKEN-FEINSCHMECKER
Süße Verführungen
Desserts
(0885) Von M. Bacher, 64 S., 75 Farbfotos, Pappband. ●

FALKEN-FEINSCHMECKER
Süße Geheimnisse eiskalt gelüftet
Eis und Sorbets
(0870) Von H. W. Liebheit, 48 S., 38 Farbfotos, Pappband. ●

Crêpes, Omeletts und Soufflés
Pikante und süße Spezialitäten. (5131) Von J. Rosenkranz, 64 S., 45 Farbfotos, Pappband. ●●

Kuchen und Torten
Die besten und beliebtesten Rezepte. (5067) Von M. Sauerborn, 64 S., 79 Farbfotos, Pappband. ●●

Tortenträume und Kuchenfantasien
Gebackene Köstlichkeiten originell dekoriert und verziert. (0823) Von F. Faist, 80 S., 150 Farbfotos, kart. ●

Backen mit Lust und Liebe
(4284) Von M. Schumacher, R. Krake, 242 S., 348 Farbfotos, 18 farb. Vignetten, 3 vierseitige Ausklapptafeln, Pappband. ●●●●

Backen, was allen schmeckt
Kuchen, Torten, Gebäck und Brot. (4166) Von E. Blome, 556 S., 40 Farbtafeln, Pappband. ●●●

Meine Vollkornbackstube
Brot · Kuchen · Aufläufe. (0616) Von R. Raffelt, 96 S., 4 Farbtafeln, 12 Zeichnungen, kart. ●

FALKEN-FEINSCHMECKER
Knusprig, kernig, urgesund
Vollkornbrot
(0938) Von S. Reiter, 64 S., 56 Farbfotos, Pappband. ●

FALKEN-FEINSCHMECKER
Mit Körnern, Zimt und Mandelkern
Vollkorngebäck
(0816) Von M. Bustorf-Hirsch, 48 S., 39 Farbfotos, Pappband. ●

Biologisch Backen
Neue Rezeptideen für Kuchen, Brote, Kleingebäck aus vollem Korn. (4174) Von M. Bustorf-Hirsch, 136 S., 15 Farbtafeln, 47 Zeichnungen, kart. ●●

Selbst Brotbacken
Über 50 erprobte Rezepte. (0370) Von J. Schiermann, 80 S., 6 Zeichnungen, 4 Farbtafeln, kart. ●

Mehr Freude und Erfolg beim
Brotbacken
(4148) Von A. und G. Eckert, 160 S., 177 Farbfotos, Pappband. ●●●

Brotspezialitäten
knusprig backen – herzhaft kochen. (5088) Von J. W. Hochscheid, L. Helger, 64 S., 48 Farbfotos, Pappband. ●●

Weihnachtsbäckerei
Köstliche Plätzchen, Stollen, Honigkuchen und Festtagstorten. (0682) Von M. Sauerborn, 32 S., 34 Farbfotos, Pappband. ●

Waffeln
süß und pikant. (0522) Von C. Stephan, 64 S., 8 Farbtafeln, kart. ●

Alles mit Joghurt
tagfrisch selbstgemacht. Mit vielen Rezepten. (0382) Von G. Volz, 88 S., 8 Farbtafeln, kart. ●

Joghurt, Quark, Käse und Butter
Schmackhaftes aus Milch hausgemacht. (0739) Von M. Bustorf-Hirsch. 32 S., 59 Farbabb., Pappband. ●

FALKEN-FEINSCHMECKER
Raffiniert und gesund würzen
Kräuterküche
(0869) Von A. Görgens, 48 S.,43 Farbfotos, kart. ●

Miekes Kräuter- und Gewürzkochbuch
(0323) Von I. Persy, K. Mieke, 96 S., 8 Farbtafeln, kart. ●

Das köstliche knackige Schlemmervergnügen.
Salate
(4165) Von V. Müller. 160 S., 80 Farbfotos, Pappband. ●●

FALKEN-FEINSCHMECKER
Frisch und leicht als Hauptgericht
Schlemmersalate
(0934) Von C. Adam, 64 S., 49 Farbfotos, Pappband. ●

111 köstliche Salate
Erprobte Rezepte mit Pfiff. (0222) Von C. Schönherr, 96 S., 8 Farbtafeln, 30 Zeichnungen, kart. ●

FALKEN-FEINSCHMECKER
Köstlich frisch auf den Tisch
Rohkostsalate
(0865) Von C. Adam, 48 S., 26 Farbfotos, Pappband. ●

Die abwechslungsreiche Vollwertküche
Vitaminreich und naturbelassen kochen und backen. (4229) Von M. Bustorf-Hirsch, K. Siegel, 280 S., 31 Farbtafeln, 78 Zeichnungen, Pappband. ●●●●

Die feine Vollwertküche
(4286) Von M. Bustorf-Hirsch, 160 S., 83 Farbfotos, Pappband. ●●●

Meine Vollkornküche
Herzhaftes von echtem Schrot und Korn (0858) Von S. Walz, 128 S., 8 Farbtafeln, kart. ●

FALKEN-FEINSCHMECKER
Dinkel, Hirse, Roggenkorn…
Kerniges aus der Getreideküche
(0932) Von S. Frank, 64 S., 49 Farbfotos, Pappband. ●

FALKEN-FEINSCHMECKER
Die verlockende Alternative
Süße Vollwertküche
(0936) Von A. Roßmeier, 64 S., 50 Farbfotos, Pappband. ●

FALKEN-FEINSCHMECKER
Die gesunde Art, sich zu verwöhnen
Vollwertküche für Singles
(0937) Von A. Görgens, 64 S., 43 Farbfotos, Pappband. ●

Alternativ essen
Die gesunde Sojaküche.
(0553) Von U. Kolster, 112 S., 8 Farbtafeln, kart. ●

Kochen mit Tofu
Die gesunde Alternative. (0894) Von U. Kolster, 80 S., 8 Farbtafeln, kart. ●

Das Reformküche-Kochbuch
Gesunde Ernährung mit hochwertigen Naturprodukten. (4180) Von A. und G. Eckert, 160 S. 15 Farbtafeln, Pappband. ●●●

Gesund kochen mit Keimen und Sprossen
(0794) Von M. Bustorf-Hirsch, 104 S., 8 Farbtafeln, 13 s/w-Zeichnungen, kart. ●

Keime und Sprossen in der Naturküche
(4299) Von M. Bustorf-Hirsch, 96 S., 144 Farbfotos, Pappband. ●●

Die feine Vegetarische Küche
(4235) Von F. Faist, 160 S., 191 Farbfotos, Pappband. ●●●

Biologische Ernährung
für eine natürliche und gesunde Lebensweise. (4125) Von G. Leibold, 136 S., 15 Farbtafeln, 47 Zeichnungen, kart. ●●

Gesunde Ernährung für mein Kind
(0776) Von M. Bustorf-Hirsch, 96 S., 8 Farbtafeln, 5 s/w-Zeichnungen, kart. ●

Vitaminreich und naturbelassen
Biologisch Kochen
(4162) Von M. Bustorf-Hirsch, K. Siegel, 144 S., 15 Farbtafeln, 31 Zeichnungen, kart. ●●

Gesund kochen
wasserarm · fettfrei · aromatisch. (4060) Von M. Gutta, 240 S., 16 Farbtafeln, Pappband. ●●●

Naturküche à la carte
(4406) Von M. Wissing, M. Kirsch, 160 S., 179 Farbfotos, Pappband. ●●●●

Würzig kochen ohne Salz
(0922) Von S. Roediger-Streubel, 160 S., 16 Farbtafeln, kart. ●

Natursammlers Kuchbuch
Wildfrüchte und Gemüse, Pilze, Kräuter - finden und zubereiten. (4040) Von C. M. Kerler, 140 S., 12 Farbtafeln, kart. ●●

Kräuter- und Heilpflanzen-Kochbuch
für eine gesunde Lebensweise. (4066) Von P. Pervenche, 143 S., 15 Farbtafeln. kart. ●●

●●**Pralinen und Konfekt**
Kleine Köstlichkeiten selbstgemacht. (0731) Von H. Engelke, 32 S., 57 Farbfotos, Pappband. ●

FALKEN-FEINSCHMECKER
Zart schmelzende Versuchungen
Schokolade
(0819) Von J. Schroer, 48 S., 53 Farbfotos, Pappband. ●

Die hier vorgestellten Bücher, Videokassetten und Software sind in folgende Preisgruppen unterteilt:

●   Preisgruppe bis DM 10,–/S 79,–
●● Preisgruppe über DM 10,– bis DM 20,–
       S 80,– bis S 160,–

●●● Preisgruppe über DM 20,– bis DM 30,–
       S 161,– bis S 240,–

●●●● Preisgruppe über DM 30,– bis DM 50,–
         S 241,– bis S 400,–

●●●●● Preisgruppe über DM 50,–/S 401,–
*(unverbindliche Preisempfehlung)

Die Preise entsprechen dem Status beim Druck dieses Verzeichnisses (s. Seite 1) – Änderungen, im besonderen der Preise, vorbehalten –

Das richtige Frühstück
Gesunde Vollwertkost vitaminreich und
naturbelassen. (0784) Von C. Kratzel, R. Böll,
32 S., 28 Farbfotos, Pappband. ●
Bocuse à la carte
Französisch kochen mit dem Meister.
(4237) Von P. Bocuse, 88 S., 218 Farbfotos,
Pappband. ●●
Kochschule mit Paul Bocuse
(6016) VHS, 60 Min. in Farbe. ●●●●●*
Der schön gedeckte Tisch
Vom einfachen Gedeck bis zur Festtafel stim-
mungsvoll und perfekt arrangiert.
(4246) Von H. Tapper, 112 S., 206 Farbabbil-
dungen, 21 s/w-Abbildungen, Pappband.
●●●
Servietten dekorativ falten
Geschmackvolle Anregungen aus Stoff und
Papier. (0804) Von H. Tapper, 3T S., 134 Farb-
fotos, Pappband. ●
Cocktails
(4267) Von W. R. Hoffmann, W. Hubert,
U. Lottring, 160 S., 164 Farbfotos, 1 s/w-Foto,
Pappband. ●●●
Neue Cocktails und Drinks
mit und ohne Alkohol. (0517) Von S. Späth,
128 S., 4 Farbtafeln, kart. ●
Mixgetränke
mit und ohne Alkohol (5017) Von C. Arius,
64 S., 35 Farbfotos, Pappband. ●●
FALKEN-FEINSCHMECKER
Fruchtig, spritzig, eisgekühlt
Mixen ohne Alkohol
(0935) Von S. Späth, 64 S., 44 Farbfotos,
Pappband. ●
Cocktails und Mixereien
für häusliche Feste und Feiern. (0075) Von
J. Walker, 96 S., 4 Farbtafeln, kart. ●
Die besten Punsche, Grogs und Bowlen
(0575) Von F. Dingden, 64 S., 4 Farbtafeln,
kart. ●
Weine und Säfte, Liköre und Sekt
selbstgemacht. (0702) Von P. Arauner,
232 S., 76 Abb., kart. ●
Mitbringsel aus meiner Küche
selbst gemacht und liebevoll verpackt.
(0668) Von C. Schönherr, 32 S., 30 Farbfotos,
Pappband. ●
Weinlexikon
Wissenswertes über die Weine der Welt.
(4149) Von U. Keller, 228 S., 6 Farbtafeln,
395 s/w-Fotos, Pappband. ●●●
Heißgeliebter Tee
Sorten, Rezepte und Geschichten. (4114) Von
C. Maronde, 153 S., 16 Farbtafeln, 93 Zeich-
nungen, Pappband. ●●●
Tee für Genießer.
Sorten · Riten · Rezepte. (0356) Von M. Nico-
lin, 64 S., 4 Farbtafeln, kart. ●
Tee
Herkunft · Mischungen · Rezepte. (0515) Von
S. Ruske, 96 S., 4 Farbtafeln, 16 s/w-Abbil-
dungen, Pappband. ●
Kinder lernen spielend backen
(5110) Von M. Gutta, 64 S., 45 Farbfotos,
Pappband. ●●
Kinder lernen spielend kochen
Lieblingsgerichte mit viel Spaß selbst zube-
reitet. (5096) Von M. Gutta, 64 S., 45 Farb-
fotos, Pappband. ●●

Komm, koch mit mir
Kunterbuntes Kochvergnügen für Kinder.
(4285) Von S. und H. Theilig, Illustrationen
von B. v. Hayek, 96 S., 48 Farbfotos,
350 Farb- und 1 s/w-Zeichnung, Pappband.
●●
Schlank werden nach Dr. Hay
Trennkost
Die bewährten Vollwert-Rezepte von Ursula
Summ. (4298) Von U. Summ, 96 S., 54 Farb-
tafeln, 1 Zeichnung, kart. ●●
Gesund leben – schlank werden mit der
Bio-Kur
(0657) Von S. Winter. 144 S., 4 Farbtafeln,
kart. ●
SLIM
Der neue, individuelle Schlankheitsplan
(4277) Von Prof. Dr. E. Menden, W. Aign.
120 S., 440 Farbfotos, Pappband. ●●
Kalorien – Joule
Eiweiß · Fett · Kohlenhydrate tabellarisch
nach gebräuchlichen Mengen. (0374) Von
M. Bormio, 88 S., kart. ●
Vitamine und Ballaststoffe
So ermittle ich meinen täglichen Bedarf
(0746) Von Prof. Dr. M. Wagner, I. Bongartz.
96 S., 6 Farbabb., zahlreiche Tabellen, kart. ●

Hobby und Freizeit

Aquarellmalerei
als Kunst und Hobby. (4147) Von H. Haack,
B. Wersche, 136 S., 62 Farbfotos, 119 Zeich-
nungen, Pappband. ●●●●
Aquarellmalerei
Materialien · Techniken · Motive.
(5099) Von T. Hinz, 64 S., 79 Farbfotos,
Pappband. ●
Hobby Aquarellmalen
Landschaft und Stilleben. (0876) Von
I. Schade, A. Brück, 80 S., 111 Farbabbildun-
gen, kart. ●●
Videokassette
Hobby Aquarellmalen
Landschaft und Stilleben (6022) VHS,
ca. 40 Min., in Farbe. ●●●●*
Aquarellmalerei leicht gelernt
Materialien · Techniken · Motive.
(0787) Von T. Hinz, R. Braun, B. Zeidler,
32 S., 38 Farbfotos, 1 Zeichnung, Pappband.
●
Aquarellieren auf Seide
Materialien · Techniken · Motive.
(0917) Von I. Demharter, 32 S., 41 Farbfotos,
Pappband. ●
Hobby Ölmalerei
Landschaft und Stilleben. (0875) Von
H. Kämper, I. Becker, 80 S., 93 Farbabb., kart.
●●
Videokassette
Hobby Ölmalerei
Landschaft und Stilleben (6025) VHS,
ca. 40 Min., in Farbe. ●●●●*
Falken-Handbuch
Zeichnen und Malen
(4167) Von B. Bagnall, 336 S., 1154 Farbabb.,
Pappband. ●●●●●
Das große farbige PLAKA-Buch
Malen und Basteln
(4402) Von H.-J. Giesecke, 192 S., 225 Farb-
fotos, 20 Farb- und 4 s/w- Zeichnungen,
Pappband. ●●

Das große farbige
Bastelbuch für Kinder
(4254) Von U. Barff, I. Burkhardt, J. Maier.
224 S., 157 Farbfotos, 430 Farb- und 69 s/w-
Zeichnungen, Pappband. ●●●
Punkt, Punkt, Komma, Strich
Zeichenstunden für Kinder. (0564) Von
H. Witzig, 144 S., über 250 Zeichnungen,
kart. ●
Einmal grad und einmal krumm
Zeichenstunden für Kinder. (0599) Von
H. Witzig, 144 S., 363 Abb. kart. ●
Naive Malerei
Materialien · Motive · Techniken. (5083) Von
F. Krettek, 64 S., 76 Farbfotos, Pappband.
●●
Bauernmalerei
als Kunst und Hobby. (4057) Von A. Gast,
H. Stegmüller, 128 S., 239 Farbfotos, 26 Riß-
Zeichnungen, Pappband. ●●●●
Hobby Bauernmalerei
(0436) Von S. Ramos und J. Roszak, 80 S.,
116 Farbfotos und 28 Motivvorlagen, kart.
●●
Bauernmalerei
Kreatives Hobby nach alter Volkskunst
(5039) Von S. Ramos, 64 S., 85 Farbfotos,
Pappband. ●●
Glasmalerei
als Kunst und Hobby. (4088) Von F. Krettek
und S. Beeh-Lustenberger, 132 S., 182 Farbfotos, 38 Motivvorlagen, Pappband. ●●●●
Naive Hinterglasmalerei
Materialien · Techniken · Bildvorlagen
(5145) Von F. Krettek, 64 S., 87 Farbfotos,
6 Zeichnungen, Pappband. ●●
Kalligraphie
Die Kunst des schönen Schreibens
(4263) Von C. Hartmann, 120 S., 44 Farbvor-
lagen, 29 s/w-Vorlagen, 2 s/w-Zeichnungen,
38 Farbfotos, Pappband. ●●●●
Seidenmalerei als Kunst und Hobby
(4264) Von H. Sahn, 136 S., 256 Farbfotos,
1 s/w-Foto, 34 Farbzeichnungen, Pappband.
●●●●
Kunstvolle Seidenmalerei
Mit zauberhaften Ideen zum Nachgestalten.
(0783) Von I. Demharter, 32 S., 56 Farbfotos,
Pappband. ●
Zauberhafte Seidenmalerei
Materialien · Techniken · Gestaltungsvorschläge. (0664) Von E. Dorn, 32 S.,
62 Farbfotos, Pappband. ●
Neue zauberhafte Seidenmalerei
Motive und Anregungen aus der Natur.
(0924) Von R. Henge, 80 S., 148 Farbfotos,
27 s/w-Zeichnungen, kart. ●●
Hobby Seidenmalerei
(0611) Von R. Henge, 88 S., 106 Farbfotos,
28 Zeichnungen, kart. ●●
Hobby Stoffdruck und Stoffmalerei
(0555) Von A. Ursin, 80 S., 68 Farbfotos,
68 Zeichnungen, kart. ●●
Stoffmalerei und Stoffdruck
Materialien · Techniken · Ideen · Modelle
(5074) Von H. Gehring, 64 S., 110 Farbfotos,
Pappband. ●●
Batik
leicht gemacht. Materialien ·Färbetechniken ·
Gestaltungsideen. (5112) Von A. Gast, 64 S.,
105 Farbfotos, Pappband. ●●

Kreatives Bilderweben
Materialien – Vorlagen – Motive
(0814) Von A. Schulte-Huxel, 32 S., 58 Farbfotos, 8 Zeichnungen, Pappband. ●

Hobby Applikationen
Materialien · Techniken · Modelle.
(0899) Von H. Probst-Reinhardt, 80 S.,
92 Farbfotos, 31 Zeichnungen, kart. ●●

Flechten
mit Bast, Stroh und Peddigrohr. (5098) Von
H. Hangleiter, 64 S., 47 Farbfotos, 76 Zeichnungen, Pappband. ●●

Falken-Handbuch
Nähen
Abc der Nähtechniken und kreative Modellschneiderei in ausführlichen Schritt-für-Schritt-Bildfolgen. (4272) Von A. Bree,
320 S., 1142 Abbildungen, Schnittmusterbogen für alle Modelle, Pappband. ●●●●

Falken-Handbuch
Häkeln
ABC der Häkeltechniken und Häkelmuster in
ausführlichen Schritt-für-Schritt-Bildfolgen.
(4194) Von H. Fuchs, M. Natter, 288 S.,
597 Farbfotos, 476 farbige Zeichnungen,
Pappband. ●●●●

Häkeln
Schritt für Schritt für Rechts- und Linkshänder. (5134) Von H. Klaus, 64 S., 120 Farbfotos, 144 Zeichnungen, Pappband. ●●

Monogrammstickerei
Mit Vorlagen für Initialen, Vignetten und
Ornamente. (5148) Von H. Fuchs, 64 S.,
50 Farbfotos, 50 Zeichnungen, Pappband.
●●

Falken-Handbuch
Stricken
ABC der Stricktechniken und Strickmuster in
ausführlichen Schritt-für-Schritt-Bildfolgen.
(4137) Von M. Natter, 312 S., 106 Farb- und
922 s/w-Fotos, 318 Zeichnungen, Pappband.
●●●●

Das moderne Standardwerk von der
Expertin
Perfekt Stricken
Mit Sonderteil Häkeln. (4250) Von H. Jaacks,
256 S., 703 Farbfotos, 169 Farb- und
121 s/w-Zeichnungen, Pappband. ●●●

Videokassette Stricken
(6007) VHS. Von P. Krolikowski-Habicht,
H. Jaacks, 51 Min., in Farbe. ●●●●*

Stricken
Schritt für Schritt für Rechts- und Linkshänder. (5142) Von S. Oelwein-Schefczik,
64 S., 148 Farbfotos, 173 Zeichnungen,
Pappband. ●●

Die schönsten Handarbeiten zum
Verschenken
(4225) Von B. Wenzelburger, 128 S.,
156 Farbfotos, 70 zweifarbige Zeichnungen,
Pappband. ●●

Kuscheltiere stricken und häkeln
Arbeitsanleitungen und Modelle. (0734) Von
B. Wehrle, 32 S., 60 Farbfotos, 28 Zeichnungen, Spiralbindung. ●

Hobby Patchwork und Quilten
(0768) Von B. Staub-Wachsmuth, 80 S.,
108 Farbabb., 43 Zeichnungen, kart. ●●

Hobby Spitzencollagen
Bezaubernde Motive aus edlem Material.
(0847) Von H. Westphal, 80 S., 186 Farbfotos, kart. ●●

Textiles Gestalten
Weben, Knüpfen, Batiken, Sticken, Objekte
und Strukturen. (5123) Von J. Fricke, 136 S.,
67 Farb- und 189 s/w-Fotos, 15 Zeichnungen, kart. ●●

Gestalten mit Glasperlen
fädeln · sticken · weben (0640) Von A. Köhler, 32 S., 55 Farbfotos, Spiralbindung. ●

Schmuck, Accessoires und Dekoratives
aus Fimo modelliert. (0873) Von A. Aurich,
32 S., 54 Farbfotos, Pappband. ●

Exklusiver Modeschmuck
aus dem eigenen Atelier
(0925) Von J. Niemeier, J. Klein, 80 S.,
141 Farbfotos, 25 Zeichnungen, kart. ●●

Neue zauberhafte Salzteig-Ideen
(0719) Von I. Kiskalt, 80 S., 324 Farbfotos,
12 Zeichnungen, kart. ●●

Hobby Salzteig
(0662) Von I. Kiskalt, 80 S., 150 Farbfotos,
5 Zeichnungen, Schablonen, kart. ●●

Gestalten mit Salzteig
formen · bemalen · lackieren. (0613) Von
W.-U. Cropp, 32 S., 56 Farbfotos, 17 Zeichnungen, Pappband. ●

Originell und dekorativ
Salzteig mit Naturmaterialien
(0833) Von A. und H. Wegener, 80 S.,
166 Farbfotos, kart. ●●

Buntbemalte Kunstwerke aus Salzteig
Figuren, Landschaften und Wandbilder.
(5141) Von G. Belli, 64 S., 165 Farbfotos,
1 Zeichnung, Pappband. ●●

Kreatives Gestalten mit Salzteig
Originelle Motive für Fortgeschrittene. (0769)
Hrsg. I. Kiskalt, 80 S., 168 Farbfotos, kart. ●●

Videokassette Salzteig
(6010) VHS. Von I. Kiskalt, Dr. A. Teuchert,
in Farbe, ca. 35 Min. ●●●●●*

Tiffany-Spiegel selbermachen
Materialien · Arbeitsanleitung · Vorlagen.
(0761) Von R. Thomas, 32 S., 53 Farbfotos,
Pappband. ●

Tiffany-Schmuck selbermachen
Materialien · Arbeitsanleitungen · Modelle.
(0871) Von B. Poludniak, H. W. Scheib, 32 S.,
54 Farbfotos, 2 Zeichnungen, Pappband. ●

Tiffany-Lampen selbermachen
Arbeitsanleitung · Materialien · Modelle.
(0684) Von I. Spliethoff, 32 S., 60 Farbfotos,
Pappband. ●

Hobby Glaskunst in Tiffany-Technik
(0781) Von N. Köppel, 80 S., 194 Farbfotos,
6 s/w-Abb., kart. ●●

Altes Brauchtum neu endeckt
Schmuck-Eier
Kunstvoll gestalten und verzieren. (0919)
Von I. Kiskalt, 32 S., 45 Farbfotos,
3 s/w-Zeichnungen, Pappband. ●

Origami
Die Kunst des Papierfaltens. (0280) Von
R. Harbin, 160 S., 633 Zeichnungen, kart. ●

Hobby Origami
Papierfalten für groß und klein.
(0756) Von Z. Aytüre-Scheele, 88 S., über
800 Farbfotos, kart. ●

Neue zauberhafte Origami-Ideen
Papierfalten für groß und klein.
(0805) Von Z. Aytüre-Scheele, 80 S.,
720 Farbfotos, kart. ●●

Weihnachtsbasteleien
(0667) Von M. Kühnle und S. Beck, 32 S.,
56 Farbfotos, 6 Zeichnungen, Pappband. ●

Alle Jahre wieder...
Avent und Weihnachten
Basteln – Backen – Schmücken – Singen –
Vorlesen – Feiern.
(4260) Von H. und Y. Nadolny, 256 S.,
105 Farbfotos, 130 Zeichnungen, Pappband.
●●●

Bastelspaß mit der Laubsäge
Mit Schnittmusterbogen für viele Modelle in
Originalgröße. (0741) Von L. Giesche,
M. Bausch, 32 S., 61 Farbfotos, 7 Zeichnungen, Schnittmusterbogen, Pappband. ●

Strohschmuck selbstgebastelt
Sterne, Figuren und andere Dekorationen
(0740) Von E. Rombach, 32 S., 60 Farbfotos,
17 Zeichnungen, Pappband. ●

Das Herbarium
Pflanzen sammeln, bestimmen und pressen.
(5113) Von I. Gabriel, 96 S., 140 Farbfotos,
Pappband. ●●

Gestalten mit Naturmaterialien
Zweige, Kerne, Federn, Muscheln und anderes. (5128) Von I. Krohn, 64 S., 101 Farbfotos,
11 farbige Zeichnungen, Pappband. ●●

Blütenbilder aus Blumen und Blättern
Phantasievolle Naturcollagen.
(0872) Von G. Schamp, 32 S., 57 Farbfotos, 1
Zeichnung, Pappband. ●

Dauergestecke
mit Zweigen, Trocken- und Schnittblumen.
(5121) Von G. Vocke, 64 S., 57 Farbfotos,
Pappband. ●●

Ikebana
Einführung in die japanische Kunst des Blumensteckens. (0548) Von G. Vocke, 152 S.,
47 Farbfotos, kart. ●●

Hobby Trockenblumen
Gewürzsträuße, Gestecke, Kränze, Buketts.
(0643) Von R. Strobel-Schulze, 88 S.,
170 Farbfotos, kart. ●●

Hobby Gewürzsträuße
und ausgewählte Gebinde nach Salzburger
Art. (0726) Von A. Ott, 80 S., 101 Farbfotos,
51 farbige Zeichnungen, kart. ●●

Trockenblumen und Gewürzsträuße
(5084) Von G. Vocke, 64 S., 63 Farbfotos,
Pappband. ●●

Töpfern
als Kunst und Hobby. (4073) Von J. Fricke,
132 S., 37 Farbfotos, 222 s/w-Fotos,
Pappband. ●●●●

Kreatives Gestalten mit Ton
Töpfern ohne Scheibe – Aufbaukeramik
(0896) Von A. Riedinger, 80 S., 207 Farbfotos, 16 Zeichnungen, 7 Vignetten, kart. ●●

Schöne Sachen modellieren
Originelles aus Cernit – ideenreich gestaltet.
(0762) Von G. Thelen, 32 S., 105 Farbfotos,
Pappband. ●

Porzellanpuppen
Zauberhafte alte Puppen selbst nachbilden.
(5138) Von C. A. und D. Stanton, 64 S.,
58 Farbfotos, 22 Zeichnungen, Pappband.
●●

Zauberhafte alte Puppen
Sammeln · Restaurieren · Nachbilden
(4255) Von C. A. Stanton, J. Jacobs, 120 S.,
157 Farbfotos, 24 Zeichnungen, Pappband.
●●●●

Die hier vorgestellten Bücher, Videokassetten und Software sind in folgende Preisgruppen unterteilt:

● Preisgruppe bis DM 10,–/S 79,–
●● Preisgruppe über DM 10,– bis DM 20,–
  S 80,– bis S 160,–

●●● Preisgruppe über DM 20,– bis DM 30,–
  S 161,– bis S 240,–

●●●● Preisgruppe über DM 30,– bis DM 50,–
  S 241,– bis S 400,–
●●●●● Preisgruppe über DM 50,–/S 401,–
*(unverbindliche Preisempfehlung)

Die Preise entsprechen dem Status beim Druck dieses Verzeichnisses (s. Seite 1) – Änderungen, im besonderen der Preise, vorbehalten –

Stoffpuppen
Liebenswerte Modelle selbermachen.
(5150) Von I. Wolff, 56 S., 115 Farbfotos,
15 Zeichnungen, mit Schnittmusterbogen,
Pappband. ●●

Hobby Puppen
Bezaubernde Modelle selbst gestalten.
(0742) Von B. Wenzelburger, 88 S., 163 Farbfotos, 41 Zeichnungen, 11 Schnittmuster,
kart. ●●

Selbstgestrickte Puppen
Materialien und Arbeitsanleitungen.
(0638) Von B. Wehrle, 32 S., 21 Farbfotos,
24 Zeichnungen, Pappband. ●

Dekorative Rupfenpuppen
Arbeitsanleitungen und Gestaltungsvorschläge. (0733) Von B. Wenzelburger, 32 S.,
57 Farbfotos, 14 Zeichnungen, Spiralbindung. ●

Phantasiepuppen stricken und häkeln
Märchenhafte Modelle mit Arbeitsanleitungen. (0813) Von B. Wehrle, 32 S., 26 Farbfotos, 30 einfarbige und 16 dreifarbige
Zeichnungen, Pappband. ●

Heißgeliebte Teddybären
Selbermachen · Sammeln · Restaurieren.
(0900) Von H. Nadolny, Y. Thalheim, 80 S.,
119 Farbfotos, 23 s/w-Zeichnungen, 14 S.
Schnittmusterbogen, kart. ●

Schritt für Schritt zum Scherenschnitt
Materialien · Gestaltungsvorschläge. (0732) Von H. Klingmüller, 32 S.,
38 Farbfotos, 34 Vorlagen, Pappband. ●

Hobby Drachen
bauen und steigen lassen. (0767) Von
W. Schimmelpfennig, 80 S., 1 dreiseitige
Ausklapptafel, 55 Farbfotos, 139 Zeichnungen, kart. ●●

Ferngelenkte Motorflugmodelle
bauen und fliegen. (0400) Von W. Thies,
184 S., mit Zeichnungen und Detailplänen,
kart. ●●

Flugmodelle
bauen und einfliegen. (0361) Von W. Thies
und W. Rolf, 160 S., 63 Abb., 7 Faltpläne,
kart. ●●

Kleine Welt auf Rädern
Das faszinierende Spiel mit den **Modelleisenbahnen** (4175) Von F. Eisen, 256 S., 72 Farb-
und 180 s/w-Fotos, 25 Zeichnungen,
Pappband. ●●●

Anlagenbau in Modultechnik
für Modelleisenbahnen und Dioramen.
(0845) Von J. Thal, 104 S., 68 Farbfotos,
28 Zeichnungen, kart. ●●●

Videokassette
Die Modelleisenbahn
Anlagenbau in Modultechnik. Neue kreative
Gestaltung. Neue raffinierte Techniken.
(6028) VHS, von J. Grahn, 30 Min., in Farbe,
●●●●*

Schiffsmodelle
selber bauen. (0500) Von D. und R. Lochner,
200 S., 93 Zeichnungen, 2 Faltpläne, kart.
●●

Ferngelenkte Segelflugmodelle
bauen und fliegen. (0446) Von W. Thies,
176 S., 22 s/w-Fotos, 115 Zeichnungen, kart.
●●

Garagentore selbst bemalt
Techniken und Motive. (0786) Von H. und Y.
Nadolny, 32 S., 24 Farbfotos, 12 s/w-Zeichnungen, Pappband. ●

Falken Handbuch
Heimwerken
Reparieren und Selbermachen im Haus und
Wohnung - über 1100 Farbfotos. Praktische
Tips vom Profi: Selbermachen, Reparieren,
Renovieren, Kostensparen. (4117) Von Th.
Pochert, 440 S., 1103 Farbfotos, 100 ein- und
zweifarbige Abb., Pappband. ●●●●

Falken-Heimwerker-Praxis
Tapezieren
(0743) Von W. Nitschke, 112 S., 186 Farbfotos, 9 Zeichnungen, kart. ●●

Falken-Heimwerker-Praxis
Anstreichen und Lackieren
(0771) Von P. Müller, 120 S., 186 Farbfotos,
2 s/w Fotos, 3 Zeichnungen, kart. ●●

Falken-Heimwerker-Praxis
Fahrrad-Reparaturen
(0796) Von R. van der Plas, 112 S., 140 Farbfotos, 113 farbige Zeichnungen, kart. ●●

Falken-Heimwerker-Praxis
Kleinmöbel aus Holz
(0905) Von O. Maier, 128 S., 210 Farbfotos,
80 Zeichnungen, kart. ●●

Restaurieren von Möbeln
Stilkunde, Materialien, Techniken, Arbeitsanleitungen in Bildfolgen. (4120) Von
E. Schnaus-Lorey, 152 S., 37 Farbfotos,
75 s/w Fotos, 352 Zeichnungen, Pappband.
●●●●

**Möbel aufarbeiten, reparieren und
pflegen**
(0386) Von E. Schnaus-Lorey, 96 S.,
28 Fotos, 101 Zeichnungen, kart. ●●

Feuerzeichen behaglicher Wohnkultur
Kachelöfen, Kamine und Kaminöfen
(4288) Hrsg. von C. Berninghaus. Von
R. Heinen, G. Kosicek, H. P. Sabborrosch,
168 S., 291 Farbfotos, 2 s/w-Fotos, 8 Zeichnungen, Pappband. ●●●●●

Moderne Fotopraxis
(4401) Von G. Koshofer, Prof. H. Wedewardt,
224 S., 363 Farbfotos, 106 s/w-Fotos, 5 Farb-
und 24 s/w-Zeichnungen, Pappband. ●●●

Aktfotografie
Interpretationen zu einem unerschöpflichen
Thema. Gestaltung · Technik · Spezialeffekte.
(0737) Von H. Wedewardt, 88 S., 144 Farb-
und 6 s/w-Fotos, 6 Zeichnungen, kart. ●●

Videokassette
Aktfotografie
(6001) VHS, Laufzeit ca. 60 Min. in Farbe.
●●●●●*

So macht man bessere Fotos
Das meistverkaufte Fotobuch der Welt.
(0614) Von M. L. Taylor, 192 S., 457 Farbfotos, 15 Abb., kart. ●●

Schmalfilmen
Ausrüstung · Aufnahmepraxis · Schnitt · Ton.
(0342) Von U. Ney, 108 S., 4 Farbfotos,
25 s/w-Fotos, kart. ●

Schmalfilme selbst vertonen
(0593) Von U. Ney, 96 S., 57 s/w-Fotos,
14 Zeichnungen, kart. ●

Videokassette
Videografieren
Filmen mit Video 8. Technik – Bildgestaltung
– Schnitt – Vertonung. (0843) Von M. Wild,
K. Möller, 120 S., 101 Farbfotos,
22 s/w-Fotos, 52 Zeichnungen, kart. ●●

Videokassette
Videografieren
Filmen mit Video 8. Technik – Bildgestaltung
– Schnitt – Vertonung. (6031) VHS, (6033)
Beta, (6034) Sony 8 mm, von M. Wild,
60 Min., in Farbe. ●●●●●*

Mit vollem Genuß
Pfeife rauchen
Alles über Tabaksorten, Pfeifen und Zubehör.
(4227) Von H. Behrens, H. Frickert, 168 S.,
127 Farbfotos, 18 Zeichnungen, Pappband.
●●●●

Die Fazination der Philatelie
Briefmarken sammeln
(4273) Von D. Stein, 212 S., 124 s/w-Fotos,
24 Farbtafeln, Pappband. ●●●

Briefmarken
sammeln für Anfänger. (0481) Von D. Stein.
120 S., 4 Farbtafeln, 98 s/w-Abb., kart. ●

Münzen
Ein Brevier für Sammler. (0353) Von
E. Dehnke, 128 S., 4 Farbtafeln, 17 s/w-Abb.,
kart. ●●

Astronomie als Hobby
Sternbilder und Planeten erkennen und
benennen. (0572) Von D. Block, 176 S.,
16 Farbtafeln, 49 s/w-Fotos, 93 Zeichnungen, kart. ●●

Astronomie im Bild
Unser Sternenhimmel rund ums Jahr
(0849) Von Dr. E. Übelacker, 88 S., 48 Farbfotos, 1 s/w-Foto, 68 Farbzeichnungen, kart. ●

Freizeit mit dem Mikroskop
(0291) Von M. Deckart, 132 S., 8 Farbtafeln,
64 s/w-Abb., 2 Zeichnungen, kart. ●

Gitarre spielen
Ein Grundkurs für den Selbstunterricht.
(0534) Von A. Roßmann, 96 S., 1 Schallfolie,
150 Zeichnungen, kart. ●

Komm mit ins Land der Lieder
Das große Buch der Kinder-, Volks- und
Chorlieder. (4261) Hrsg. von H. Rauhe,
176 S., 146 Farbzeichnungen, Pappband.
●●●

Die schönsten Wander- und Fahrtenlieder
(0462) Hrsg. von F. R. Miller, empfohlen vom
Deutschen Sängerbund, 80 S., mit Noten
und Zeichnungen, kart. ●

Die schönsten Volkslieder
(0432) Hrsg. von D. Walther, 128 S., mit
Noten und Zeichnungen, kart. ●

Technik

Dampflokomotiven
(4204) Von W. Jopp, 96 S., 134 Farbfotos,
Pappband. ●●●

Die Super-Eisenbahnen der Welt
(4287) Von W. Kosak, H. G. Isenberg, 224 S.,
269 Farbfotos, 79 s/w-Fotos, 8 Vignetten,
5 farb. Ausklapptafeln, Pappband. ●●●●

Zivilflugzeuge
Vom Kleinflugzeug zum Überschall-Jet
(4218) Von R. J. Höhn, H. G. Isenberg, 96 S.,
115 Farbfotos, Pappband. ●●●

Trucks
Giganten der Landstraßen in aller Welt.
(4222) Von H. G. Isenberg, 96 S., 131 Farbfotos, Pappband. ●●●

Die Super-Trucks der Welt
(4257) Von H. G. Isenberg, 194 S., 205 Farbfotos, 87 s/w-Fotos, 7 Farbzeichnungen,
4 Ausklapptafeln, Pappband. ●●●●

Die Super-Motorräder der Welt
(4193) Von H. G. Isenberg, 192 S., 170 Farb-
und 100 s/w-Fotos, 8 Zeichnungen, Pappband. ●●●●

Motorrad-Hits
Chopper, Tribikes, Heiße Öfen. (4221) Von
H. G. Isenberg, 96 S., 119 Farbfotos, Papp-
band. ●●●

Motorrad-Faszination
Heiße Öfen, von denen jeder träumt.
(4223) Von H. G. Isenberg, 96 S., 103 Farb-
und 20 s/w-Fotos, Pappband. ●●●

Sport und Fitneß

ZDF Sportjahr '87
Rekorde, Siege, Schicksale, Ergebnisse,
Termine '88
(4290) Hrsg. von B. Heller, 192 S., 275 Farb-
und 4 s/w-Fotos, kart. ●●

Neue Lehrmethoden der Judo-Praxis
(0424) Von P. Herrmann, 223 S., 475 Abb.,
kart. ●●

Judo
Grundlagen – Methodik. (0305) Von
M. Ohgo, 208 S., 1025 Fotos, kart. ●●

Fußwürfe
für Judo, Karate und Selbstverteidigung.
(0439) Von H. Nishioka, 96 S., 260 Abb.,
kart. ●

Modernes Karate
Das große Standardwerk mit 2229 Abbildungen. (4280) Von T. Okazaki, Dr. med.
M. V. Stricevic, übers. von M. Pabst, 376 S.,
2279 Abbildungen, Pappband. ●●●●●

Karate für alle
Karate-Selbstverteidigung in Bildern. (0314)
Von A. Pflüger, 112 S., 356 s/w-Fotos, kart. ●

Nakayamas Karate perfekt 1
Einführung. (0487) Von M. Nakayama,
136 S., 605 s/w-Fotos, kart. ●●

Nakayamas Karate perfekt 2
Grundtechniken. (0512) Von M. Nakayama,
136 S., 354 s/w-Fotos, 53 Zeichnungen, kart.
●●

Nakayamas Karate perfekt 3
Kumite 1: Kampfübungen. (0538) Von
M. Nakayama, 128 S., 424 s/w-Fotos, kart.
●●

Nakayamas Karate perfekt 4
Kumite 2: Kampfübungen. (0547) Von
M. Nakayama, 128 S., 394 s/w-Fotos, kart.
●●

Nakayamas Karate perfekt 5
Kata 1: Heian, Tekki. (0571) Von M. Nakayama, 144 S., 1229 s/w-Fotos, kart. ●●

Nakayamas Karate perfekt 6
Kata 2: Bassai-Dai, Kanku-Dai. (0600) Von
M. Nakayama, 144 S., 1300 s/w-Fotos,
107 Zeichnungen, kart. ●●

Nakayamas Karate perfekt 7
Kata 3: Jitte, Hangetsu, Empi. (0618) Von
M. Nakayama, 144 S., 1988 s/w-Fotos,
105 Zeichnungen, kart. ●●

Nakayamas Karate perfekt 8
Gankaku, Jion. (0650) Von M. Nakayama,
144 S., 1174 s/w-Fotos, 99 Zeichnungen, kart.
●●

Kontakt-Karate
Ausrüstung · Technik · Training. (0396) Von
A. Pflüger, 112 S., 238 s/w-Fotos, kart. ●●

Karate-Do
Das Handbuch des modernen Karate. (4028)
Von A. Pflüger, 360 S., 1159 Abb., Pappband.
●●●●

Bo-Karate
Kukishin-Ryu – die Techniken des Stock-
kampfes. (0447) Von G. Stiebler, 176 S.,
424 s/w-Fotos, 38 Zeichnungen, kart. ●●

Karate 1
Einführung · Grundtechniken. (0227) Von
A. Pflüger, 148 S., 195 s/w-Fotos, 120 Zeich-
nungen, kart. ●

Karate 2
Kombinationstechniken · Katas. (0239) Von
A. Pflüger, 176 S., 452 s/w-Fotos und Zeich-
nungen, kart. ●

Karate Kata 1
Heian 1-5, Tekki 1, Bassai Dai. (0683) Von
W.-D. Wichmann, 164 S., 703 s/w-Fotos,
kart. ●●

Karate Kata 2
Jion, Empi, Kanku-Dai, Hangetsu. (0723) Von
W.-D. Wichmann, 140 S., 661 s/ w-Fotos,
4 Zeichnungen, kart. ●●

25 Shotokan-Katas
Auf einen Blick: Karate-Katas für Prüfungen
und Wettkämpfe. (0859) Von A. Pflüger,
88 S., 185 s/w-Abbildungen, 26 ganzseitige
Tafeln mit über 1.600 Einzelschritten, kart.
●●

**Videokassette
Karate**
Einführung und Grundtechniken.
(6037) VHS, A. Pflüger, ca. 45 Min.,
in Farbe, ●●●●●*

Ninja 1
Die Lehre der Schattenkämpfer. (0758) Von
S. K. Hayes, 144 S., 137 s/w-Fotos, kart. ●●

Ninja 2
Die Wege zum Shoshin (0763) Von
S. K. Hayes, 160 S., 309 s/w-Fotos, kart. ●●

Ninja 3
Der Pfad des Togakure-Kämpfers.
(0764) Von S. K. Hayes, 144 S.,
197 s/w-Fotos, 2 Zeichnungen, kart. ●●

Ninja 4
Das Vermächtnis der Schattenkämpfer.
(0807) Von S. K. Hayes, 196 S., 466 s/w-
Fotos, kart. ●●

**Der König des Kung-Fu
Bruce Lee**
Sein Leben und Kampf. (0392) Von L. Lee,
136 S., 104 s/w-Fotos, kart. ●●

Bruce Lees Kampfstil 1
Grundtechniken. (0473) Von B. Lee,
M. Uyehara, 109 S., 220 Abb., kart. ●

Bruce Lees Kampfstil 2
Selbstverteidigungs-Techniken. (0486) Von
B. Lee, M. Uyehara, 128 S., 310 Abb., kart. ●

Bruce Lees Kampfstil 3
Trainingslehre. (0503) Von B. Lee,
M. Uyehara, 112 S., 246 Abb., kart. ●

Bruce Lees Kampfstil 4
Kampftechniken. (0523) Von B. Lee,
M. Uyehara, 104 S., 211 Abb., kart. ●

Bruce Lees Jeet Kune Do
(0440) Von B. Lee, 192 S., mit 105 eigenhän-
digen Zeichnungen von B. Lee, kart. ●●

Ju-Jutsu 1
Grundtechniken – Moderne Selbstverteidigung. (0276) Von W. Heim, F. J. Gresch,
164 S., 450 s/w-Fotos, 8 Zeichnungen, kart.
●

Ju-Jutsu 2
für Fortgeschrittene und Meister. (0378) Von
W. Heim, F. J. Gresch, 160 S., 798 s/w- Fotos,
kart. ●●

Ju-Jutsu 3
Spezial-, Gegen- und Weiterführungs-Techni-
ken. (0485) Von W. Heim, F. J. Gresch,
200 S., über 600 s/w-Fotos, kart. ●●

Ju-Jutsu als Wettkampf
(0826) Von G. Kulot, 168 S., 418 s/w-Fotos,
2 Zeichnungen, kart. ●●

Nunchaku
Waffe · Sport · Selbstverteidigung. (0373)
Von A. Pflüger, 144 S., 247 Abb., kart. ●●

Shuriken · Tonfa · Sai
Stockfechten und andere bewaffnete Kampf-
sportarten aus Fernost. (0397) Von A. Schulz,
96 S., 253 s/w-Fotos, kart. ●●

**Illustriertes Handbuch des
Taekwondo**
Koreanische Kampfkunst und Selbstverteidi-
gung. (4053) Von K. Gil, 248 S., 1026 Abb.,
Pappband. ●●●

Taekwon-Do
Koreanischer Kampfsport. (0347) Von K. Gil,
152 S., 408 Abb., kart. ●●

Taekwondo perfekt 1
Die Formenschule bis zum Blaugurt.
(0890) Von K. Gil, Kim Chul-Hwan, 176 S.,
439 s/w-Fotos, 107 Zeichnungen, kart. ●●

Aikido
Lehren und Techniken des harmonischen
Weges. (0537) Von R. Brand, 280 S.,
697 Abb., kart. ●●

Kung-Fu und Tai-Chi
Grundlagen und Bewegungsabläufe. (0367)
Von B. Tegner, 182 S., 370 s/w-Fotos, kart. ●●

Kung-Fu
Theorie und Praxis klassischer und moderner Stile. (0376) Von M. Pabst, 160 S.,
330 Abb., kart. ●

Shaolin-Kempo – Kung-Fu
Chinesisches Karate im Drachenstil. (0395)
Von R. Czerni, K. Konrad. 246 S., 723 Abb.,
kart. ●●

Hap Ki Do
Grundlagen und Techniken koreanischer
Selbstverteidigung. (0379) Von Kim Sou
Bong, 112 S., 153 Abb., kart. ●●

Dynamische Tritte
Grundlagen für den Zweikampf. (0438) Von
C. Lee, 96 S., 398 s/w-Fotos, 10 Zeichnun-
gen, kart. ●

Kickboxen
Fitneßtraining und Wettkampfsport.
(0795) Von G. Lemmens, 96 S., 208 s/w-
Fotos, 23 Zeichnungen, kart. ●●

Selbstverteidigung
Abwehrtechniken für Sie und Ihn
(0853) Von E. Deser, 96 S., 259 s/w-Fotos,
kart. ●

Muskeltraining mit Hanteln
Leistungssteigerung für Sport und Fitness.
(0676) Von H. Schulz, 108 S., 92 s/w-Fotos,
2 Zeichnungen, kart. ●

Leistungsfähiger durch Krafttraining
Eine spezielle Anleitung für Fitness-Sportler, Trainer
und Athleten (0617) Von W. Kieser, 100 S.,
20 s/w-Fotos, 62 Zeichnungen, kart. ●

**Die Faszination athletischer Körper
Bodybuilding**
mit Weltmeister Ralf Möller. (4281) Von
R. Möller, 128 S., 169 Farbfotos, 14 s/w-
Fotos, 1 Farbzeichnung, Pappband. ●●●●

Bodybuilding
Anleitung zum Muskel- und Konditionstraining für sie und ihn. (0604) Von R. Smolana. 160 S., 171 s/w-Fotos, kart. ●

Hanteltraining zu Hause
(0800) Von W. Kieser, 80 S., 71 s/w-Fotos, 4 Zeichnungen, kart. ●

Fit und gesund
Körpertraining und Bodybuilding zu Hause. (0782) Von H. Schulz, 80 S., 100 Farbfotos, 3 Zeichnungen, kart. ●●

Videokassette
Fit und gesund
(6013) VHS, Laufzeit 30 Minuten, in Farbe. ●●●●*

Bodybuilding für Frauen
Wege zu Ihrer Idealfigur (0661) Von H. Schulz, 108 S., 84 s/w-Fotos, 4 Zeichnungen, kart. ●●

Bodyshaping · Bodybuilding
Mit Anja Albrecht zur Idealfigur. (4405) Von A. Albrecht, 128 S., 164 Farbfotos, 4 s/w-Fotos, 1 Farb- und 1 s/w-Zeichnung, Pappband. ●●●●

Optimale Ernährung
für Krafttraining und Budybuilding. (0912) Von B. Dahmen, 88 S., 8 Farbtafeln, 8 Zeichnungen, kart. ●

Top-Form im Sport
Ernährungs-Training
Das Erfolgsprogramm für den Ausdauersportler. (0945) Von M. Inzinger, Dipl.-Oec. troph. G. Wagner, 160 S., 31 Farbzeichnungen, 16 Grafiken, kart. ●●

Gesund und leistungsfähig durch
Konditionsübungen, Fitneßtraining, Wirbelsäulengymnastik
(0844) Von R. Milser, K. Grafe, 104 S., 99 Farbfotos, 12 Farbzeichnungen, 5 s/w-Zeichnungen, kart. ●●

Stretching
Mit Dehnungsgymnastik zu Entspannung. Geschmeidigkeit und Wohlbefinden. (0717) Von H. Schulz, 80 S. 90 s/w-Fotos, kart. ●

Isometrisches Training
Übungen für Muskelkraft und Entspannung. (0529) Von L. M. Kirsch, 140 S., 162 s/w-Fotos, kart. ●   .

Gesund und fit durch Gymnastik
(0366) Von H. Pilss-Samek, 132 S., 150 Abb., kart. ●

Spaß am Laufen
Jogging für die Gesundheit. (0470) Von W. Sonntag, 140 S., 41 s/w-Fotos, 1 Zeichnung, kart. ●

Mein bester Freund, der Fußball
(5107) Von D. Brüggemann, D. Albrecht, 144 S., 171 Abb., kart. ●●

Fußball
Training und Wettkampf. (0448) Von H. Obermann, P. Walz, 166 S., 92 s/w-Fotos, 15 Zeichnungen, 29 Diagramme, kart. ●●

Handball
Technik · Taktik · Regeln. (0426) Von F. und P. Hattig, 128 S., 91 s/w-Fotos, 121 Zeichnungen, kart. ●●

Volleyball
Technik · Taktik · Regeln. (0351) Von H. Huhle, 104 S., 330 Abb., kart. ●

Badminton
Technik · Taktik · Training. (0699) Von K. Fuchs, L. Sologub, 168 S., 51 Abb., kart. ●●

Die neue Tennis-Praxis
Der individuelle Weg zu erfolgreichem Spiel. (4097) Von R. Schönborn, 240 S., 202 Farbzeichnungen, 31 s/w-Abb., Pappband. ●●●●

Erfolgreiche Tennis-Taktik
(4086) Von R. Ford Greene, übersetzt von M. R. Fischer, 182 S., 87 Abb., kart. ●●

Moderne Tennistechnik
(4187) Von G. Lam, 192 S., 339 s/w-Fotos, 91 Zeichnungen, kart. ●●●

Tennis
Technik · Taktik · Regeln. (0375) Von H. Elschenbroich, 112 S., 81 Abb., kart. ●

Tischtennis-Technik
Der individuelle Weg zu erfolgreichem Spiel. (0775) Von M. Perger, 144 S., 296 Abb. kart. ●●

Squash
Ausrüstung · Technik · Regeln. (0539) Von D. von Horn, H.-D. Stünitz, 96 S., 8 s/w-Fotos, 25 Zeichnungen, kart. ●

Golf
Ausrüstung · Technik · Regeln. (0343) Von J. C. Jessop, übersetzt von H. Biemer, mit einem Vorwort von H. Krings, Präsident des Deutschen Golf-Verbandes, 160 S., 65 Abb., Anhang Golfregeln des DGV, kart. ●●

Pool-Billard
(0484) Herausgegeben vom Deutschen Pool- Billard-Bund, von M. Bach, K.-W. Kühn, 104 S., mit über 64 Abb., kart. ●

Sportschießen
für jedermann. (0502) Von A. Kovacic, 124 S., 116 s/w-Fotos, kart. ●

Fechten
Florett · Degen · Säbel. (0449) Von E. Beck, 88 S., 185 Fotos, 10 Zeichnungen, kart. ●●

Wir lernen tanzen
Standard- und lateinamerikanische Tänze. (0200) Von E. Fern, 168 S., 118 s/w-Fotos, 47 Zeichnungen, kart. ●

So tanzt man Rock'n'Roll
Grundschritte · Figuren · Akrobatik. (0573) Von W. Steuer und G. Marz, 224 S., 303 Abb., kart. ●●

Tanzen überall
Discofox, Rock'n'Roll, Blues, Langsamer Walzer, Cha-Cha-Cha zum Selberlernen. (0760) Von H. M. Pritzer, 112 S., 128 Farbfotos, kart. ●●

Anmutig und fit durch
Bauchtanz
(0911) Von Marta, 120 S., 229 Farbfotos, 6 s/w-Zeichnungen, kart. ●●

Fit mit **Stretching**
(2304) Von B. Kayser, 96 S., 255 Farbfotos, kart. ●●

Fit mit **Tai Chi**
als sanfte Körpererfahrung
(2305) Von B. u. K. Moegling, 112 S., 121 Farbfotos, 6 Farb- u. 4 s/w-Zeichnungen, kart. ●●

Fit mit **Volleyball**
(2302) Von Dr. A. Scherer, 104 S., 27 Farb- und 1 s/w-Foto, 12 Farb- und 29 s/w-Zeichnungen, kart. ●●

Fit mit **Tanzen**
(2303) Von K. Richter, H. Kleinow, 88 S., 94 Farbfotos, kart. ●●

Fit mit **Karate**
(2308) Von A. Pflüger, 96 S., 134 Farbfotos, 4 s/w-Zeichnungen, kart. ●●

Funboard-Surfen
Material · Technik · Regatten · Internationale Reviere. (4297) Von J. Evans, 144 S., 106 Farbfotos, 9 Farbzeichnungen, 68 zweifarbige und 5 s/w-Zeichnungen, kart. ●●●

Segeln
Der neue Grundschein – Vorstufe zum A-Schein – Mit Prüfungsfragen. (5147) Von C. Schmidt, 80 S., 8 Farbtafeln, 18 Farbfotos, 82 Zeichnungen, kart., ●●

Falken-Handbuch
Angeln
in Binnengewässern und im Meer. (4090) Von H. Oppel, 344 S., 24 Farbtafeln, 66 s/w-Fotos, 151 Zeichnungen, gebunden. ●●●●

Angeln
Kleine Fibel für den Sportfischer. (0198) Von E. Bondick, 96 S., 116 Abb., kart. ●

Sportfischen
Fische – Geräte – Techniken. (0324) Von H. Oppel, 144 S., 49 s/w-Fotos, 8 Farbtafeln, kart. ●

Sporttauchen
Theorie und Praxis des Gerätetauchens. (0647) Von S. Müßig, 144 S., 8 Farbtafeln, 35 s/w-Fotos, 89 Zeichnungen, kart. ●●

Ski-Gymnastik
Fit für Piste und Loipe. (0450) Von H. Pilss-Samek, 104 S., 67 s/w-Fotos, 20 Zeichnungen, kart. ●

Alpiner Skisport
Ausrüstung · Techniken · Skigymnastik. (5130) Von K. Meßmann, 128 S., 8 Farbtafeln, 93 s/w-Fotos, 45 Zeichnungen, kart. ●●

Skilanglauf, Skiwandern
Ausrüstung · Techniken · Skigymnastik. (5129) Von T. Reiter und R. Kerler, 80 S., 8 Farbtafeln, 85 Zeichnungen und s/w-Fotos, kart. ●●

Eishockey
Lauf- und Stocktechnik, Körperspiel, Taktik, Ausrüstung und Regeln. (0414) Von J. Čapla, 264 S., 548 s/w-Fotos, 163 Zeichnungen, kart. ●●

Fibel für Kegelfreunde
Sport- und Freizeitkegeln · Bowling. (0191) Von G. Bocsai, 72 S., 62 Abb., kart. ●

Beliebte und neue Kegelspiele
(0271) Von G. Bocsai, 92 S., 62 Abb., kart. ●

111 spannende Kegelspiele
(2031) Von H. Regulski, 88 S., 53 Zeichnungen, kart., ●

Schach

Einführung in das Schachspiel
(0104) Von W. Wollenschläger und K. Colditz, 92 S., 116 Diagramme, kart. ●

Falken-Handbuch **Schach**
(4051) Von T. Schuster, 360 S., über 340 Diagramme, gebunden. ●●●●

Spielend Schach lernen
(2002) Von T. Schuster, 128 S., kart. ●

Kinder- und Jugendschach
Offizielles Lehrbuch des Deutschen Schachbundes zur Erringung der Bauern-, Turm- und Königsdiplome. (0561) Von B. J. Withuis, H. Pfleger, 144 S., 220 Diagramme und Diagramme, kart. ●

Neue Schacheröffnungen
(0478) Von T. Schuster, 108 S., 100 Diagramme, kart. ●

Die hier vorgestellten Bücher, Videokassetten und Software sind in folgende Preisgruppen unterteilt:

● Preisgruppe bis DM 10,–/S 79,–
●● Preisgruppe über DM 10,– bis DM 20,– S 80,– bis S 160,–
●●● Preisgruppe über DM 20,– bis DM 30,– S 161,– bis S 240,–
●●●● Preisgruppe über DM 30,– bis DM 50,– S 241,– bis S 400,–
●●●●● Preisgruppe über DM 50,–/S 401,–
*(unverbindliche Preisempfehlung)

Die Preise entsprechen dem Status beim Druck dieses Verzeichnisses (s. Seite 1) – Änderungen, im besonderen der Preise, vorbehalten –

FALKEN

Schach für Fortgeschrittene
Taktik und Probleme des Schachspiels.
(0219) Von R. Teschner, 96 S., 85 Diagramme, kart. ●

Taktische Schachendspiele
(0752) Von J. Nunn, 200 S., 151 Diagramme, kart. ●●

Die Schach-Revanche
Kasparow/Karpow 1986. (0831) Von
O. Borik, H. Pfleger, M. Kipp-Thomas, 144 S.,
19 s/w-Fotos, 72 Diagramme, kart. ●●

Schachstrategie
Ein Intensivkurs mit Übungen und ausführlichen Lösungen. (0584) Von A. Koblenz, dt.
Bearb. von K. Colditz, 212 S., 240 Diagramme, kart. ●●

Schachtraining mit den Großmeistern
(0670) Von H. Bouwmeester, 128 S., 90 Diagramme, kart. ●●

Schach als Kampf
Meine Spiele und mein Weg. (0729) Von
G. Kasparow, 144 S., 95 Diagramme,
9 s/w-Fotos, kart. ●●

Helmut Pflegers
Schachkabinett
Amüsante Aufgaben – überraschende
Lösungen. (0877) Von H. Pfleger, 160 S.,
118 Diagramme, kart. ●●

Die besten Partien deutscher Schachgroßmeister
(4121) Von H. Pfleger, 192 S., 29 s/w-Fotos,
89 Diagramme, Pappband. ●●●

Lehr-, Übungs- und Testbuch der Schachkombinationen
(0649) Von K. Colditz, 184 S., 227 Diagramme, kart. ●●

Die hohe Schule der
Schachkombination
(0920) Von W. Golz, P. Keres, 272 S.,
322 Diagramme, Pappband. ●●

Offizielles Lehrbuch des Deutschen
Schachbundes
Das systematische Schachtraining
Trainingsmethoden, Strategien und
Kombinationen. (0857) Von Sergiu Samarian, 152 S., 159 Diagramme, 1 Zeichnung,
kart. ●●

So denkt ein Schachmeister
Strategische und taktische Analysen.
(0915) Von H. Pfleger, G. Treppner, 120 S.,
75 Diagramme, kart. ●●

FALKEN-SOFTWARE
Das komplette Schachprogramm
Spielen, Trainieren, Problemlösen mit dem
Computer. (7006) Von J. Egger, Diskette für
C 64, C 128 PC, mit Begleitheft. ●●●●●*

Zug um Zug
Schach für jedermann 1
Offizielles Lehrbuch des Deutschen Schachbundes zur Erringung des Bauerndiploms.
(0648) Von H. Pfleger, E. Kurz, 80 S.,
24 s/w-Fotos, 8 Zeichnungen, 60 Diagramme, kart. ●

Zug um Zug
Schach für jedermann 2
Offizielles Lehrbuch des Deutschen Schachbundes zur Erringung des Turmdiploms.
(0659) Von H. Pfleger, E. Kurz, 132 S.,
8 s/w-Fotos, 14 Zeichnungen, 78 Diagramme, kart. ●

Zug um Zug
Schach für jedermann
Offizielles Lehrbuch des Deutschen Schachbundes zur Erringung des Königdiploms.
(0728) Von H. Pfleger, G. Treppner, 128 S.,
4 s/w-Fotos, 84 Diagramme, 10 Zeichnungen, kart. ●

Zug um Zug
Schach für jedermann 3
(7015) Wendedielskette für C 64/C 128 PC, mit
Begleitheft. ●●●●*
(7005) Wendedielskette für Atari ST 520/
1040, mit Begleitheft. ●●●●●*

Schach mit dem Computer
(0747) Von D. Frickenschmidt, 140 S.,
112 Diagramme, 29 s/w-Fotos, 5 Zeichnungen, kart. ●●

Spiele und Denksport

Kartenspiele
(2001) Von C. D. Grupp, 144 S., kart. ●

Neues Buch der siebzehn und vier Kartenspiele
(0095) Von K. Lichtwitz, 96 S., kart. ●

Alles über Pokern
Regeln und Tricks. (2024) Von C. D. Grupp,
112 S., 29 Kartenbilder, kart. ●

Rommé und Canasta
in allen Variationen. (2025) Von C. D. Grupp,
124 S., 24 Zeichnungen, kart., ●

Schafkopf, Doppelkopf, Binokel, Cego, Gaigel, Jaß, Tarock und andere „Lokalspiele"
(2015) Von C. D. Grupp, 152 S., kart. ●●

Spielend Skat lernen
unter freundlicher Mitarbeit des Deutschen
Skatverbandes. (2005) Von Th. Krüger,
156 S., 181 s/w-Fotos, 22 Zeichnungen, kart. ●

Das Skatspiel
Eine Fibel für Anfänger. (0206) Von K. Lehnhoff, überarb. von P. A. Höfges, 96 S., kart. ●

Black Jack
Regeln und Strategien des Kasinospiels.
(2032) Von K. Kelbratowski, 88 S., kart. ●

Falken-Handbuch **Patiencen**
Die 111 interessantesten Auslagen. (4151)
Von U. v. Lyncker, 216 S., 108 Abbildungen,
Pappband. ●●●

Patiencen
in Wort und Bild. (2003) Von I. Wolter, 136 S.,
kart. ●

Neue Patiencen
(2036) Von H. Sosna, 160 S., 43 Farbtafeln,
kart. ●●

Falken-Handbuch **Bridge**
Von den Grundregeln zum Turnierspiel.
(4092) Von W. Voigt und K. Ritz, 280 S.,
792 Zeichnungen, gebunden. ●●●●

Spielend Bridge lernen
(2012) Von J. Weiss, 108 S., 58 Zeichnungen,
kart. ●

Spieltechnik im Bridge
(2004) Von V. Mollo und N. Gardener, deutsche Adaption von D. Schröder, 216 S., kart. ●●

Besser Bridge spielen
Reiztechnik, Spielverlauf und Gegenspiel.
(2026) Von J. Weiss, 144 S., 60 Diagramme,
kart. ●●

Herausforderung im Bridge
200 Aufgaben mit Lösungen. (2033) Von V.
Mollo, 152 S., kart. ●●

Präzisions-Treff im Bridge
(2037) Von E. Jannersten, 152 S., kart. ●●

Kartentricks
(2010) Von T. A. Rosee, 80 S., 13 Zeichnungen, kart. ●

Mah-Jongg
Das chinesische Glücks-, Kombinations- und
Gesellschaftsspiel. (2030) Von U. Eschenbach, 80 S., 30 s/w-Fotos, 5 Zeichnungen,
kart. ●

Neue Kartentricks
(2027) Von K. Pankow, 104 S., 20 Abb., kart.
●

Backgammon
für Anfänger und Könner. (2008) Von G. W.
Fink und G. Fuchs, 116 S., 41 Abb., kart. ●

Würfelspiele
für jung und alt. (2007) Von F. Pruss,
112 S., 21 s/w-Zeichnungen, kart. ●

Gesellschaftsspiele
für drinnen und draußen. (2006) Von
H. Görz, 128 S., kart. ●

Spiele für Party und Familie
(2014) Von Rudi Carrell, 160 S., 50 Abb.,
kart. ●

Das japanische Brettspiel Go
(2020) Von W. Dörholt, 104 S., 182 Diagramme, kart. ●●

Roulette richtig gespielt
Systemspiele, die Vermögen brachten.
(0121) Von M. Jung, 96 S., zahlreiche
Tabellen, kart. ●

Spielend Roulette lernen
(2034) Von E. P. Caspar, 152 S.,
1 s/w-Foto, 45 Zeichnungen, kart. ●●

Gesellschaftsspiele
für drinnen und draußen. (2006) Von H.
Görz, 128 S., kart. ●

Spiele für Party und Familie
(2014) Von Rudi Carrel, 160 S., 50 Abb. kart.
●

Neue Spiele für Ihre Party
(2022) Von G. Blechner, 120 S., 54 Zeichnungen, kart. ●

Lustige Tanzspiele und Scherztänze
für Partys und Feste. (0165) Von E. Bäulke,
80 S., 53 Abb., kart. ●

Straßenfeste, Flohmärkte und Basare
Praktische Tips für Organisation und Durchführung. (0592) Von H. Schuster, 96 S., 52
Fotos, 17 Zeichnungen, kart. ●●

Zaubertricks für jedermann
(0282) Von J. Merlin, 176 S., 113 Abb., kart.
●●

Zaubern
einfach - aber verblüffend. (2018) Von
D. Bouch, 84 S., 41 Zeichnungen, kart. ●

Magische Zaubereien
(0672) Von Widenmann, 64 S., 31 Zeichnungen, kart. ●

Kinderspiele
die Spaß machen. (2009) Von H. MüllerStein, 112 S., 28 Abb., kart. ●

Spiele für Kleinkinder
(2011) Von D. Kellermann, 80 S., 23 Abb.,
kart. ●

Spiel und Spaß am Krankenbett
für Kinder und die ganze Familie. (2035) Von
H. Bücken, 104 S., 97 Zeichnungen, kart. ●

Die hier vorgestellten Bücher, Videokassetten und Software sind in folgende Preisgruppen unterteilt:

● Preisgruppe bis DM 10,–/S 79,–
●● Preisgruppe über DM 10,– bis DM 20,–
S 80,– bis S 160,–

●●● Preisgruppe über DM 20,– bis DM 30,–
S 161,– bis S 240,–

●●●● Preisgruppe über DM 30,– bis DM 50,–
S 241,– bis S 400,–
●●●●● Preisgruppe über DM 50,–/S 401,–
*(unverbindliche Preisempfehlung)

Die Preise entsprechen dem Status beim Druck dieses Verzeichnisses (s. Seite 1) – Änderungen, im besonderen der Preise, vorbehalten –

Kasperletheater
Spieltexte und Spielanleitungen · Basteltips
für Theater und Puppen. (0641) Von U. Lietz,
136 S., 4 Farbtafeln, 12 s/w-Fotos, 39 Zeichnungen, kart. ●

Knobeleien und Denksport
(2019) Von K. Rechberger, 142 S., 105 Zeichnungen, kart. ●

Das Geheimnis der magischen Ringe
Alles über das Puzzle vom Würfel-Erfinder.
Die schönsten Figuren.
(0878) Von Dr. Ch. Bandelow, 96 S.,
198 Zeichnungen, 8 Cartoons, kart. ●

Quiz
Mehr als 1500 ernste und heitere Fragen aus
allen Gebieten. (0129) Von R. Sautter und
W. Pröve, 92 Zeichnungen, kart. ●

500 Rätsel selberraten
(0681) Von E. Krüger, 272 S., kart. ●

501 Rätsel selberraten
(0711) Von E. Krüger, 272 S., kart. ●

Riesen-Kreuzwort-Rätsel-Lexikon
über 250.000 Begriffe. (4197) Von H. Schie-
felbein, 1024 S., Pappband. ●●●

Das Super-Kreuzwort-Rätsel-Lexikon
Über 150.000 Begriffe. (4279) Von H. Schie-
felbein, 688 S., Pappband. ●●

Guten Tag, Kinder!
Neue Texte mit Spielanleitungen fürs
Kasperletheater. (0861) Von U. Lietz, 96 S.,
18 s/w-Zeichnungen, kart. ●

Kindergeburtstag
Vorbereitung, Spiel und Spaß. (0287) Von Dr.
I. Obrig, 136 S., 44 Abb., 11 Zeichnungen,
9 Lieder mit Noten, kart. ●

Kindergeburtstage die keiner vergißt
Planung, Gestaltung, Spielvorschläge.
(0698) Von G. und G. Zimmermann, 102 S.,
80 Vignetten, kart. ●

Kinderfeste
daheim und in Gruppen. (4033) Von
G. Blechner, 240 S., 320 Abb., kart. ●●

Scherzfragen, Drudel und Blödeleien
gesammelt von Kindern. (0506) Hrsg. von W.
Pröve, 112 S., 57 Zeichnungen, kart. ●

Humor und Unterhaltung

Heitere Vorträge und witzige Reden
Lachen, Witz und gute Laune. (0149) Von
E. Müller, 104 S., 44 Abb., kart. ●

Heitere Vorträge
(0528) Von E. Müller, 128 S., 14 Zeichnungen, kart. ●

Die große Lachparade
Neue Texte für heitere Vorträge und Ansa-
gen. (0188) Von E. Müller, 80 S., kart. ●

So feiert man Feste fröhlicher
Heitere Vorträge und Gedichte.
(0098) Von Dr. Allos, 96 S., 15 Abb., kart. ●

Lustige Vorträge für fröhliche Feiern
(0284) Von K. Lehnhoff, 96 S., kart. ●

Vergnügliches Vortragsbuch
(0091) Von J. Plaut, 192 S., kart. ●

Humor und Stimmung
Ein heiteres Vortragsbuch. (0460) Von
G. Wagner, 112 S., kart. ●

Humor und gute Laune
Ein heiteres Vortragsbuch. (0635) Von
G. Wagner, 112 S., 5 Zeichnungen, kart. ●

Gereimte Vorträge
für Bühne und Bütt. (0567) Von G. Wagner,
96 S., kart. ●

Damen in der Bütt
Scherze, Büttenreden, Sketsche.
(0354) Von T. Müller, 136 S., kart. ●

Narren in der Bütt
Leckerbissen aus dem rheinischen Karneval.
(0216) Zusammengestellt von T. Lücker,
112 S., kart. ●

Rings um den Karneval
Karnevalsscherze und Büttenreden. (0130)
Von Dr. Allos, 144 S., 2 Zeichnungen, kart.
●●

Helau und Alaaf 1
Närrisches aus der Bütt. (0304) Von E. Müller, 112 S., 4 Zeichnungen,
kart. ●

Helau und Alaaf 2
Neue Büttenreden.
(0477) Von E. Luft, 104 S., kart. ●

Helau und Alaaf 3
Neue Reden für die Bütt. (0832) Von
H. Fauser, 144 S., 13 Zeichnungen, kart. ●

Wir feiern Karneval
Festgestaltung und Reden für die närrische
Zeit. (0904) Von M. Zweigler, 120 S., 4 Zeich-
nungen, kart. ●

Tolle Sketche
mit zündenden Pointen – zum Nachspielen.
(0656) Von E. Cohrs, 112 S., kart. ●

Vergnügliche Sketche
(0476) Von H. Pillau, 96 S., 7 Zeichnungen,
kart. ●

Fidele Sketche und heitere Vorträge
Humor zum Nachspielen. (0157) Von
H. Ehnle. 96 S., kart. ●

Vorhang auf!
Neue Sketche für jung und alt.
(0898) Von H. Pillau, 96 S., 22 Zeichnungen,
kart. ●

Sketche und spielbare Witze
für bunte Abende und andere Feste. (0445)
Von H. Friedrich, 120 S., 7 Zeichnungen, kart.
●

Sketche
Kurzspiele zu amüsanter Unterhaltung.
(0247) Von M. Gering, 132 S., 16 Abb., kart.,
●

Witzige Sketche zum Nachspielen
(0511) Von D. Hallervorden, 160 S., kart. ●●

Sketche und Blackouts zum Nachspielen
(0941) Von E. Cohrs, 112 S., 12 Zeichnungen,
kart. ●

Locker vom Hocker
Witzige Sketche zum Nachspielen.
(4262) Von W. Giller, 144 S., 41 Zeichnungen, Pappband. ●●

Phantasievolles Schminken
Verzauberte Gesichter für Maskeraden,
Laienspiel und Kinderfeste. (0907) Hrsg. von
Y. u. H. Nadolny, 64 S., 227 Farbfotos, kart.
●●

**Die Kleidermotte ernährt sich von nichts,
sie frißt nur Löcher**
Stilblüten, Sprüche und Widersprüche aus
Schule, Zeitung, Rundfunk und Fernsehen.
(0738) Von P. Haas, D. Kroppach, 112 S.,
zahlreiche Abb. kart. ●

Da lacht das Publikum
Neue lustige Vorträge für viele Gelegenheiten. (0716) Von H. Schmalenbach, 104 S.,
kart. ●

Witzig, witzig
(0507) Von E. Müller, 128 S., 16 Zeichnungen, kart. ●

**Die besten Witze und Cartoons des
Jahres 1**
(0454) Hrsg. von K. Hartmann, 288 S.,
125 Zeichnungen, geb. ●●

**Die besten Witze und Cartoons des
Jahres 4**
(0579) Hrsg. von K. Hartmann, 288 S.,
140 Zeichnungen, Pappband. ●●

**Die besten Witze und Cartoons des
Jahres 5**
(0642) Hrsg. von K. Hartmann, 288 S.,
88 Zeichnungen, Pappband. ●●

**Die besten Witze und Cartoons des
Jahres 6**
(0916) Hrsg. von D. Kroppach, 288 S.,
84 Zeichnungen, Pappband. ●●

Das Superbuch der Witze
(4146) Von B. Bornheim, 504 S.,
54 Cartoons, Pappband. ●●

Witze
Lachen am laufenden Band (4241) Von
J. Burkert, D. Kroppach, 400 S., 41 Zeich-
nungen, Pappband. ●●

Heller Wahnwitz
(0887) Von D. Kroppach, 220 S., 200 Vignetten, kart. ●

Spaßvögel
Über sexhundert komische Nummern.
(0888) Von E. Zeller, mit Limericks von
W. Müller, 220 S., 200 Vignetten, kart. ●

Total bescheuert
Kinder- und Schülerwitze.
(0889) Von G. Geßner und E. Zeller, 220 S.,
200 Vignetten, kart. ●

Die besten Beamtenwitze
(0574) Hrsg. von W. Pröve, 112 S., 59 Cartoons, kart. ●

Die besten Kalauer
(0705) Von K. Frank, 112 S., 12 Zeichnungen,
kart., ●

Robert Lembkes Witzauslese
(0325) Von Robert Lembke, 160 S., 10 Zeichnungen von E. Köhler, Pappband. ●●

Fred Metzlers Witze mit Pfiff
(0368) Von F. Metzler, 112 S., kart. ●

O frivol ist mir am Abend
Pikante Witze von Fred Metzler. (0388) Von
F. Metzler, 128 S., mit Karikaturen, kart. ●

Herrenwitze
(0589) Von G. Wilhelm, 112 S., 31 Zeichnungen, kart. ●

Witze am laufenden Band
(0461) Von F. Asmussen, 118 S., kart. ●
Horror zum Totlachen

Gruselwitze
(0536) Von F. Lautenschläger, 96 S.,
44 Zeichnungen, kart. ●

Die besten Ostfriesenwitze
(0495) Von O. Freese, 80 S., 15 Zeichnungen, kart. ●

Olympische Witze
Sportlerwitze in Wort und Bild.
(0505) Von W. Willnat, 112 S., 126 Zeichnungen, kart. ●

**Ich lach mich kaputt! Die besten
Kinderwitze**
(0545) Von E. Hannemann, 128 S., 15 Zeichnungen, kart. ●

Lach mit!
Witze für Kinder, gesammelt von Kindern.
(0468) Hrsg. von W. Pröve, 96 S., 17 Zeichnungen, kart. ●

Die besten Kinderwitze
(0757) Von K. Rank, 112 S., 28 Zeichnungen, kart. ●

Lustige Sketche für Jungen und Mädchen
Kurze Theaterstücke für Jungen und Mädchen. (0669) Von U. Lietz und U. Lange, 104 S., kart. ●

Spielbare Witze für Kinder
(0824) Von H. Schmalenbach, 128 S., 30 Zeichnungen, kart. ●

Garten, Tiere, Umwelt

Garten heute
Der moderne Ratgeber · Über 1000 Farbbilder. (4283) Von H. Jantra, 384 S., über 1000 Farbabbildungen, Pappband. ●●●●

Das Gartenjahr
Arbeitsplan für den Hobbygärtner.
(4075) Von G. Bambach, 152 S., 16 Farbtafeln, 141 Abb., kart. ●●

Gärtner Gustavs Gartenkalender
Arbeitspläne · Pflanzenporträts · Gartenlexikon. (4155) Von G. Schoser, 120 S., 146 Farbfotos, 13 Tabellen, 203 farbige Zeichnungen, Pappband. ●●●

Der richtige Schnitt von Obst- und Ziergehölzen, Rosen und Hecken
(0619) Von E. Zettl, 88 S., 8 Farbtafeln, 39 Zeichnungen, 21 s/w-Fotos, kart. ●

Blumenpracht im Garten
(5014) Von I. Manz, 64 S., 93 Farbfotos, Pappband. ●●

Blütenpracht in Haus und Garten
(4145) Von M. Haberer, u. a., 352 S., 1012 Farbfotos, Pappband. ●●●

Sag's mit Blumen
Pflege und Arrangieren von Schnittblumen.
(5103) Von P. Möhring, 64 S., 68 Farbfotos, 2 s/w-Abb., Pappband. ●●

Grabgestaltung
Bepflanzung und Pflege zu jeder Jahreszeit.
(5120) Von N. Uhl, 64 S., 77 Farbfotos, 2 Zeichnungen, Pappband. ●●

Wintergärten
Das Erlebnis, mit der Natur zu wohnen.
Planen, Bauen und Gestalten. (4256) Von LOG, ID, 136 S., 130 Farbfotos, 107 Zeichnungen, Pappband. ●●●●

Häuser in lebendigem Grün
Fassaden und Dächer mit Pflanzen gestalten. (0846) Von U. Mehl, K. Werk, 88 S., 116 Farbfotos, 4 Farb- und 17 s/w-Zeichnungen, kart.
●●

Rund ums Jahr erfolgreich gärtnern
Gewächshäuser
planen · bauen · einrichten · nutzen.
(4408) Von Dr. G. Schoser, J. Wolff, 232 S., 315 Farbfotos, 5 s/w-Fotos, 53 Farbzeichnungen, Pappband. ●●●●

Gartenteiche und Wasserspiele
planen, anlegen und pflegen. (4083) Von H. R. Sikora, 160 S., 31 Farb- und 31 s/w-Fotos, 73 Zeichnungen, Pappband. ●●●

Wasser im Garten
Von der Vogeltränke zum Naturteich – Natürliche Lebensräume selbst gestalten. (4230) Von H. Hendel, P. Keßeler, 240 S., 247 Farbfotos, 68 Farbzeichnungen, Pappband. ●●●●●

Mein kleiner Gartenteich
planen – anlegen – pflegen
(0851) Von I. Polaschek, 144 S., 85 Farbfotos, 10 Farbzeichnungen, kart. ●●

Leben im Naturgarten
Der Biogärtner und seine gesunde Umwelt.
(4124) Von N. Jorek, 128 S., 68 s/w-Fotos, kart. ●●

So wird mein Garten zum Biogarten
Alles über die Umstellung auf naturgemäßen Anbau. (0706) Von I. Gabriel, 128 S., 73 Farbfotos, 54 Farbzeichnungen, kart. ●●

Gesunde Pflanzen im Biogarten
Biologische Maßnahmen bei Schädlingsbefall und Pflanzenkrankheiten. (0707) Von I. Gabriel, 128 S., 126 Farbfotos, 12 Farbzeichnungen, kart. ●●

Kosmische Einflüsse auf unsere Gartenpflanzen
Sterne beeinflussen Wachstum und Gesundheit der Pflanzen. (0708) Von I. Gabriel, 112 S., 57 Farbfotos, 43 Farbzeichnungen, kart. ●●

Der Biogarten unter Glas und Folie
Ganzjährig erfolgreich ernten. (0722) Von I. Gabriel, 128 S., 62 Farbfotos, 45 Farbzeichnungen, kart. ●●

Obst und Beeren im Biogarten
Gesunde und schmackhafte Früchte durch natürlichen Anbau. (0780)Von I. Gabriel, 128 S., 38 Farbfotos, 71 Farbzeichnungen, kart. ●●

Kräuter und Heilpflanzen im Biogarten
Gesunde Ernte durch natürlichen Anbau. (0929) Von I. Gabriel, 112 S., 63 Farbfotos, 19 Farbzeichnungen, kart. ●●

Neuanlage eines Biogartens
Planung, Bodenvorbeitung, Gestaltung.
(0721) Von I. Gabriel, 128 S., 73 Farbfotos, 39 Zeichnungen, kart. ●●

Der biologische Zier- und Wohngarten
Planen, Vorbereiten, Bepflanzen und Pflegen. (0748) Von I. Gabriel, 128 S., 72 Farbfotos, 46 Farbzeichnungen, kart. ●●

Gemüse im Biogarten
Gesunde Ernte durch naturgemäßen Anbau (0830) Von I. Gabriel, 128 S., 26 Farbfotos, 86 Farbzeichnungen, kart. ●●

Erfolgreich gärtnern
durch naturgemäßen Anbau
(4252) Von I. Gabriel, 416 S., 176 Farbfotos, 212 Farbzeichnungen, Pappband. ●●●

Das Bio-Gartenjahr
Arbeitsplan für naturgemäßes Gärtnern.
(4169) Von N. Jorek, 128 S., 8 Farbtafeln, 70 s/w-Abb. kart. ●●

Selbstversorgung aus dem eigenen Anbau
Reichen Erntesegen verwerten und haltbar machen. (4182) Von M. Bustorf-Hirsch, M. Hirsch, 216 S., 270 Zeichnungen, Pappband. ●●●

Mischkultur im Nutzgarten
Mit Jahreskalender und Anbauplänen.
(0651) Von H. Oppel, 112 S., 8 Farbtafeln, 23 s/w- Fotos, 29 Zeichnungen, kart. ●

Erfolgreich gärtnern mit
Frühbeet und Folie
(0828) Von Dr. Gustav Schoser, 88 S., 8 Farbtafeln, 46 s/w-Fotos, kart. ●

Erfolgstips für den Gemüsegarten
Mit naturgemäßem Anbau zu höherem Ertrag. (0674) Von F. Mühl, 80 S., 30 s/w-Fotos, 4 Zeichnungen, kart. ●

Erfolgstips für den Obstgarten
Gesunde Früchte durch richtige Sortenwahl und Pflege. (0827) Von F. Mühl, 184 S., 16 Farbtafeln, 33 Zeichnungen, kart. ●●

Erfolgstips für den Zierkarten
Schmuckpflanzen und Rasen richtig pflegen. (0930) Von F. Mühl, 156 S., 12 Farbtafeln, 26 s/w–Zeichnungen, kart. ●●

Gemüse, Kräuter, Obst aus dem Balkongarten – Erfolgreich ernten auf kleinstem Raum. (0694) Von S. Stein, 32 S., 34 Farbfotos, 6 Zeichnungen, Spiralbindung, kart. ●

Keime, Sprossen, Küchenkräuter
am Fenster ziehen – rund ums Jahr. (0658) Von F. und H. Jantzen, 32 S., 55 Farbfotos, Pappband. ●

Balkons in Blütenpracht
zu allen Jahreszeiten.
(5047) Von N. Uhl, 64 S., 80 Farbfotos, Pappband. ●●

Kletterpflanzen
Rankende Begrünung für Fassade, Balkon und Garten. (5140) Von M. Haberer, 64 S., 70 Farbabb., 2 Zeichnungen, Pappband. ●●

Mein Kräutergarten rund ums Jahr
Täglich schnittfrisch und gesund würzen.
(4192) Von Prof. Dr. G. Lysek, 136 S., 15 Farbtafeln, 91 Zeichnungen, kart. ●●

Blühende Zimmerpflanzen
94 Arten mit Pflegeanleitungen. (5010) Von R. Blaich, 64 S., 107 Farbfotos, Pappband.
●●

Prof. Stelzers grüne Sprechstunde
Gesunde Zimmerpflanzen
Krankheiten erkennen und behandeln · Mit neuem Diagnosesystem. (4274) Von Prof. Dr. G. Stelzer, 192 S., 410 Farbfotos, 10 s/w-Zeichnungen, Pappband. ●●●

365 Erfolgstips für schöne Zimmerpflanzen
(0893) Von H. Jantra, 144 S., 215 Farbfotos, kart. ●●

Videokassette
Pflanzenjournal
Blumen- und Pflanzenpflege im Jahreslauf.
(6036) VHS, ca. 30 Min., in Farbe, ●●●●*

Blütenpracht in Grolit 2000
Der neue, mühelose Weg zu farbenprächtigen Zimmerpflanzen. (5127) Von G. Vocke, 64 S., 50 Farbfotos, Pappband. ●●

Ziergräser
Über 100 Arten erfolgreich kultivieren.
(0829) Von H. Jantra, 104 S., 73 Farbfotos, 6 Farbzeichnungen, kart. ●●

Bonsai
Japanische Miniaturbäume und Miniaturlandschaften. Anzucht, Gestaltung und Pflege. (4091) Von B. Lesniewicz, 160 S., 106 Farbfotos, 46 s/w-Fotos, 115 Zeichnungen, gebunden. ●●●●●

Zimmerbäume, Palmen und andere Blattpflanzen
Standort, Pflege, Vermehrung, Schädlinge.
(5111) Von G. Schoser, 96 S., 98 Farbfotos, 7 Zeichnungen, Pappband. ●●

Die hier vorgestellten Bücher, Videokassetten und Software sind in folgende Preisgruppen unterteilt:

● Preisgruppe bis DM 10,–/S 79,–
●● Preisgruppe über DM 10,– bis DM 20,– S 80,– bis S 160,–
●●● Preisgruppe über DM 20,– bis DM 30,– S 161,– bis S 240,–
●●●● Preisgruppe über DM 30,– bis DM 50,– S 241,– bis S 400,–
●●●●● Preisgruppe über DM 50,–/S 401,– *(unverbindliche Preisempfehlung)

Die Preise entsprechen dem Status beim Druck dieses Verzeichnisses (s. Seite 1) – Änderungen, im besonderen der Preise, vorbehalten –

Biologisch zimmergärtnern
Zier- und Nutzpflanzen natürlich pflegen.
(4144) Von N. Jorek, 152 S., 15 Farbtafeln,
120 s/w-Fotos, Pappband. ●●

Zimmerpflanzen in Hydrokultur
Leitfaden für problemlose Blumenpflege.
(0660) Von H.-A. Rotter, 32 S., 76 Farbfotos,
8 farbige Zeichnungen, Pappband. ●

Kakteen und andere Sukkulenten
300 Arten mit über 500 Farbfotos. (4116)
Von G. Andersohn, 316 S., 520 Farbfotos,
193 Zeichnungen, Pappband. ●●●●

Fibel für Kakteenfreunde
(0199) Von H. Herold, 102 S., 23 Farbfotos,
37 s/w-Abb., kart. ●

Kakteen
Herkunft, Anzucht, Pflege, Arten. (5021) Von
W. Hoffmann, 64 S., 70 Farbfotos, Pappband.
●●

Faszinierende Formen und Farben
Kakteen
(4211) Von K. und F. Schild, 96 S., 127 Farbfotos, Pappband. ●●●

Falken-Handbuch Orchideen
Lebensraum, Kultur, Anzucht und Pflege.
(4231) Von G. Schoser, 144 S., 121 Farbfotos,
28 Farbzeichnungen, Pappband. ●●●

Vogelhäuschen, Nistkästen, Vogeltränken
mit Plänen und Anleitungen zum Selbstbau.
(0695) Von J. Zech 32 S., 42 Farbfotos,
6 Zeichnungen, Pappband. ●

Falken-Handbuch
Umweltschutz
Das Öko-Testbuch zur Eigeninitiative. (4160)
Von M. Häfner, 352 S., 411 Farbf., 152 Farb-
zeichnungen, Pappband. ●●●●

Pilze
erkennen und benennen. (0380) Von J. Rai-
thelhuber, 136 S., 110 Farbfotos, kart. ●●

Falken-Handbuch Pilze
Mit über 250 Farbfotos und Rezepten. (4061)
Von M. Knoop, 276 S., 250 Farbfotos,
Pappband. ●●●●

Speisepilze aus eingener Zucht
Anbau · Pflege · Zubereitung
(0909) Von U. Groos, 72 S., 8 Farbtafeln,
16 s/w-Zeichnungen, kart. ●

Grizimek Juniors BUNTE TIERWELT
(4295) Von Chr. Grizimek, 208 S., 308 Farbfotos, Pappband. ●●

Falken-Handbuch Katzen
(4158) Von B. Gerber, 176 S., 294 Farb- und
88 s/w-Fotos, Pappband. ●●●●

Katzen
Rassen · Haltung · Pflege. (4216) Von
B. Eilert-Overbeck, 96 S., 82 Farbfotos, Papp-
band. ●●●

Das neue Katzenbuch
Rassen – Aufzucht – Pflege. (0427) Von
B. Eilert-Overbeck, 136 S., 14 Farbtafeln,
26 s/w-Fotos, kart. ●

Katzenkrankheiten
Erkennung und Behandlung. Steuerung des
Sexualverhaltens. (0652) Von Dr. med. vet.
R. Spangenberg, 176 S., 64 s/w-Fotos,
4 Zeichnungen, kart. ●

Falken-Handbuch Hunde
(4118) Von H. Bielfeld, 176 S., 222 Farb-
und 73 s/w-Abb., Pappband. ●●●●

Hunde
Rassen · Erziehung · Haltung. (4209) Von
H. Bielfeld, 96 S., 101 Farbfotos, Pappband.
●●●

Das neue Hundebuch
Rassen · Aufzucht · Pflege. (0009) Von
W. Busack, überarbeitet von Dr. med. vet.
A. H. Hacker und H. Bielfeld, 112 S., 8 Farb-
tafeln, 27 s/w-Fotos, 6 Zeichnungen, kart. ●

Falken-Handbuch
Der Deutsche Schäferhund
(4077) Von U. Förster, 228 S., 160 Abb.,
Pappband. ●●●

Der Deutsche Schäferhund
Aufzucht, Pflege und Ausbildung. (0073) Von
A. Hacker, 104 S., 56 Abb., kart. ●

Dackel, Teckel, Dachshund
Aufzucht · Pflege · Ausbildung. (0508) Von
M. Wein-Gysae, 112 S., 4 Farbtafeln, 43 s/w-
Fotos, 2 Zeichnungen, kart. ●

Hundeausbildung
Verhalten – Gehorsam – Abrichtung. (0346)
Von Prof. Dr. R. Menzel, 96 S., 18 Fotos, kart.
●

Grundausbildung für Gebrauchshunde
Schäferhund, Boxer, Rottweiler, Dobermann,
Riesenschnauzer, Airedaleterrier, Hovawart
und Bouvier. (0801) Von M. Schmidt und
W. Koch, 104 S., 8 Farbtafeln, 51 s/w-Fotos,
5 s/w-Zeichnungen, kart. ●

Hundekrankheiten
Erkennung und Behandlung, Steuerung des
Sexualverhaltens. (0570) Von Dr. med. vet.
R. Spangenberg, 128 S., 68 s/w-Fotos,
10 Zeichnungen, kart. ●

Falken-Handbuch Pferde
(4186) Von H. Werner, 176 S., 196 Farb-und
50 s/w-Fotos, 100 Zeichnungen, Pappband.
●●●●

Wellensittiche
Arten · Haltung · Pflege · Sprechunterricht ·
Zucht. (5136) Von H. Bielfeld, 64 S., 59 Farb-
fotos, Pappband. ●●

Papageien und Sittiche
Arten · Pflege · Sprechunterricht.
(0591) Von H. Bielfeld, 112 S., 8 Farbtafeln,
kart. ●

Geflügelhaltung als Hobby
(0749) Von M. Baumeister, H. Meyer, 184 S.,
8 Farbtafeln, 47 s/w-Fotos, 15 Zeichnungen,
kart. ●

Das Süßwasser-Aquarium
Einrichtung · Pflege · Fische · Pflanzen.
(0153) Von H. J. Mayland, 152 S., 16 Farbtafeln, 43 s/w-Zeichnungen, kart. ●●

Falken-Handbuch
Süßwasser-Aquarium
(4191) Von H. J. Mayland, 288 S., 564 Farbfotos, 75 Zeichnungen, Pappband. ●●●●

DIE TIERSPRECHSTUNDE
Tiere im Wassergarten
(0808) Von Dr. med. vet. E. M. Bartenschlager, 96 S., 84 Farbfotos, 7 Zeichnungen,
kart. ●

DIE TIERSPRECHSTUNDE
Sittiche und kleine Papageien
(0864) Von Dr. med. vet. E. M. Bartenschlager, 88 S., 34 Farbfotos, 9 Zeichnungen,
kart. ●

DIE TIERSPRECHSTUNDE
Junge Katzen
(0862) Von Dr. med. vet. E. M. Bartenschlager, 72 S., 40 Farbfotos, 4 Farbzeichnungen,
kart. ●

DIE TIERSPRECHSTUNDE
Alles über Igel in Natur und Garten
(0810) Von Dr. med. vet. E. M. Bartenschlager, 68 S., 51 Farbfotos, kart. ●

DIE TIERSPRECHSTUNDE
Alles über Meerschweinchen
(0809) Von Dr. med. vet. E. M. Bartenschlager, 72 S., 43 Farbfotos, 11 Farbzeichnungen,
kart. ●

DIE TIERSPRECHSTUNDE
Alles über junge Hunde
(0863) Von Dr. med. vet. E. M. Bartenschlager, 64 S., 49 Farbfotos, 6 Zeichnungen,
kart. ●

DIE TIERSPRECHSTUNDE
Richtige Hundeernährung
(0811) Von Dr. med. vet. E. M. Bartenschlager,
80 S., 51 Farbfotos, 4 Farbzeichnungen, kart.
●

Dinosaurier
und andere Tiere der Urzeit. (4219) Von
G. Alschner, 96 S., 81 Farbzeichnungen,
4 Fotos, Pappband. ●●●

Mensch und Gesundheit

Die Frau als Hausärztin
Der unentbehrliche Ratgeber für die Gesundheit. (4072) Von Dr. med. A. Fischer-Dückel-
mann, 808 S., 14 Farbtafeln, 146 s/w-Fotos,
203 Zeichnungen, Pappband. ●●●

Dr. Reitners großes Gesundheitslexikon
Mit über 5000 Stichwörtern.
(4282) Von Dr. med. H.-J. Lewitzka-Reitner,
in Zusammenarbeit mit P. Janknecht und
U. Kannapinn, 504 S., 424 s/w-Abbildungen,
Pappband. ●●

Sexualberatung
(0402) Von Dr. M. Röhl, 168 S., 8 Farbtafeln,
17 Zeichnungen, Pappband. ●●

Die Kunst des Stillens
nach neuesten Erkenntnissen
(0701) Von Prof. Dr. med. E. Schmidt,
S. Brunn, 112 S., 20 Fotos und Zeichnungen,
kart. ●

Wenn Sie ein Kind bekommen
(4003) Von U. Klamroth, Dr. med. H. Oster,
240 S., 86 s/w-Fotos, 30 Zeichnungen, kart.
●●●

Der moderne Ratgeber
Wir werden Eltern
Schwangerschaft · Geburt · Erziehung des
Kleinkindes. (4269) Von B. Nees-Delaval,
376 S., 335 zweifarbige Abbildungen,
Pappband. ●●●●

Vorbereitung auf die Geburt
Schwangerschaftsgymnastik, Atmung, Rück-
bildungsgymnastik. (0251) Von S. Buchholz,
112 S., 98 s/w-Fotos, kart. ●

Wie soll es heißen?
(0211) Von D. Köhr, 136 S., kart. ●

Das Babybuch
Pflege · Ernährung · Entwicklung. (0531) Von
A. Burkert, 128 S., 16 Farbtafeln,
38 s/w-Fotos, 30 Zeichnungen, kart. ●●

Wenn der Mensch zum Vater wird
Ein heiter-besinnlicher Ratgeber (4259) Von
D. Zimmer, 160 S., 20 Zeichnungen,
Pappband. ●●

Wenn Kinder krank werden
Medizinischer Ratgeber für Eltern.
(4240) Von Dr. med. I. J. Chasnoff, B. Nees-
Delaval, 232 S., 163 Zeichnungen, Pappband. ●●●

Die hier vorgestellten Bücher, Videokassetten und Software sind in folgende Preisgruppen unterteilt:

● Preisgruppe bis DM 10,–/S 79,– ●●● Preisgruppe über DM 20,– bis DM 30,– ●●●● Preisgruppe über DM 30,– bis DM 50,–
●● Preisgruppe über DM 10,– bis DM 20,– S 161,– bis S 240,– S 241,– bis S 400,–
S 80,– bis S 160,– ●●●●● Preisgruppe über DM 50,–/S 401,–
*(unverbindliche Preisempfehlung)

Die Preise entsprechen dem Status beim Druck dieses Verzeichnisses (s. Seite 1) – Änderungen, im besonderen der Preise, vorbehalten –

FALKEN

Falken-Verlag GmbH · Postfach 1120   D-6272 Niederhausen/Ts. · Tel.: 06127/7020   **11**

Psycho-Tests
– Erkennen Sich sich selbst. (0710) Von
B. M. Nash, R. B. Monchick, 304 S., 81 Zeich-
nungen, kart. ●●

FALKEN-SOFTWARE
Ego-Tests
Sich und andere besser erkennen und
verstehen. (7012) Diskette für IBM PC kompatible (MS DOS) mit Begleitheft. ●●●●●*

Frauenträume – Männerträume
und ihre Bedeutung. (4198) Von G. Senger,
272 S., mit Traumlexikon, Pappband. ●●●

Wie Sie im Schlaf das Leben meistern
Schöpferisch träumen
Der Klartraum als Lebenshilfe.
(4258) Von Prof. D. P. Tholey, K. Utecht.
256 S., 1 s/w-Foto, 20 Zeichnungen, Pappband. ●●●

So deutet man Träume
Die Bildersprache des Unbewußten. (0444)
Von G. Haddenbach, 160 S., Pappband. ●

Bildatlas des menschlichen Körpers
(4177) Von G. Pogliani, V. Vannini, 112 S.,
402 Farbabb. 28 s/w-Fotos, Pappband. ●●●

Ratgeber Aids
Entstehung, Ansteckung, Krankheitsbilder,
Heilungschancen, Schutzmaßnahmen.
(0803) Von B. Baartman, Vorwort von Dr.
med. H. Jäger, 112 S., 8 Farbtafeln,
4 Grafiken, kart. ●●

Enzyme
Vitalstoffe für die Gesundheit. (0677) Von
G. Leibold, 96 S., kart. ●

Heilfasten
(0713) Von G. Leibold, 108 S., kart. ●

Besser leben durch Fasten
(0841) Von G. Leibold, 100 S., kart. ●

Fastenkuren
Wege zur gesunden Lebensführung.
Rezepte und Tips für die Nachfastenzeit.
Kurzfasten · Saftfastenkuren · Fastenschalt-
tage · Heilfasten. (4248) Von Ha. A. Mehler,
H. Keppler, 144 S., 16 s/w-Fotos, 9 Zeichnun-
gen, Pappband. ●●●

Aus dem Schatz der Naturmedizin
Heilkräuterkuren
(4268) Von Dr. med. E. Rauch, Dr. rer. nat.
P. Kruletz, 144 S., 49 Zeichnungen, kart. ●●

Rheuma behandeln und lindern
Mit einem Vorwort von Dr. med. Max-Otto-
Bruker. (0836) Von G. Leibold, 100 S., kart. ●

Die echte Schroth-Kur
(0797) Von med. R. Schroth, 88 S.,
2 s/w-Fotos, kart. ●

Streß bewältigen durch Entspannung
(0834) Von Dr. med. Chr. Schenk, 88 S.,
29 Zeichnungen, kart. ●

Gesundheit und Spannkraft durch Yoga
(0321) Von L. Frank und U. Ebbers, 112 S.,
50 s/w-Fotos, kart. ●

Yoga für jeden
(0341) Von K. Zebroff, 156 S., 135 Abb.,
Spiralbindung, ●●●

Yoga für Schwangere
Der Weg zur sanften Geburt. (0777) Von
V. Bolesta-Hahn, 108 S., 76 zweifarbige Abb.
kart. ●●

**Yoga gegen Haltungsschäden und
Rückenschmerzen**
(0394) Von A. Raab, 104 S., 215 Abb., kart. ●

Bauch, Taille und Hüfte gezielt formen durch
Aktiv-Yoga
(0709) Von K. Zebroff, 112 S., 102 Farbfotos,
kart. ●●

Hypnose und Autosuggestion
Methoden – Heilwirkungen – praktische
Beispiele. (0483) Von G. Leibold, 120 S.,
9 Illustrationen, kart. ●

Kneippkuren zu Hause
(0779) Von G. Leibold, 112 S., 25 Zeichnungen, kart. ●

Krebsangst und Krebs behandeln
Mit einem Vorwort von Prof. Dr. med.
Friedrich Douwes. (0839) Von G. Leibold,
104 S., kart. ●

Allergien behandeln und lindern
Mit einem Vorwort von Prof. Dr. med. Axel
Stemmann. (0840) Von G. Leibold, 104 S.,
4 Zeichnungen, kart. ●

Besser sehen durch Augentraining
Ein Gesundheitsprogramm zur Verbesserung
des Sehvermögens. (0914) Von K. Schutt, B.
Rumpler, 96 S., 32 s/w-Zeichnungen, kart. ●

Darmleiden
Krankheitsbilder, Behandlung, Selbstbehandlung, Richtige Lebensführung und
Ernährung. (0798) Von Dr. med. K. Steffens,
112 S., 46 Zeichnungen, kart. ●

Massage
(0750) Von B. Rumpler, K. Schutt, 112 S.,
116 zweifarbige Zeichnungen, kart. ●●

Fußmassage
Reflexzonentherapie am Fuß (0714) Von G.
Leibold, 96 S., 38 Zeichnungen, kart. ●

Rheuma und Gicht
Krankheitsbilder, Behandlung, Therapie-
verfahren, Selbstbehandlung, Richtige
Lebensführung und Ernährung. (0712) Von
Dr. J. Höder, J. Bandick, 104 S., kart. ●

Diabetes
Krankheitsbild, Therapie, Kontrollen,
Schwangerschaft, Sport, Urlaub, Alltags-
probleme, Neueste Erkenntnisse der
Diabetesforschung. (0895) Von Dr. med.
H. J. Krönke, 120 S., 4 Farbtafeln, 14 s/w-
Fotos, 13 s/w-Zeichnungen, kart. ●

Krampfadern
Ursachen, Vorbeugung, Selbstbehandlung,
Therapieverfahren. (0727) Von Dr. med.
K. Steffens, 96 S., 38 Abb., kart. ●

Gallenleiden
Krankheitsbilder, Behandlung, Therapie-
verfahren, Selbstbehandlung, Richtige
Lebensführung und Ernährung. (0673) Von
Dr. med. K. Steffens, 104 S., 34 Zeichnun-
gen, kart. ●

Asthma
Pseudokrupp, Bronchitis und Lungenemphy-
sem. (0778) Von Prof. Dr. med. W. Schmidt,
120 S., 5 Zeichnungen, kart. ●

Autogenes Training
Anwendung · Heilwirkungen · Methoden.
(0541) Von R. Faller, 128 S., 3 Zeichnungen,
kart. ●

**Die fernöstliche Fingerdrucktherapie
Shiatsu**
Anleitungen zur Selbsthilfe – Heilwirkungen.
(0615) Von G. Leibold, 196 S., 180 Abb., kart.
●●

Eigenbehandlung durch Akupressur
Heilwirkungen – Energielehre – Meridiane.
(0417) Von G. Leibold, 152 S., 78 Abb., kart. ●

Chinesische Naturheilverfahren
Selbstbehandlung mit bewährten Methoden
der physikalischen Therapie. Atemtherapie ·
Heilgymnastik · Selbstmassage · Vorbeugen ·
Behandeln · Entspannen. (4247) Von
F. T. Lie, 160 S., 292 zweifarbige Zeichnun-
gen, Pappband. ●●●

Massagetechniken und Heilanzeigen
Reflexzonentherapie
(4404) Von G. Leibold, 128 S., 53 Farbzeichnungen, Pappband. ●●●

Chinesisches Schattenboxen
Tai-Ji-Quan
für geistige und körperliche Harmonie.
(0850) Von F. T. Lie, 120 S., 221 s/w-Fotos,
9 s/w-Zeichnungen, Beilage: 1 s/w-Poster mit
zahlreichen Abbildungen, kart. ●●

Gesundheit durch altbewährte Kräuter-
rezepte und Hausmittel aus der
Natur-Apotheke
(4156) Von G. Leibold, 236 S., 8 Farbtafeln,
100 Zeichnungen, kart. ●●

**Heiltees und Kräuter für die
Gesundheit**
(4123) Von G. Leibold, 136 S., 15 Farbtafeln,
16 Zeichnungen, kart. ●●

Falken-Handbuch **Heilkräuter**
Modernes Lexikon der Pflanzen und Anwendungen (4076) Von G. Leibold, 392 S.,
183 Farbfotos, 22 Zeichnungen, geb. ●●●●

Kochen für Diabetiker
Gesund und schmackhaft für die ganze
Familie. (4132) Von M. Toeller, W. Schumacher, A. C. Groote, 224 S., 109 Farbfotos,
94 Zeichnungen, Pappband. ●●●

Neue Rezepte für Diabetiker-Diät
Vollwertig – abwechslungsreich - kalorien-
arm. (0418) Von M. Oehlrich, 120 S., 8 Farbtafeln, kart. ●

**Diät bei Krankheiten des Magens und
Zwölffingerdarms**
Rezeptteil von B. Zöllner. (3201) Von Prot. Dr.
med. H. Kaess, 96 S., 35 Farbfotos,
1 s/w-Zeichnung, kart. ●●

**Diät bei Herzkrankheiten und
Bluthochdruck**
Salzarme (natriumarme) Kost, Rezeptteil von
B. Zöllner. (3202) Von Prof. Dr. med.
H. Rottka, 92 S., 4 Farbtafeln, kart. ●●

**Diät bei Erkrankungen der Nieren, Harn-
wege und bei Dialysebehandlung**
Rezeptteil von B. Zöllner. (3203) Von Prof. Dr.
med. Dr. h. c. H. J. Sarre und Prof. Dr. med.
R. Kluthe, 96 S., 33 Farbfotos, 1 s/w-Zeich-
nung, kart. ●●

Richtige Ernährung wenn man älter wird
Rezeptteil von B. Zöllner. (3204) Von Prof. Dr.
med. H.-J. Pusch. 96 S., 36 Farbfotos und
3 s/w-Zeichnungen, kart. ●●

Diät bei Gicht und Harnsäuresteinen
Rezeptteil von B. Zöllner. (3205) Von Prof. Dr.
med. N. Zöllner, 80 S., 4 Farbtafeln, kart. ●●

Diät bei Zuckerkrankheit
Rezeptteil von B. Zöllner. (3206) Von Prof. Dr.
med. Dr. Zerbe, 112 S., 42 Farbfotos, 4 vier-
farbige Vignetten, 1 s/w-Zeichnung, kart. ●●

**Diät bei Krankheiten der Gallenblase,
Leber und Bauchspeicheldrüse**
Rezeptteil von B. Zöllner. (3207) Von Prof. Dr.
med. H. Kasper, 88 S., 4 Farbtafeln, kart. ●●

**Diät bei Störungen des Fettstoffwechsels
und zur Vorbeugung der Arteriosklerose**
Rezeptteil von B. Zöllner. (3208) Von Prof. Dr.
med. G. Wolfram und Dr. med. O. Adam,
104 S., 4 Farbtafeln, kart. ●●

Diät bei Übergewicht
Rezeptteil von B. Zöllner. (3209) Von Prof. Dr.
med. Ch. Keller, 104 S., 42 Farbfotos,
3 s/w-Zeichnungen, kart. ●●

Die hier vorgestellten Bücher, Videokassetten und Software sind in folgende Preisgruppen unterteilt:

●   Preisgruppe bis DM 10,–/S 79,–
●● Preisgruppe über DM 10,– bis DM 20,–
                    S 80,– bis S 160,–

●●● Preisgruppe über DM 20,– bis DM 30,–
                    S 161,– bis S 240,–

●●●● Preisgruppe über DM 30,– bis DM 50,–
                    S 241,– bis S 400,–
●●●●● Preisgruppe über DM 50,–/S 401,–
                    (unverbindliche Preisempfehlung)

Die Preise entsprechen dem Status beim Druck dieses Verzeichnisses (s. Seite 1) – Änderungen, im besonderen der Preise, vorbehalten –

Diät bei Darmkrankheiten
Durchfall – Divertikulose, Reizdarm und Darmträgheit – einheimische Sprue (Zöliakie) – Disaccharidasemangel – Dünndarmresektion – Dumping Syndrom. Rezeptteil von B. Zöllner. (3211) Von Prof. Dr. med. G. Strohmeyer, 88 S., 4 Farbtafeln, kart. ●●

Ballaststoffreiche Kost bei Funktionsstörungen des Darms
Rezeptteil von B. Zöllner. (3212) Von Prof. Dr. med. H. Kasper, 96 S., 34 Farbfotos, 1 s/w-Foto, kart. ●●

Rat und Wissen

Der gute Ton
Ein moderner Knigge. (0063) Von I. Wolter, 168 S., 38 Zeichnungen, 53 s/w-Fotos, kart. ●

Haushaltstips von A bis Z
(0759) Von A. Eder, 80 S., 30 Zeichnungen, kart. ●

Familienforschung · Ahnentafel · Wappenkunde
Wege zur eigenen Familienchronik. (0744) Von P. Bahn, 128 S., 8 Farbtafeln, 30 Abbildungen, kart. ●●

Die Kunst der freien Rede
Ein Intensivkurs mit vielen Übungen, Beispielen und Lösungen. (4189) Von G. Hirsch, 232 S., 11 Zeichnungen, Pappband. ●●●

Reden zur Taufe, Kommunion und Konfirmation
(0751) Von G. Georg, 96 S., kart. ●

Der richtige Brief zu jedem Anlaß
Das moderne Handbuch mit 400 Musterbriefen. (4179) Von H. Kirst, 376 S., Pappband. ●●●

Wir heiraten
Ratgeber zur Vorbereitung und Festgestaltung der Verlobung und Hochzeit. (4188) Von C. Poensgen, 216 S., 8 s/w-Fotos, 30 s/w-Zeichnungen, 8 Farbtafeln, Pappband. ●●●

Wir feiern Hochzeit
Festgestaltung – phantasievoll und modern. (0943) Von H. J. Winkler, 120 S., kart. ●

Von der Verlobung zur Goldenen Hochzeit
(0393) Von E. Ruge, 120 S., kart. ●

Reden zur Hochzeit
Musteransprachen für Hochzeitstage. (0654) Von G. Georg, 112 S., kart. ●

Glückwünsche, Toasts und Festreden zur Hochzeit.
(0264) Von I. Wolter, 128 S., 18 Zeichnungen, kart. ●

Hochzeits- und Bierzeitungen
Muster, Tips und Anregungen. (0288) Von H.-J. Winkler, mit vielen Text- und Gestaltungsanregungen, 116 S., 15 Abb., 1 Musterzeitung, kart. ●

Kindergedichte zur Grünen, Silbernen und Goldenen Hochzeit
(0318) Von H.-J. Winkler, 104 S., 20 Abb., kart. ●

Kindergedichte für Familienfeste
(0860) Von B. H. Bull, 96 S., 20 Zeichnungen, kart. ●

Die Silberhochzeit
Vorbereitung · Einladung · Geschenkvorschläge · Dekoration · Festablauf · Menüs · Reden · Glückwünsche. (0542) Von K. F. Merkle, 120 S., 41 Zeichnungen, kart. ●

Großes Buch der Glückwünsche
(0255) Hrsg. von O. Fuhrmann, 176 S., 77 Zeichnungen und viele Gestaltungsvorschläge, kart. ●

Herzliche Glückwünsche!
Die schönsten Gedichte und Texte für viele Gelegenheiten. (0942) Hrsg. von B. H. Bull, 256 S., 50 Zeichnungen, Pappband. ●●

Neue Glückwunschfibel
für Groß und Klein. (0156) Von R. Christian-Hildebrandt, 96 S., kart. ●

Glückwunschverse für Kinder
(0277) Von B. Ulrici, 80 S., kart. ●

Die Redekunst
Rhetorik · Rednererfolg (0076) Von K. Wolter, überarbeitet von Dr. W. Tappe, 80 S., kart. ●

Reden und Ansprachen
für jeden Anlaß. (4009) Hrsg. von F. Sicker, 454 S., gebunden. ●●●●

Reden zum Jubiläum
Musteransprachen für viele Gelegenheiten (0595) Von G. Georg, 112 S., kart. ●

Reden zum Ruhestand
Musteransprachen zum Abschluß des Berufslebens (0790) Von G. Georg, 104 S., kart. ●

Reden und Sprüche zu Grundsteinlegung, Richtfest und Einzug
(0598) Von A. Bruder, G. Georg, 96 S., kart. ●

Reden zu Familienfesten
Musteransprachen für viele Gelegenheiten. (0675) Von G. Georg, 112 S., kart. ●

Reden zum Geburtstage
Musteransprachen für familiäre und offizielle Anlässe. (0773) Von G. Georg, 104 S., kart. ●

Festreden und Vereinsreden
Ansprachen für festliche Gelegenheiten. (0069) Von K. Lehnhoff, E. Ruge, 88 S., kart. ●

Reden im Verein
Musteransprachen für viele Gelegenheiten. (0703) Von G. Georg, 112 S., kart., ●

Programm und Publikum
Der ständige Versuch einer Annäherung. Beiträge von Reden über das öffentlich-rechtliche Fernsehen. (0874) Von A. Schardt, 167 S., kart. ●●

Trinksprüche
Fest- und Damenreden in Reimen. (0791) Von L. Metzner, 88 S., 14 s/w-Zeichnungen, kart. ●

Trinksprüche, Richtsprüche, Gästebuchverse
(0224) Von D. Kellermann, 80 S., kart. ●

Ins Gästebuch geschrieben
(0576) Von K. H. Trabeck, 96 S., 24 Zeichnungen, kart. ●

Poesiealbumverse
Heiteres und Besinnliches. (0578) Von A. Göttling, 112 S., 20 Zeichnungen, Pappband. ●●

Verse fürs Poesiealbum
(0241) Von I. Wolter, 96 S., 20 Abb., kart. ●
Rosen, Tulpen, Nelken . . .

Beliebte Verse fürs Poesiealbum
(0431) Von W. Pröve, 96 S., 11 Faksimile-Abb., kart. ●

Der Verseschmied
Kleiner Leitfaden für Hobbydichter. Mit Reimlexikon. (0597) Von T. Parisius, 96 S., 28 Zeichnungen, kart. ●

Moderne Korrespondenz
Handbuch für erfolgreiche Briefe. (4014) Von H. Kirst und W. Manekeller, 544 S., Pappband. ●●●●

Der neue Briefsteller
Musterbriefe für alle Gelegenheiten. (0060) Von I. Wolter-Rosendorf, 112 S., kart. ●

Geschäftliche Briefe
des Privatmanns, Handwerkers, Kaufmanns. (0041) Von A. Römer, 120 S., kart. ●

Behördenkorrespondenz
Musterbriefe ¬ Anträge – Einsprüche. (0412) Von E. Ruge, 120 S., kart. ●

Musterbriefe
für alle Gelegenheiten. (0231) Hrsg. von O. Fuhrmann, 240 S., kart. ●

Privatbriefe
Muster für alle Gelegenheiten. (0114) Von I. Wolter-Rosendorf, 132 S., kart. ●

Briefe zu Geburt und Taufe
Glückwünsche und Danksagungen. (0802) Von H. Beitz, 96 S., 12 Zeichnungen, kart. ●

Briefe zum Geburtstag
Glückwünsche und Danksagungen (0822) Von H. Beitz, 104 S., 22 Zeichnungen, kart. ●

Briefe zur Hochzeit
Glückwünsche und Danksagungen (0852) Von R. Röngen, 96 S., 1 Zeichnung, 39 Vignetten, kart. ●

Briefe der Liebe
Anregungen für gefühlvolle und zärtliche Worte. (0903) Hrsg. von H. Beitz, 96 S., 4 Zeichnungen, kart. ●

Erfolgstips für den Schriftverkehr
Briefwechsel leicht gemacht durch einfachen Stil und klaren Ausdruck (0678) Von U. Schoenwald, 120 S., kart. ●

Worte und Briefe der Anteilnahme
(0464) Von E. Ruge, 128 S., mit vielen Abb., kart. ●

Reden in Trauerfällen
Musteransprachen für Beerdigungen und Trauerfeiern (0736) Von G. Georg, 104 S., kart. ●

In Anerkennung Ihrer...
Lob und Würdigung in Briefen und Reden
(0535) Von H. Friedrich, 136 S., kart. ●

Das große farbige Kinderlexikon
(4195) Von U. Kopp, 320 S., 493 Farbabb., 17 s/w-Fotos, Pappband. ●●●

ZDF · ORF · DRS
Kompaß Jugend-Lexikon
(4096) Von R. Kerler, J. Blum, 336 S., 766 Farbfotos, 39 s/w-Abb., Pappband. ●●●●

Elternsache Grundschule
(0692) Hrsg. von K. Meynersen, 324 S., kart. ●

Vom Urkrümel zum Atompilz
Evolution – Ursache und Ausweg aus der Krise. (4181) Von J. Voigt, 188 S., 20 Farb- und 70 s/w-Fotos, 32 Zeichnungen, kart. ●●

Neues Denken – alte Geister
New Age unter der Lupe. (4278) Von G. Myrell, Dr. W. Schmandt, J. Voigt, 176 S., 54 Farbfotos, 3 Zeichnungen, kart. ●●

Die hier vorgestellten Bücher, Videokassetten und Software sind in folgende Preisgruppen unterteilt:

● Preisgruppe bis DM 10,–/S 79,–
●● Preisgruppe über DM 10,– bis DM 20,– S 80,– bis S 160,–
●●● Preisgruppe über DM 20,– bis DM 30,– S 161,– bis S 240,–
●●●● Preisgruppe über DM 30,– bis DM 50,– S 241,– bis S 400,–
●●●●● Preisgruppe über DM 50,–/S 401,–
*(unverbindliche Preisempfehlung)

Die Preise entsprechen dem Status beim Druck dieses Verzeichnisses (s. Seite 1) – Änderungen, im besonderen der Preise, vorbehalten –

Schülerlexikon der Mathematik
Formeln, Übungen und Begriffserklärungen für die Klassen 5–10. (0430) Von R. Müller, 176 S., 96 Zeichnungen, kart. ●

Mathematik verständlich
Zahlenbereiche Mengenlehre, Algebra, Geometrie, Wahrscheinlichkeitsrechnung, Kaufmännisches Rechnen. (4135) Von R. Müller, 652 S., 10 s/w- und 109 Farbfotos, 802 farbige und 79 s/w-Zeichnungen, über 2500 Beispiele und Übungen mit Lösungen, Pappband. ●●●●●

Mathematische Formeln für Schule und Beruf
Mit Beispielen und Erklärungen. (0499) Von R. Müller, 156 S., 210 Zeichnungen, kart. ●

Rechnen aufgefrischt
für Schule und Beruf. (0100) Von H. Rausch, 144 S., kart. ●

Physik verständlich
Förderkurs für die Klassen 7 bis 10 (0926) Von Dr. Th. Neubert, 136 S., 146 s/w-Zeichnungen, 166 Aufgaben, kart. ●●

Mehr Erfolg in Schule und Beruf
Besseres Deutsch
Mit Übungen und Aufgaben für Rechtschreibung, Diktate, Zeichensetzung, Aufsätze, Grammatik, Literaturbetrachtung, Stil, Briefe, Fremdwörter, Reden. (4115) Von K. Schreiner, 444 S., 7 s/w-Fotos, 27 Zeichnungen, Pappband. ●●●

Richtiges Deutsch
Rechtschreibung · Zeichensetzung · Grammatik · Stilkunde. (0551) Von K. Schreiner, 128 S., 7 Zeichnungen, kart. ●

Diktate besser schreiben
Übungen zur Rechtschreibung für die Klassen 4–8. (0469) Von K. Schreiner, 152 S., 31 Zeichnungen, kart. ●

Aufsätze besser schreiben
Förderkurs für die Klassen 4–10. (0429) Von K. Schreiner, 144 S., 4 s/w-Fotos, 27 Zeichnungen, kart. ●

Deutsche Grammatik
Ein Lern- und Übungsbuch. (0704) Von K. Schreiner, 112 S., kart. ●

Mehr Erfolg in der Schule
Deutsche Rechtschreibung und Grammatik
Übungen und Beispiele für die Klassen 5–10. (4407) Von K. Schreiner, 256 S., durchgehend zweifarbig, Pappband. ●●●

Mehr Erfolg in der Schule
Der Deutschaufsatz
Übungen und Beispiele für die Klassen 5–10. (4271) Von K. Schreiner, 240 S., 4 s/w-Fotos, 51 Zeichnungen, Pappband. ●●●

Richtige Zeichensetzung
durch neue, vereinfachte Regeln. Erläuterungen der Zweifelsfragen anhand vieler Beispiele. (0774) Von Prof. Dr. Ch. Stetter, 160 S., kart. ●

Richtige Groß- und Kleinschreibung
durch neue, vereinfachte Regeln. Erläuterungen der Zweifelsfragen anhand vieler Beispiele. (0897) Von Prof. Dr. Ch. Stetter, 96 S., kart. ●

Besseres Englisch
Grammatik und Übungen für die Klassen 5 bis 10. (0745) Von E. Henrichs, 144 S., ●●

The Grammar Master
Englische Grammatik üben und beherrschen. (7002) Diskette für den C 64/C 128 (im 64er Modus) ●●●●*

Vokabeltrainer Englisch
Von B. Hoppius. (7001) Wendediskette für C 64/C 128 PC, mit Begleitheft. ●●●●*
(7007) Wendediskette für Atari ST 520/1040, mit Begleitheft. ●●●●●*

Take a Trip to Britain
(7004) Von reLine, Diskette für C 64/C 128 PC, mit Begleitheft. ●●●●*

Schnell und sicher zum Führerschein
Tips und Tricks aus 30jähriger-Fahrschul-Praxis. (0921) Von O. Einert, 152 S., 156 Farbfotos, 161 z. T. farb. (0274) Von H. Kaus, kart. ●●

Maschinenschreiben für Kinder
(0274) Von H. Kaus, 48 S., farbige Abb., kart.

So lernt man leicht und schnell
Maschinenschreiben
Lehrbuch für Schulen, Lehrgänge und Selbstunterricht. (0568) Von M. Kempkes, 112 S., 31 s/w- Fotos, 36 Zeichnungen, kart. ●

Maschinenschreiben durch Selbstunterricht
(0170) Von A. Fonfara, 84 S., kart. ●

Maschinenschreiben
In 10 Tagen spielend gelernt. Von Unterrichtsmedien Hoppius. (7008) Diskette für den C 64 und C 128 PC ●●●●*
(7009) für IBM PC + kompatible, ●●●●*
(7010) für Schneider CPC 464, 664, 6128, ●●●●●*

Stenografie leicht gelernt
im Kursus oder Selbstunterricht. (0266) Von H. Kaus, 64 S., kart. ●

Buchführung
leicht gefaßt. Ein Leitfaden für Handwerker und Gewerbetreibende. (0127) Von R. Pohl. 104 S., kart. ●

Buchführung leicht gemacht
Ein methodischer Grundkurs für den Selbstunterricht. (4238) Von D. Machenheimer, R. Kersten, 252 S., Pappband. ●●●

Erfolgreiche Kaufmannspraxis
Wirtschaftliche Grundlagen, Geld, Kreditwesen, Steuern, Betriebsführung, Recht, EDV. (4046) Von W. Göhler, H. Gölz, M. Heibel, Dr. D. Machenheimer, 544 S., gebunden. ●●●●

Familienrecht
Ehe – Scheidung – Unterhalt. (4190) Von T. Drewes, R. Hollender, 368 S., Pappband. ●●●

Scheidung und Unterhalt
nach dem neuen Eherecht. Mit dem Unterhaltsänderungsgesetz 1986. (0403) Von T. Drewes, 112 S., mit Kosten und Unterhaltstabellen, kart. ●

Erziehungsgeld, Mutterschutz, Erziehungsurlaub
Alles über das neue Recht für Eltern. Mit den Gesetzestexten. (0835) Von J. Grönert, 144 S., kart. ●●

Endlich 18 und nun?
Rechte und Pflichten mit der Volljährigkeit. (0646) Von R. Rathgeber, 224 S., 27 Zeichnungen, kart. ●●

Was heißt hier minderjährig?
(0765) Von R. Rathgeber, C. Rummel, 148 S., 50 Fotos, 25 Zeichnungen, kart. ●●

Erbrecht und Testament
Mit Erläuterungen des Erbschaftssteuergesetzes von 1974. (0046) Von Dr. jur. H. Wandrey, 124 S., kart. ●

Testament und Erbschaft
Erbfolge, Rechte und Pflichten der Erben, Erbschafts- und Schenkungssteuer, Mustertestamente. (4139) Von T. Drewes, R. Hollender, 304 S., Pappband. ●●●

Mein letzter Wille
Ratgeber für Erblasser, Erben und Hinterbliebene. (0939) Von T. Drewes, 136 S., 9 s/w-Zeichnungen, kart. ●●

Präzise Ratschläge für
Ihre optimale Rente
Vorbereitung · Berechnungsgrundlagen · Gesetzesänderungen · Individuelle Rechenbeispiele. (0806) Von K. Möcks, 96 S , 24 Formulare, 1 Graphik, kart. ●

Mietrecht
Leitfaden für Mieter und Vermieter. (0479) Von J. Beuthner, 196 S., kart. ●●

Wege zum Börsenerfolg
Aktien · Anleihen · Optionen (4275) Von H. Krause, 252 S., 4 s/w-Fotos, 86 Zeichnungen, Pappband. ●●●

So werde ich erfolgreich
Ratschläge und Tips für Beruf und Privatleben. (0918) Von H. Hans, 104 S., kart. ●●

99 Alternativen für Umsteiger
Mehr Freude am Leben mit dem richtigen Beruf. (4251) Von D. Maxeiner, P. Birkenmeier, 192 S., 143 Fotos, 46 Zeichnungen, kart. ●●●

Lebenslauf und Bewerbung
Beispiele für Inhalt, Form und Aufbau. (0428) Von H. Friedrich, 112 S. kart. ●

Erfolgreiche Bewerbungsbriefe und Bewerbungsformen
(0138) Von W. Manekeller, 88 S., kart. ●

Die erfolgreiche Bewerbung
Bewerbung und Vorstellung. (0173) Von W. Manekeller, 156 S., kart. ●

Die Bewerbung
Der moderne Ratgeber für Bewerbungsbriefe, Lebenslauf und Vorstellungsgespräche. (4138) Von W. Manekeller, 264 S., Pappband. ●●

Erfolgreiche Bewerbung um einen Ausbildungsplatz
(0715) Von H. Friedrich, 136 S., kart. ●

Die ersten Tage am neuen Arbeitsplatz
Ratschläge für den richtigen Umgang mit Kollegen und Vorgesetzten (0855) Von H. Friedrich, 104 S., kart. ●

Zeugnisse im Beruf
richtig schreiben, richtig verstehen. (0544) Von H. Friedrich, 112 S., kart. ●

Vorstellungsgespräche
sicher und erfolgreich führen. (0636) Von H. Friedrich, 144 S., kart. ●

Keine Angst vor Einstellungstests
Ein Ratgeber für Bewerber. (0793) Von Ch. Titze. 120 S., 67 Zeichnungen, kart. ●

Esoterik

Bauernregeln, Bauernweisheiten, Bauernsprüche
(4243) Von G. Haddenbach, 192 S., 62 Farbabb. 9 s/w-Fotos, 144 s/w-Zeichnungen, Pappband. ●●●

Gesund durch Gedankenenergie
Heilung im gemeinsamen Kraftfeld (6035) VHS, 45 Min., in Farbe ●●●●●*

Die hier vorgestellten Bücher, Videokassetten und Software sind in folgende Preisgruppen unterteilt:

● Preisgruppe bis DM 10,–/S 79,–
●● Preisgruppe über DM 10,– bis DM 20,– / S 80,– bis S 160,–
●●● Preisgruppe über DM 20,– bis DM 30,– / S 161,– bis S 240,–
●●●● Preisgruppe über DM 30,– bis DM 50,– / S 241,– bis S 400,–
●●●●● Preisgruppe über DM 50,–/S 401,–
*(unverbindliche Preisempfehlung)

Die Preise entsprechen dem Status beim Druck dieses Verzeichnisses (s. Seite 1) – Änderungen, im besonderen der Preise, vorbehalten –

/ FALKEN /

Die Magie der Zahlen
So nutzen Sie die Geheimnisse der Numerologie für Ihr persönliches Glück mit dem völlig neuen Planetennumeroskop (4242) Von B. A. Mertz, 224 S., 36 Abbildungen, Pappband. ●●●

I Ging der Liebe
Das altchinesische Orakel für Partnerschaft und Ehe. (4244) Von G. Damian-Knight, 320 S., 64 s/w-Zeichnungen, Pappband. ●●●

Die neue Lebenshilfe Biorhythmik
Höhen und Tiefen der persönlichen Lebenskurven vorausberechnen und danach handeln. (0458) Von W. A. Appel, 157 S., 63 Zeichnungen, Pappband. ●●

Die neue Erkenntnisse zum Biorhythmus
Individuelle Rhythmogramme für Berufserfolg und Gesundheit, Partnerschaft und Freizeit, Beilage: Tagesformplaner. (4276) Von H. Bott, 144 S., 35 s/w-Zeichnungen, Pappband. ●●●

Falken-Handbuch Kartenlegen
Wahrsagen mit Tarot-, Skat-, Lenormand- und Zigeunerblättern. (4226) Von B. A. Mertz, 288 S., 38 Farb- und 108 s/w-Abb. Pappband. ●●●●

Wahrsagen mit Tarot-Karten
(0482) Von E. J. Nigg, 112 S., 4 Farbtafeln, 52 s/w-Abb., Pappband. ●●

Selbst Wahrsagen mit Karten
Die Zukunft in Liebe, Beruf und Finanzen. (0404) Von R. Koch, 112 S., 252 Abb., Pappband. ●

Weissagen, Hellsehen, Kartenlegen ...
Wie jeder die geheimen Kräfte ergründen und für sich nutzen kann. (4153) Von G. Haddenbach, 192 S., 40 Zeichnungen, Pappband. ●●

Erkennen Sie Psyche und Charakter durch
Handdeutung
(4176) Von B. A. Mertz, 252 S., 9 s/w-Fotos, 160 Zeichnungen, Pappband. ●●●●

Falken-Handbuch Astrologie
Charakterkunde · Schicksal · Liebe und Beruf · Berechnung und Deutung von Horoskopen · Aszendenttabelle. (4068) Von B. A. Mertz, 342 S., mit 60 erläuternden Grafiken, Pappband. ●●●

Die Familie im Horoskop
Glück und Harmonie gemeinsam erleben – Probleme und Gegensätze verstehen und tolerieren. (4161) Von B. A. Mertz, 296 S., 40 Zeichnungen, kart. ●●

Aztekenhoroskop
Deutung von Liebe und Schicksal nach dem Aztekenkalender. (0543) Von C.-M. und R. Kerler, 160 S., 20 Zeichnungen, Pappband. ●

Was sagt uns das Horoskop?
Praktische Einführung in die Astrologie. (0655) Von B. A. Mertz, 176 S., 25 Zeichnungen, kart. ●

Das Super-Horoskop
Der neue Weg zur Deutung von Charaker, Liebe und Schicksal nach chinesischer und abendländischer Astrologie. (0465) Von G. Haddenbach, 175 S., kart. ●

Liebeshoroskop für die 12 Sternzeichen
Alles über Chancen, Beziehungen, Erotik, Zärtlichkeit, Leidenschaft. (0587) Von G. Haddenbach, 144 S., 11 Zeichnungen, kart. ●

Die 12 Sternzeichen
Charakter, Liebe und Schicksal. (0385) Von G. Haddenbach, 160 S., Pappband. ●●

Die 12 Tierzeichen im chinesischen Horoskop
(0423) Von G. Haddenbach, 128 S., Pappband. ●

Sternstunden
für Liebe, Glück und Geld, Berufserfolg und Gesundheit. Das ganz persönliche Mitbringsel für Widder (0621), Stier (0622), Zwillinge (0623), Krebs (0624), Löwe (0625), Jungfrau (0626), Waage (0627), Skorpion (0628), Schütze (0629), Steinbock (0630), Wassermann (0631), Fische (0632) Von L. Cancer, 62 S., durchgehend farbig, Zeichnungen, Pappband. ●

Computer-Bücher und Software

Computer Grundwissen
Eine Einführung in Funktion und Einsatzmöglichkeiten. (4302) Von W. Bauer, 176 Seiten, 193 Farb- und 12 s/w-Fotos, 37 Computergrafiken, kart., ●●●
(4301) Pappband, ●●●

Einführung in die Programmiersprache BASIC.
(4303) Von S. Curran und R. Curnow, 192 S., 92 Zeichnungen, kart. ●

Intelligenz in BASIC
für Schneider CPC 464/664/6128. Mit Diskette 3". (4320) Von K.-H. Koch, 160 S., 14 Zeichnungen, kart. ●●●●●

Lernen mit dem Computer. (4304)
Von S. Curran und R. Curnow, 144 S., 34 Zeichnungen, Spiralbindung, ●●

Garantiert BASIC lernen mit dem C 128
Mit kompletter Kurs-Diskette (4321) Von A. Görgens, 288 S., 4 s/w-Fotos, 83 Zeichnungen, kart. ●●●●

Grundwissen Informationsverarbeitung
(4314) Von H. Schiro, 312 S., 59 s/w-Fotos, 133 s/w-Zeichnungen, Pappband. ●●●●●

Heimcomputer-Bastelkiste
Messen, Steuern, Regeln mit C 64-, Apple II-, MSX-, TANDY-, MC-, Atari- und Sinclair-Computern. (4309) Von G. A. Karl, 256 S., 160 Zeichnungen, kart. ●●●●

WORDSTAR 2000
Textverarbeitung für Einsteiger und Profis Mit erprobten Anwendungen aus der Praxis. (4317) Von D. Nasser, 200 S., 9 s/w-Fotos, 3 Zeichnungen, kart. ●●●●●

Drucker und Plotter
Text und Grafik für Ihren Computer. (4315) Von K.-H. Koch, 192 S., 12 Farbtafeln, 5 s/w-Fotos, kart. ●●●●

Computergrafik
Von den Grundlagen bis zum perfekten 3 D-Programm. (4319) Von A. Brück, 296 S., 20 Farbtafeln, 180 s/w-Grafiken, 50 s/w- Zeichnungen, 83 Listings, Pappband. ●●●●

Textverarbeitung mit Home- und Personal-Computern
Systeme – Vergleiche – Anwendungen. (4316) Von A. Görgens, 128 S., 49 s/w-Fotos, kart. ●●●●

Die tägliche PC-Praxis
Anwendungshilfen, Programme und Erweiterungen für MS-DOS-Computer (4322) Von A. Görgens, 224 S., 25 Abbildungen, kart. ●●●●

dBase III
Einführung für Einsteiger und Nachschlagewerk für Profis. (4310) Von J. Brehm, G. A. Karl, 211 S., 23 Abb., kart. ●●●●●

FALKEN PC PRAXIS
Desktop Publishing
Setzen und Drucken auf dem Schreibtisch. (4323) Von A. Görgens, 120 S., 11 s/w-Fotos, 72 Zeichnungen, kart. ●●●

FALKEN PC PRAXIS
WordStar Praxis professionell
Für die Versionen 3.4/3.45/4.0 Erweiterungen · Praxis-Tips · Datenaustausch · Desktop Publishing. (4324) Von A. Görgens, 172 S., 2 s/w-Fotos, 2 s/w-Zeichnungen, 116 s/w-Grafiken, kart. ●●●●

Die hier vorgestellten Bücher, Videokassetten und Software sind in folgende Preisgruppen unterteilt:

● Preisgruppe bis DM 10,–/S 79,–
●● Preisgruppe über DM 10,– bis DM 20,– S 80,– bis S 160,–
●●● Preisgruppe über DM 20,– bis DM 30,– S 161,– bis S 240,–
●●●● Preisgruppe über DM 30,– bis DM 50,– S 241,– bis S 400,–
●●●●● Preisgruppe über DM 50,–/S 401,– *(unverbindliche Preisempfehlung)

Die Preise entsprechen dem Status beim Druck dieses Verzeichnisses (s. Seite 1) – Änderungen, im besonderen der Preise, vorbehalten –

stärker ausgeglichen werden. Man kann davon ausgehen, daß Anlagen mit mehr als 20 m Antennenleitung und mehr als ein bis zwei Durchgangsdosen durch einen Verstärker verbessert werden können.

Der Antennenverstärker soll möglichst nahe der Antenne montiert werden, ein Einsatz am Empfangsgerät ist weniger empfehlenswert. Der Antennenverstärker hat Antenneneingän-

ge für die unterschiedlichen Empfangsbereiche und je nach Ausführung einen oder mehrere Ausgänge für die Antennenleitungen innerhalb des Hauses. Zusätzlich ist noch ein Netzanschluß für die Stromversorgung erforderlich. Es gibt eine Vielzahl von unterschiedlichen Antennenverstärkern, Montage und Anschluß erfolgen nach der mitgelieferten Montageanleitung.

Steckdosenmontage

In der Durchgangsdose sind die Anschlußklemmen für Eingang und Ausgang der Antennenleitung deutlich durch einen Pfeil gekennzeichnet. Die Pfeile werden hinter der Klemme für die Abschirmung sichtbar.

Benutzt man eine Durchgangsdose als Enddose, muß an den Ausgang, wo üblicherweise ein Kabel weiterführt, ein entsprechender Widerstand angeklemmt werden, da es sonst zu Empfangsstörungen kommen kann.

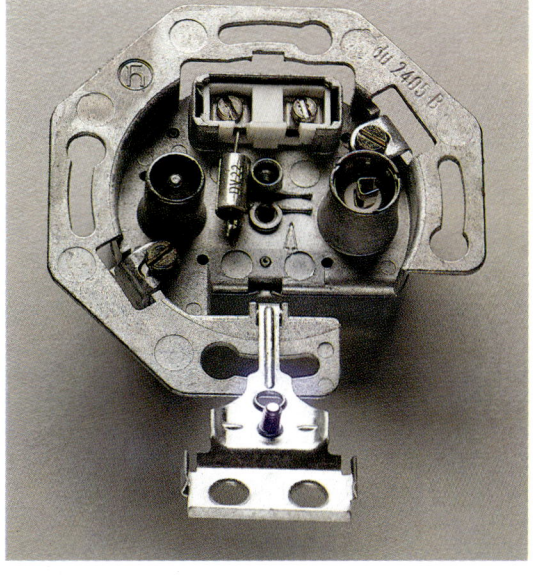

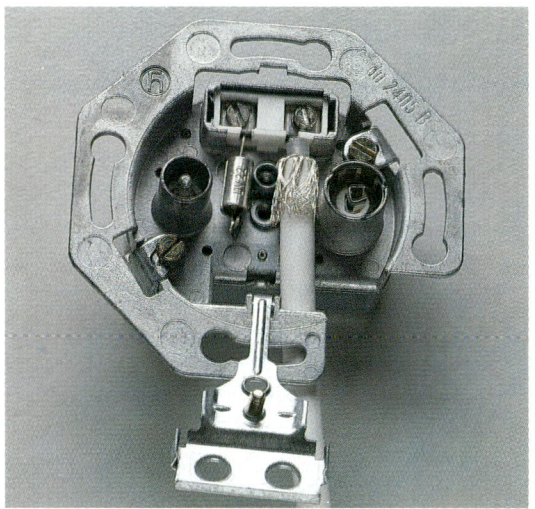

Der Innenleiter wird angeklemmt. Die Drähte der netzförmigen Abschirmung dürfen keinen Kontakt mit dem Innenleiter haben.

Die Klemme für die Abschirmung wird hochgeklappt und mit einer Schraube angezogen. Die Abdeckplatte kann nun montiert werden. Links ist der Steckkontakt für Fernsehen, rechts für Rundfunk.

Antennenmontage

Antennen werden unter Dach oder über Dach montiert, daraus ergeben sich unterschiedliche Vor- und Nachteile.

Unterdachmontage

- Wenn der Sender in unmittelbarer Nähe steht (»Sichtweite«)
- keine Beeinträchtigung der Antenne durch Wind und Wetter
- Montage und Kontrolle, ohne auf das Dach zu klettern
- keine störenden Antennenwälder

- möglicherweise Platzschwierigkeiten, bei großen Antennen Behinderung beim Ausrichten
- möglicherweise Verminderung des Empfangs

Überdachmontage

- Bei besonderen Ansprüchen an den Empfang notwendig
- keine Störungen des Empfangs durch die Dachkonstruktion
- große Antennen können montiert werden

Antennen müssen *geerdet* sein. Ausnahmen sind:
● Zimmerantennen
● Antennen, die mindestens einen Meter unter dem Dach auf dem Dachboden montiert sind

Die Erdung erfolgt über eine besondere Erdungsleitung, zum Beispiel NYM mit 16 mm^2 Querschnitt. Der Erder wird an die Potentialausgleichsschiene angeschlossen. Er darf nicht mit dem Schutzleiter verbunden werden, der im Starkstromnetz mitgeführt wird.

Anschluß an Kabelanlagen

Seit 1980 werden von der Bundespost Kabelnetze betrieben, sogenannte Breitbandkommunikationsanlagen (BK-Anlagen) zur Versorgung von Teilnehmern mit Fernseh- und Rundfunkprogrammen. Diese Anlagen haben im Prinzip den gleichen Aufbau wie große Gemeinschaftsantennenanlagen. Sie bieten den Vorteil, daß mehr Fernseh- und Stereohörfunkprogramme zu empfangen sind.

Die Rundfunkempfangstellen und Kabelverteilnetze solcher BK-Anlagen werden bis zu den Übergabepunkten in den daran angeschlossenen Gebäuden von der Bundespost errichtet und betrieben. Die sich nach dem Übergabepunkt anschließenden Hausverteilanlagen liegen sowohl bei der Errichtung als auch im Betrieb in privater Hand. Sie können also von einem Fachbetrieb wie auch von einem Heimwerker installiert werden, wenn er, wie bei jeder Antennenanlage, die »Technischen Vorschriften für Rundfunk-Empfangsantennenanlagen« der Bundespost einhält.

Nach dem Übergabepunkt wird — wenn mehr als eine, maximal zwei Steckdosen vorgesehen sind — ein Hausanschlußverstärker montiert, der eine FTZ-Prüfnummer haben muß. Die Installation kann im Hausanschlußraum erfolgen. Die Verlegung der Kabel sollte in Leerrohren erfolgen, die vom Keller bis zum Dachboden durchgehend sind. Beim Ersatz einer Antennenanlage durch den Kabelanschluß können die alten Leitungen weiter genutzt werden, es muß lediglich eine Verbindung zur Antennenleitung geschaffen werden.

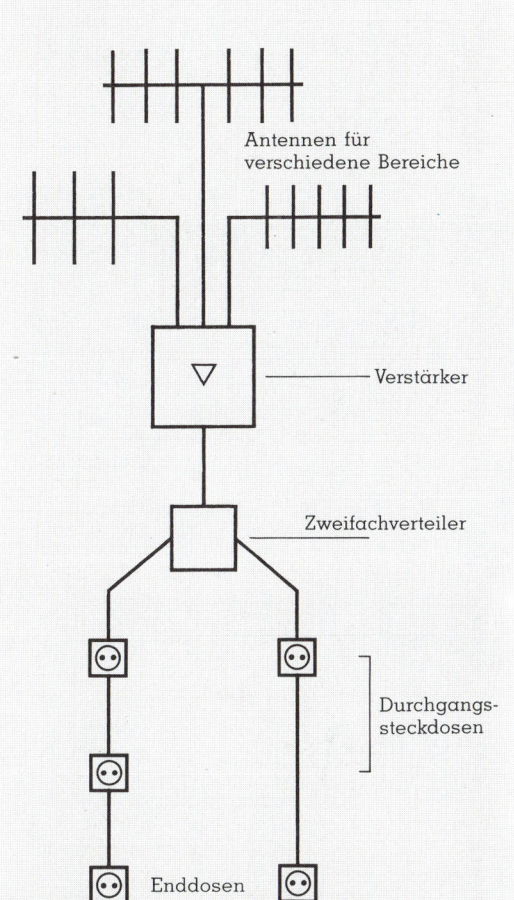

Schema für eine Antennenanlage mit Verstärker, Verteiler und fünf Antennensteckdosen

Antennen für verschiedene Bereiche

Verstärker

Zweifachverteiler

Durchgangssteckdosen

Enddosen

Der Überspannungsfilter mit Antennenadapter schützt Fernsehgeräte vor Blitzeinwirkungen und Überspannungen aus der Netz- und Antennensteckdose

Arbeiten und Reparaturen an der Installation

Bei Arbeiten an der Installation ist der Arbeitsaufwand entgegen üblichen Vorstellungen in der Regel begrenzt; es wird nur wenig Werkzeug benötigt. Der Erfolg kann aber überwältigend sein, wenn die Wohnung mit neuen Schaltern und Steckdosen ausgestattet ist und neuer Bedienungskomfort Einzug hält.
Hier werden viele praktische Tips für alltägliche Arbeiten an der Installation gegeben.

Austausch einer Steckdose

Die Notwendigkeit, eine vorhandene Steckdose gegen eine neue auszutauschen, ergibt sich immer wieder. Der Anlaß kann eine Renovierung der Wohnung sein, wenn die alten Steckdosen und Schalter nicht mehr schön genug erscheinen, oder eine Beschädigung oder Zerstörung der Steckdose, beispielsweise durch einen Kurzschluß. Da die Steckdosen und Ihre Befestigung genormt sind, erfordert der Austausch nur geringen Aufwand.

Vor Arbeiten an der Steckdose den Stromkreis durch Herausdrehen oder Abschalten der Sicherung spannungsfrei machen, die Spannungsfreiheit mit dem Spannungsprüfer kontrollieren.

Durch Kurzschluß beschädigte Steckdose

Arbeitsablauf

Die Abdeckung der alten Steckdose wird durch Herausdrehen der Befestigungsschrauben entfernt.
Die Schrauben der Spreizkrallen, die die Steckdose in der Wandeinbaudose befestigen, werden gelockert und die Krallen gelöst.

Der Steckdoseneinsatz wird aus der Wand herausgezogen, die drei Anschlußklemmen für Phase, Nulleiter und Schutzleiter werden gelöst.

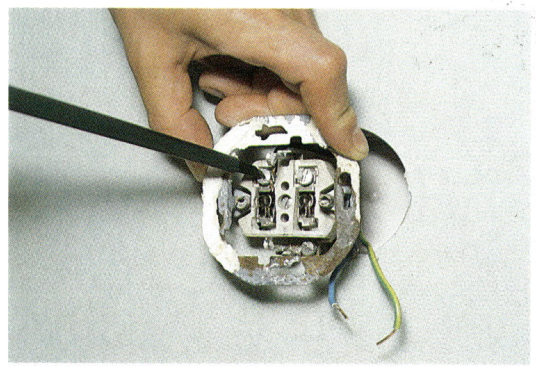

Die neue Steckdose wird ebenfalls mit Spreizkrallen befestigt. Diese werden zunächst von
einem Gummiring zusammengehalten, damit
sich die Steckdose leicht in die Wandeinbaudose einführen läßt.

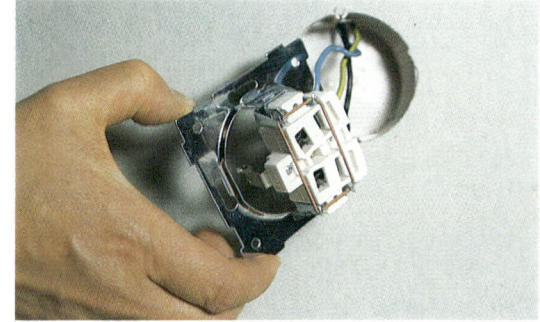

Die Adern der Anschlußleitung werden an die
Klemmen angeschlossen. Der grün-gelbe
Schutzleiter gehört immer an den mittleren
Kontakt mit dem Zeichen ⊜.

Häufig sind Steckdosen »durchgeschleift«. Das
bedeutet, daß die Stromversorgung einer weiteren Steckdose mit angeklemmt ist. In diesem
Fall werden die Adern der gleichen Farbe jeweils an einer Klemme befestigt.

Die Steckdose wird in die Wandeinbaudose
eingeführt und mit den Spreizkrallen befestigt.
Dabei sollte man die Schrauben kräftig anziehen, da die Steckdose durch das Herausziehen des Steckers stark belastet wird.
Anschließend wird die neue Abdeckung montiert und die Sicherung wieder eingeschaltet.
Mit dem Spannungsprüfer wird kontrolliert, ob
Schutzleiter, Nulleiter und Phase richtig angeschlossen sind.

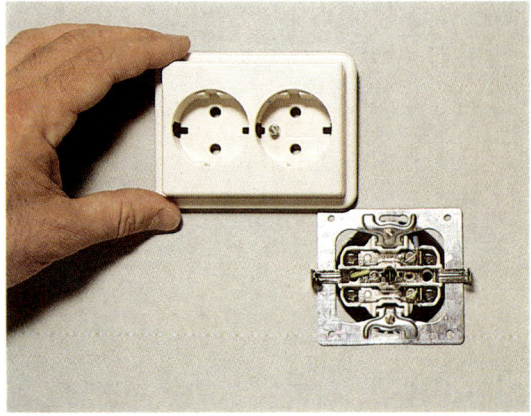

Eine Doppelsteckdose ist in vielen Fällen gut zu gebrauchen. Sie läßt sich problemlos anstelle einer Einfachsteckdose einbauen

Doppelsteckdose einbauen

Oft werden im Haushalt Mehrfachsteckdosen und Verlängerungen benutzt, weil die Zahl der Steckdosen nicht mehr ausreicht. Abgesehen von der Stolpergefahr bieten die herumliegenden Leitungen meist keinen schönen Anblick. Eine Abhilfemöglichkeit ist der Austausch von Einzelsteckdosen durch Doppelsteckdosen. Doppelsteckdosen passen in eine Unterputz-Geräteeinbaudose, so daß der Austausch ohne Stemm- und Malerarbeiten möglich ist. Die Klemmanschlüsse für die Leitung entsprechen der Einfachsteckdose. Lediglich der Steckdosenrahmen auf der Wand ist größer, so daß er in der Lage ist, zwei Schutzkontaktstecker aufzunehmen.

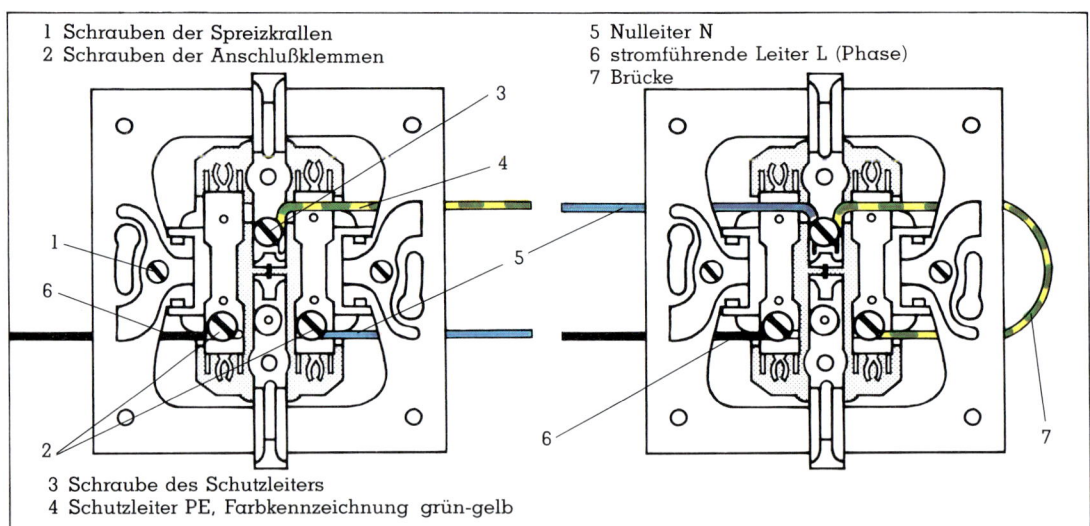

1 Schrauben der Spreizkrallen
2 Schrauben der Anschlußklemmen
3
4
5
6
5 Nulleiter N
6 stromführende Leiter L (Phase)
7 Brücke
7
6
2
3 Schraube des Schutzleiters
4 Schutzleiter PE, Farbkennzeichnung grün-gelb

Links: Anschluß der Adern an der Doppelsteckdose. Bei vorhandener »klassischer Nullung« (Zeichnung rechts) werden der Schutzleiteranschluß und der Nulleiter mit einer Brücke verbunden

Austausch eines Lichtschalters

Lichtschalter können — je nach Bedarf — unterschiedliche Schaltwirkungen haben. Üblicherweise benützt man:

● Ausschalter: Sie dienen dazu, je nach Bedarf eine oder mehrere Leuchten gleichzeitig ein- oder auszuschalten. Dies ist der am häufigsten verwendete Schalter

● Serienschalter: Damit werden zwei Lichtstromkreise unabhängig voneinander ein- und ausgeschaltet. Ein Serienschalter besteht aus zwei in einem Gehäuse zusammengefaßten Ausschaltern, die unabhängig voneinander betätigt werden können.

● Wechselschalter: Sie dienen dazu, eine Leuchte von zwei entfernt voneinander liegenden Stellen ein- oder ausschalten zu können. Die bekannteste Anwendung ist die Beleuchtung in einem langen Flur, an

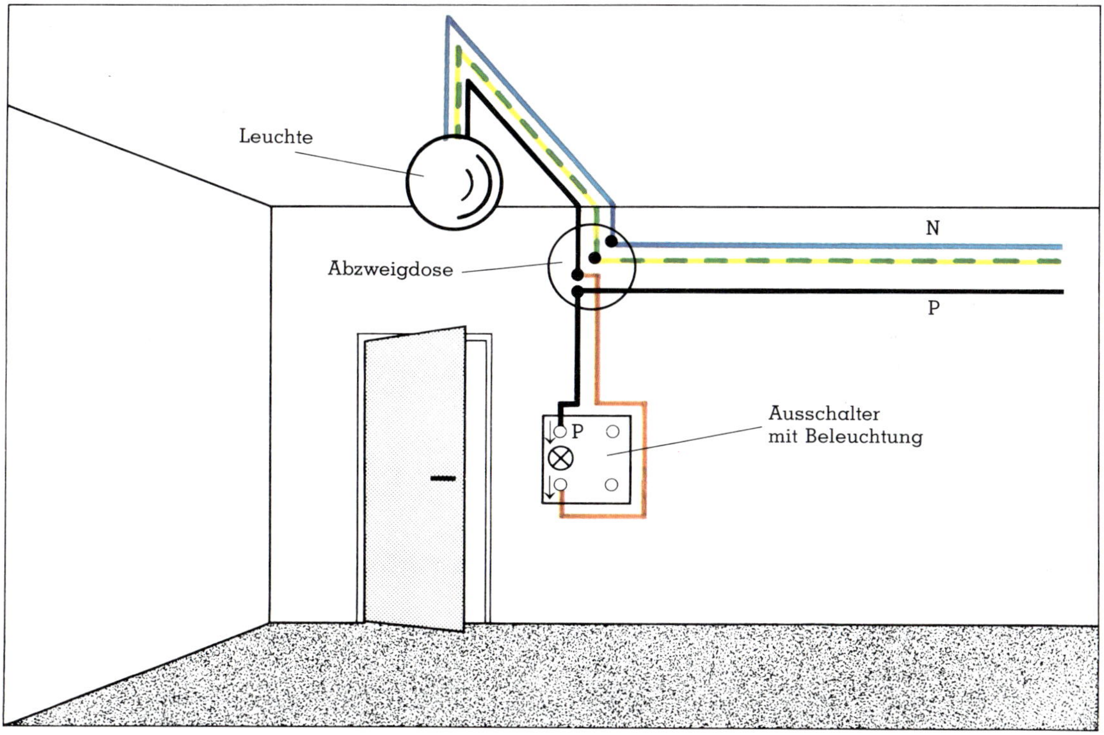

Leuchte

Abzweigdose

N

P

Ausschalter
mit Beleuchtung

Ausschaltung einpolig, auf Wunsch mit Beleuchtung (Wirkschaltplan oben; Schaltbild rechts)

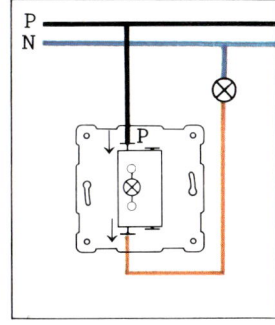

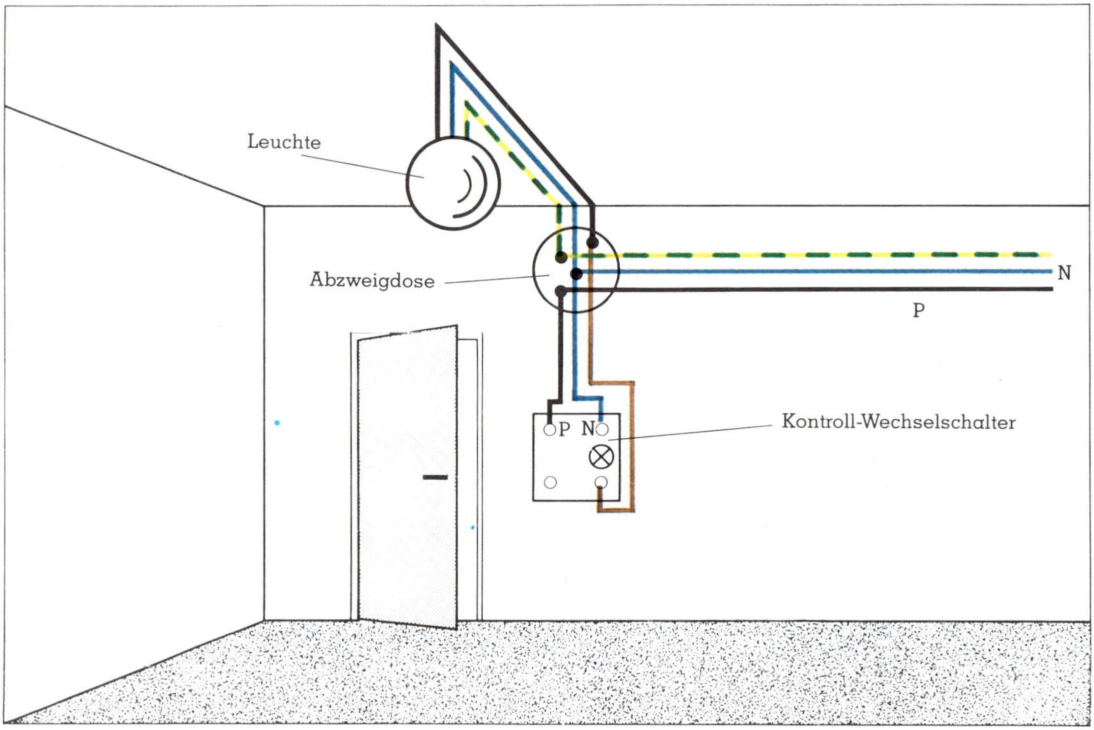

Leuchte

Abzweigdose

N

P

Kontroll-Wechselschalter

P N ⊗

Kontrollausschaltung mit einem Kontroll-Wechselschalter.

**Schalter und Taster können mit einer einsetzbaren Glimmlampe be-
leuchtet werden. Zweipolige Schalter können dann als Kontrollschalter verwendet werden (Wirkschaltplan oben; Schaltbild rechts)**

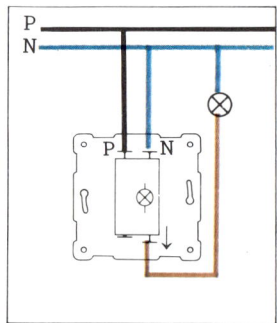

dessen beiden Enden je ein Schalter angebracht ist. Wechselschalter können ohne
Änderung und Beeinträchtigung der Wir-
kungsweise auch als Ausschalter verwendet werden. Viele Hersteller bieten deshalb
wegen der vereinfachten Lagerhaltung nur
noch Wechselschalter als Universalschal-
ter an

● Kreuzschalter: Sie werden dann eingesetzt,
wenn Leuchten von drei oder mehr Stellen
aus geschaltet werden sollen

Die Montage eines Ausschalters ist recht einfach, da lediglich zwei Adern angeklemmt werden müssen: Schwarz als spannungführende
Leitung und Braun als Schaltleitung, die zur
Lampe führt. Eine Verwechslung der Anschlüsse ist kaum möglich.
Auch der Anschluß des Serienschalters ist recht
einfach. Er hat eine spannungführende Zuleitung (schwarz) und zwei Schaltleitungen, die zu
den Leuchten führen. Diese können getrennt
oder zusammen ein- und ausgeschaltet werden.

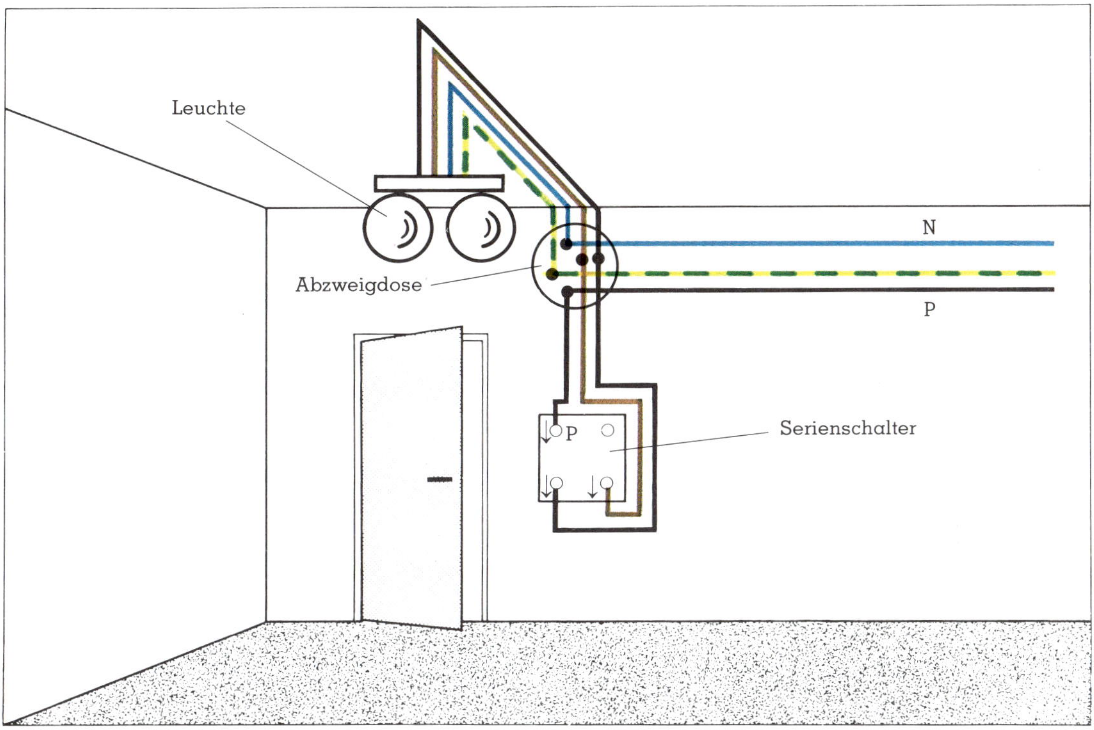

Leuchte

N

P

Abzweigdose

Serienschalter

P

**Serienschaltung zum unabhängigen Schalten zweier Stromkreise
(Wirkschaltplan oben; Schaltbild rechts)**

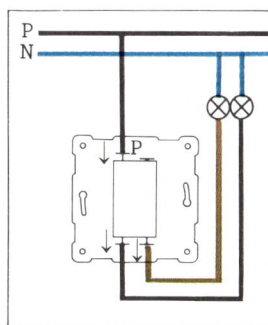

P
N

P

Auf den ersten Blick etwas unübersichtlicher ist dagegen die Montage des Wechsel- und des Kreuzschalters, die mit drei beziehungsweise vier Leitern angeschlossen werden. Bei einem Verwechseln der Leitungen funktioniert die Beleuchtung nicht, und schon mancher Heimwerker ist wegen der unterschiedlichen Anschlußmöglichkeiten schier verzweifelt.

Der Anschluß aller vier Schalterarten wird deshalb in einem Wirkschaltplan dargestellt, in dem man die Leitungsführung zwischen Schaltern und Verteilerdose und zur Leuchte erkennen kann. Unter dem Wirkschaltplan ist das zugehörige Schaltbild abgebildet. Ein solches Schaltbild wird in der Regel vom Elektriker benutzt, weil es eine schnelle Übersicht über die Stromkreise bietet.

Für den Heimwerker, der nicht daran gewöhnt ist, Schaltbilder zu lesen, wird der Wirkschaltplan übersichtlicher sein. Er gibt die Raumverhältnisse wieder und entspricht der tatsächlichen Leitungsführung.

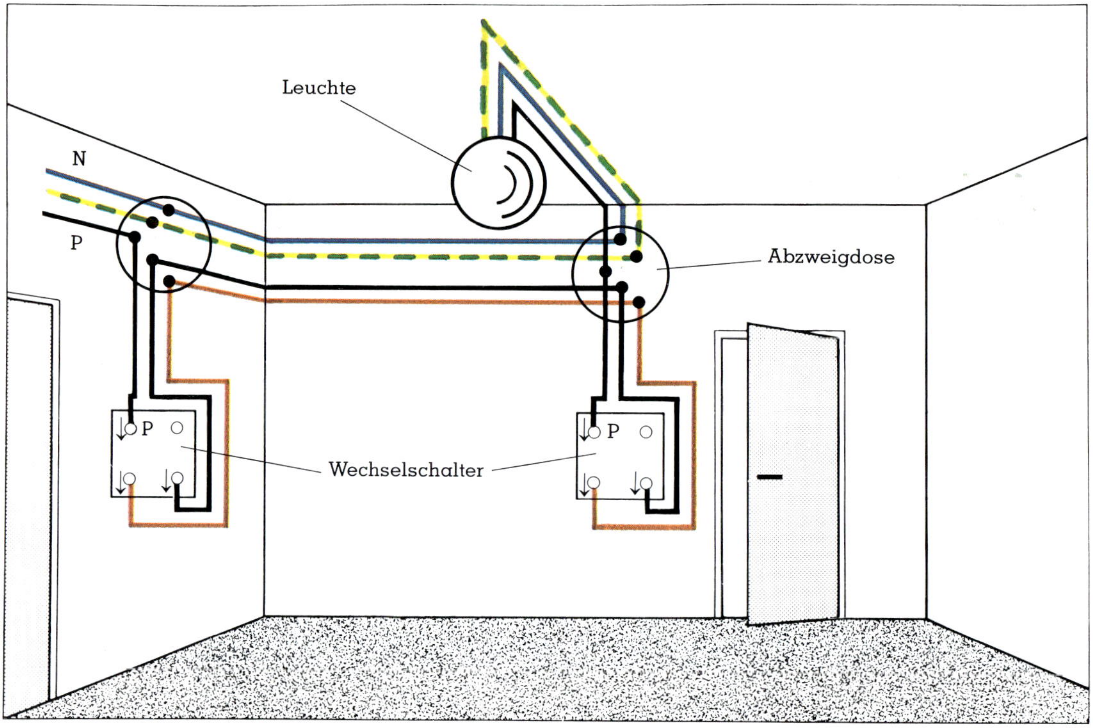

Leuchte

N

P

Abzweigdose

Wechselschalter

P

P

Wechselschaltung, um eine Leuchte von zwei
Stellen ein- und ausschalten zu können (Wirkschaltplan oben; Schaltbild rechts)

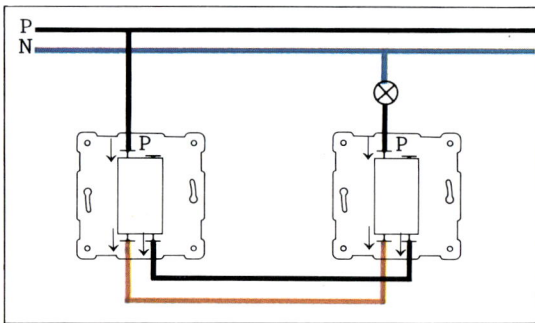

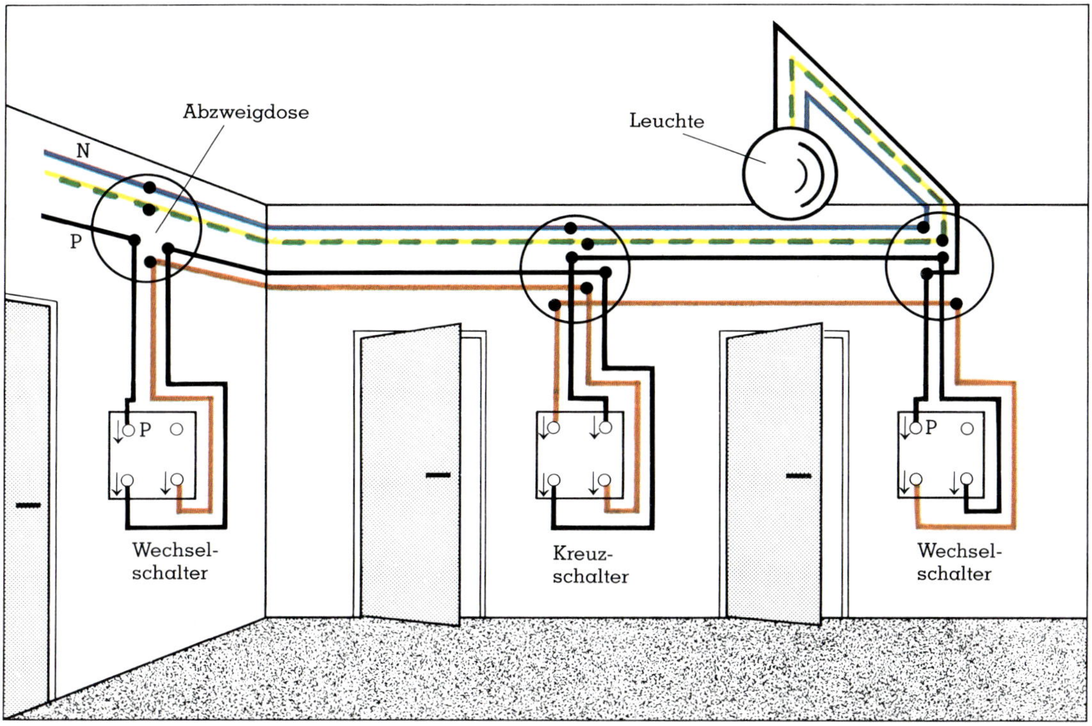

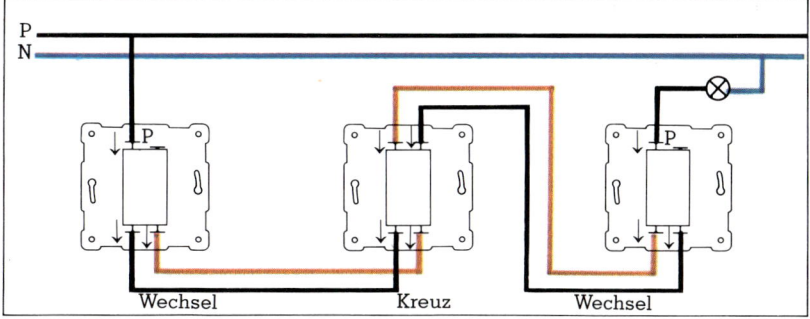

Abzweigdose

N

P

Leuchte

Wechsel-
schalter

Kreuz-
schalter

Wechsel-
schalter

Kreuzschaltung, um
eine Leuchte von drei
oder mehr Stellen zu
schalten (Wirkschalt-
plan oben; Schaltbild
rechts)

P
N

Wechsel

Kreuz

Wechsel

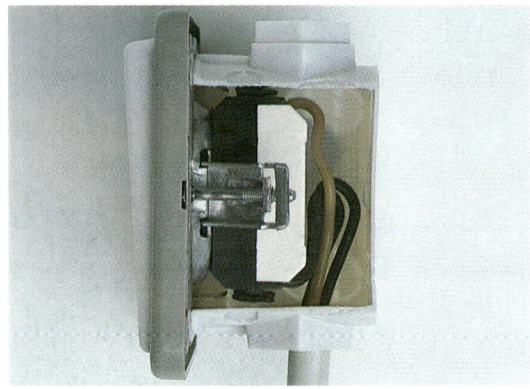

Schnitt durch einen mit Spreizkrallen montierten Schalter. Die Trägerplatte des Schalters kann statt dessen auch an die Schalterdose geschraubt werden.

Montage der Schalter

Schalter werden wie Steckdosen mit Spreizkrallen in der Schalterdose befestigt. Die Adern werden je nach Bauart mit Klemmschrauben befestigt oder in Steckklemmen eingeführt.

Mit Steckklemmen arbeitet man etwas schneller. Da die Aderenden für eine zugsichere Verbindung tief eingesteckt werden müssen, werden sie länger als bei Schraubklemmen abisoliert (etwa 12 mm). Zum Herausziehen der gesteckten Leitungen drückt man einen kleinen Entriegelungstaster.

Die Anschlüsse am Schalter sind mit P für die Phase und mit Pfeilen für die abgehenden Leitungen gekennzeichnet.

Der alte Schalter wird durch Lösen der Spreizkrallen aus der Wand geholt.

Der Schaltereinsatz wird mit den Spreizkrallen in der Wand befestigt

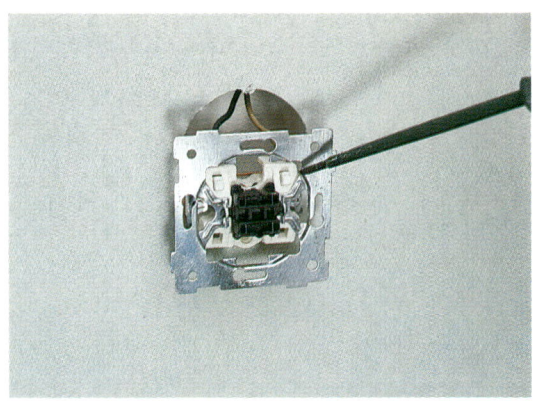

Der neue Schalter wird montiert, hier mit schraubenlosen Aderklemmen

Der Schalterrahmen wird montiert und die Schalterwippe aufgesteckt

Stromstoßschalter (Fernschalter)

Wechsel- und Kreuzschaltungen haben einen großen Nachteil: Zu den einzelnen Schaltern müssen drei beziehungsweise vier Leiter gelegt werden. In der Abzweigdose herrscht durch die große Zahl der Anschlußklemmen eine gewisse, arbeitserschwerende Raumknappheit. Wenn man darüber hinaus auch nicht weiß, welcher Leiter zu welchem Anschluß gehört, beginnt die Sucherei. Abhilfe schaffen in diesem Fall Stromstoßschalter.

So bezeichnet man elektromagnetische Schalter, die anstelle des Lichtschalters durch einen Drücker einen kurzen Stromstoß erhalten und dadurch von »Ein« nach »Aus« oder umgekehrt schalten. Die Installation wird stark vereinfacht, denn zu jedem Taster müssen nur noch zwei Leiter geführt werden. Es können beliebig

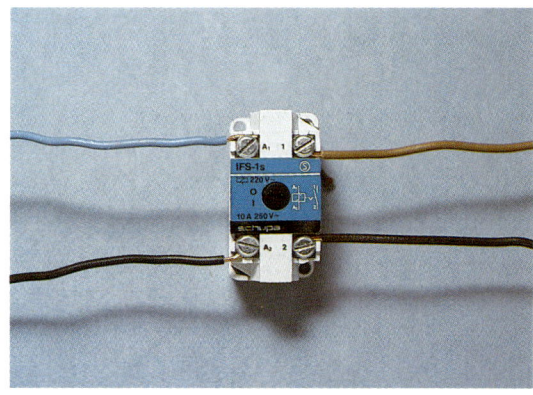

Der elektrische Anschluß eines Stromstoßschalters (Fernschalters)

viele Taster eingebaut werden, für jede einzeln zu schaltende Leuchte wird ein Stromstoßschalter benötigt.

Stromstoßschalter können auch sehr gut für den Umbau von Altanlagen verwendet werden. Da sich die Zahl der dafür benötigten Lei-

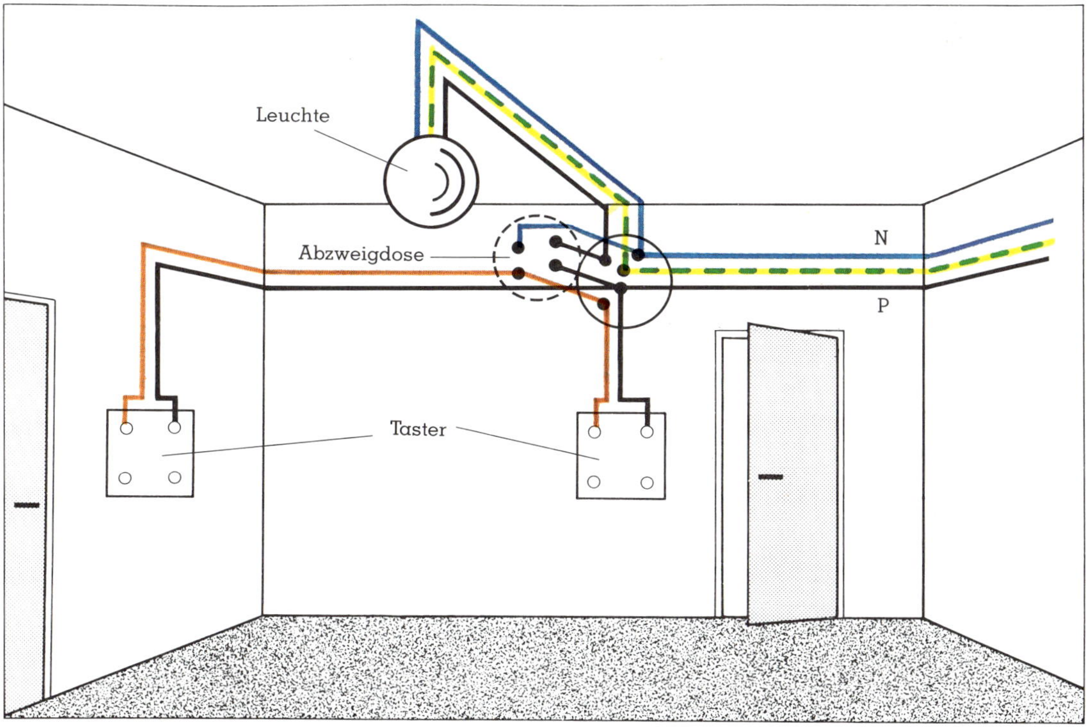

Wirkschaltplan für den Einbau eines Stromstoßschalters

Leuchte

Abzweigdose

N

P

Taster

ter gegenüber der Wechselschaltung verringert, erspart man sich neue Leitungen.

Stromstoßschalter gibt es in zwei Bauarten: Zum Einbau in die Abzweigdose und zum Einbau in den Wohnungsverteiler. Bei Neubauten ist die zweite Lösung vorzuziehen. Sie ist übersichtlicher und auch bei Änderungen und Reparaturen leichter zugänglich. Der Einbau in die Abzweigdose bietet sich eher bei Änderungen der Installation an oder kann auch dann vorgenommen werden, wenn man den Stromstoßschalter bei der Planung der Installation ganz einfach vergessen hat — das ist also so schlimm nicht.

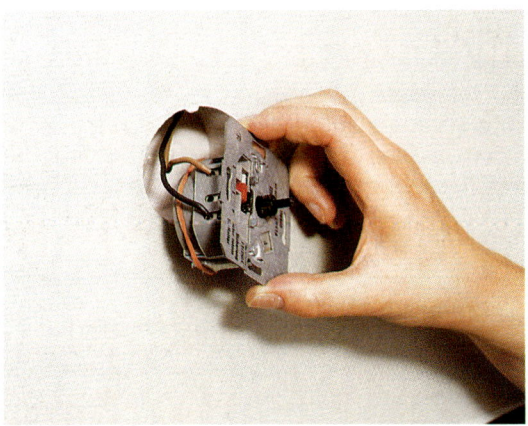

Der Dimmer kann anstelle eines Lichtschalters an die Schalterleitung angeschlossen und in die Unterputzdose eingebaut werden

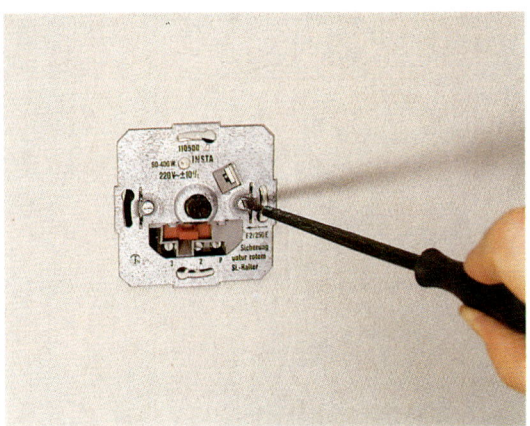

Die Befestigung in der Schalterdose erfolgt durch Spreizklemmen wie beim Schalter

Bei der Planung der Fernschaltung hat man für die Betätigung die Auswahl zwischen einer Kleinschaltung von 8 oder 24 V sowie der Netzspannung von 220 V. Bei der nachträglichen Installation wird man die Schalter mit Netzspannung betätigen, beim Einbau des Stromstoßschalters in die Wohnungsverteilung hat auch der Trafo zur Erzeugung einer niedrigeren Steuerspannung Platz. Bei der Leitungsführung wird der Aufwand etwas größer, da Leitungen für Kleinspannung getrennt von den anderen Leitungen verlegt werden müssen.

Dimmer

Als Dimmer werden elektronische Helligkeitsregler bezeichnet, mit denen sich das Licht stufenlos heller oder dunkler einstellen läßt. Sie sind für die Regelung einer beliebigen Zahl von Glühlampen mit einer Gesamtleistung von 60 W bis 400 W vorgesehen, bei einigen Fabrikaten auch für höhere Leistungen.

Dimmbar sind alle Glühlampen, gleich welcher Bauart, und Halogenstrahler. Bei Niedervolt-Halogenlampen ist ein für den Trafo geeigneter Dimmer erforderlich. Darüber hinaus sind alle Heizwiderstände mit einem Dimmer steuerbar, das sind beispielsweise Lötkolben, Heizplatten und Kocher. Für den Betrieb von Leuchtstofflampen und motorbetriebenen Elektrogeräten sind Dimmer nur in besonderen Schaltungen geeignet.

GEWUSST WIE
Innerhalb einer Wohnung dürfen nicht mehr als 1000 W gesamte Anschlußleistung von Lampen über Dimmer geregelt werden, da Dimmer unerwünschte Rückwirkungen auf das Netz haben, indem sie es ungleichmäßig belasten.

Einbau des Dimmers

Dimmer sind empfindliche Geräte und erfordern deshalb beim Einbau etwas mehr Sorgfalt als andere Schalter. Dabei sind folgende Besonderheiten zu beachten:

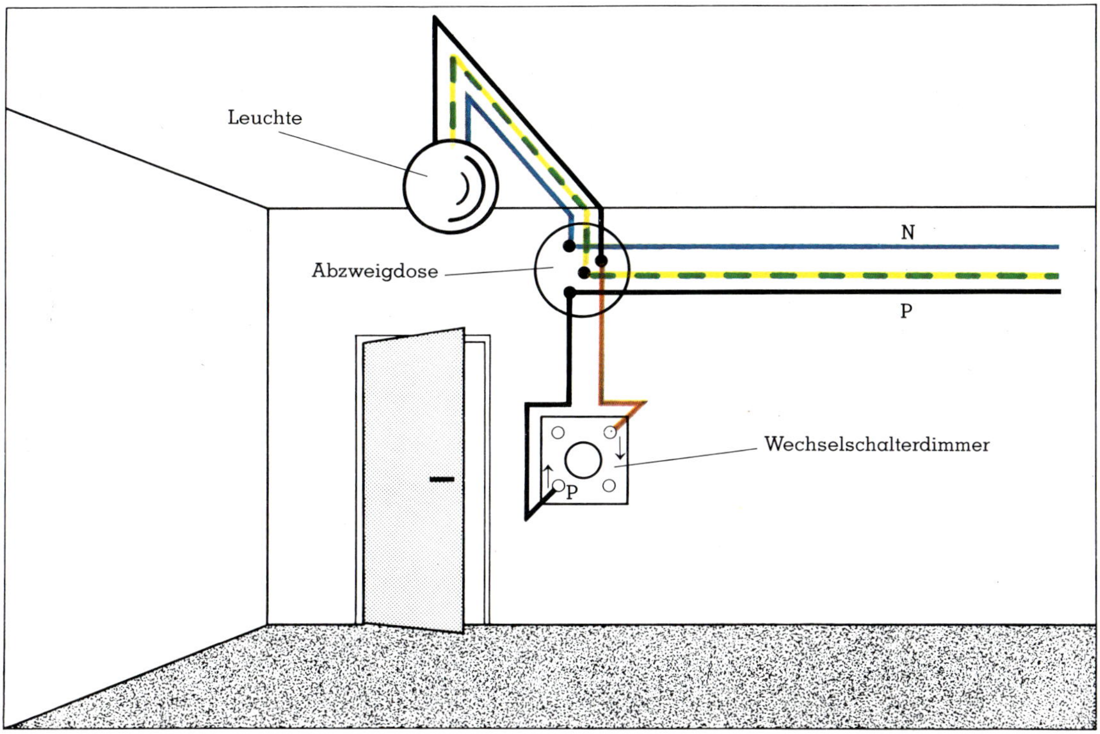

Leuchte

N

Abzweigdose

P

Wechselschalterdimmer

P

Ausschaltung mit dem Wechselschalterdimmer (Wirkschaltplan oben; Schaltbild rechts)

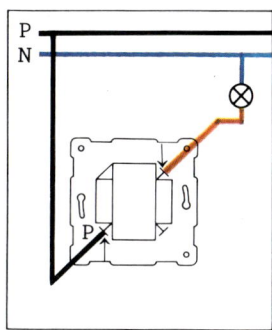

- Die Tragplatte, die auch zur Kühlung des Dimmers dient, soll ganzflächig auf der Wand aufliegen, damit die Wärme abgeführt werden kann
- Beim Anschließen das beiliegende Schaltbild beachten und überlegt vorgehen. Nicht probieren, bis es funktioniert. Vorher Spannung abschalten
- Den Sicherungshalter nicht verbiegen, sonst entsteht möglicherweise eine unerwünschte Wärmequelle
- Die Leitungsadern sorgfältig unter dem Gerät anordnen. Drücken und Quetschen verträgt das empfindliche Gerät nicht
- Beim Anstreichen und Tapezieren den Dimmer vollständig abkleben, damit keine Farbe oder Feuchtigkeit eindringen kann
- Die Abdeckung richtig aufsetzen. Die Schlitze in der Platte dienen zur Kühlung

und sollen oben und unten, aber nicht seitlich angeordnet sein
- Dimmer werden wie andere Schalter in die üblichen Schalterdosen mit 58 mm Durchmesser eingebaut

Der Reglerknopf des Dimmers wird abgezogen und die Mutter zur Befestigung der Abdeckplatte gelöst. Der spannungführende Leiter wird an die mit »P« gekennzeichnete Klemme angeschlossen. Der zur Lampe führende Leiter wird an die

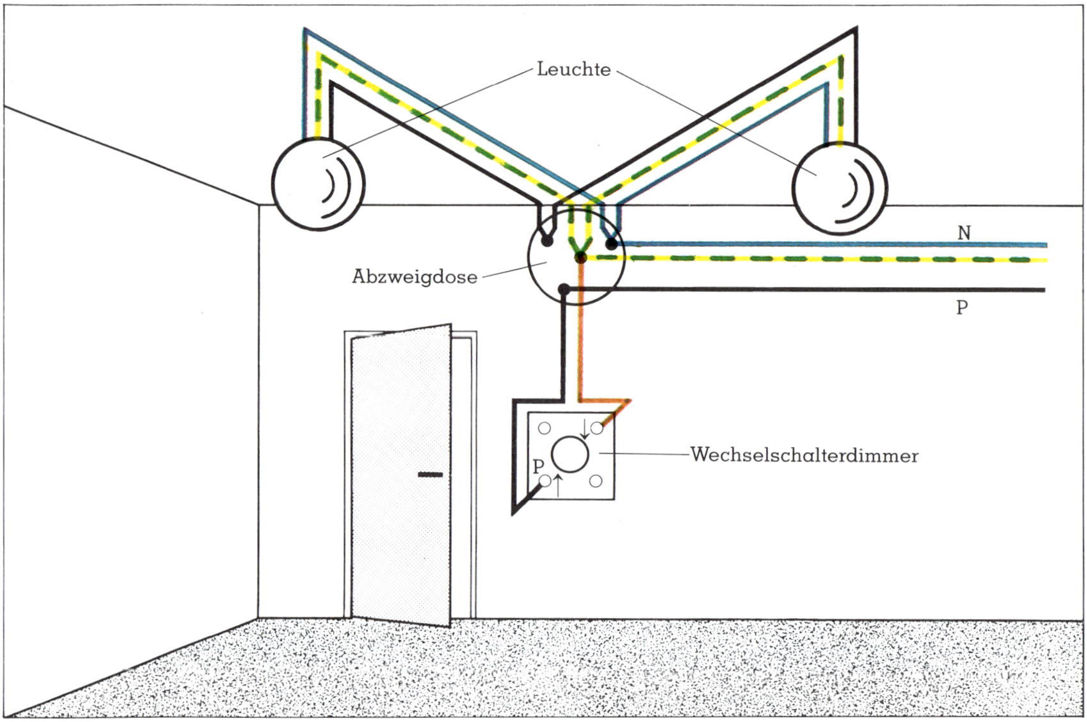

Leuchte

N

P

Abzweigdose

Wechselschalterdimmer

P

Serienschaltung mit dem Wechselschalterdimmer. Die Lampen können nicht getrennt voneinander geschaltet werden (Wirkschaltplan oben; Schaltbild rechts)

entsprechende Klemme angeschlossen (braune Leitung). Der Dimmer wird, wie andere Schalter auch, mit den beiden Spreizkrallen in der Schalterdose befestigt. Daraufhin wird die Abdeckplatte wieder befestigt und der Reglerknopf aufgesteckt.

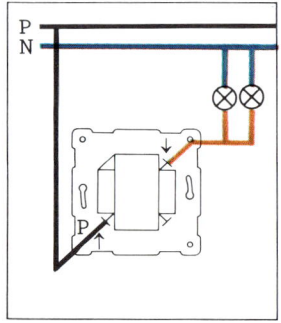

Vor Einbau des Dimmers ist der betreffende Stromkreis durch Herausschrauben der Sicherung oder Ausschalten des Sicherungsautomaten zu unterbrechen.

GEWUSST WIE
Wenn man die Helligkeit des Lichts durch einen Dimmer reduziert, wird dem Netz eine verringerte Leistung entnommen. Da der Zähler aber nur das zählt, was tatsächlich verbraucht wird, spart man durch Heruntersteuern des Dimmers Strom und damit Geld.

Eine weitere Einsparung ergibt sich durch die verlängerte Lebensdauer der Lampen. Bereits durch eine Verminderung der Spannung um 5 % verdoppelt sich die Lebensdauer der Glühlampen. Dies fällt besonders ins Gewicht bei teuren Spezialausführungen, wie verspiegelten Lampen oder Strahlern, sowie bei Lampen, die nur unter Schwierigkeiten auszuwechseln sind. Selbst ein Dimmer, der in größter Stellung benutzt wird, reduziert die Spannung um einen geringen Prozentsatz; immerhin so viel, daß die Lampe spürbar länger lebt.

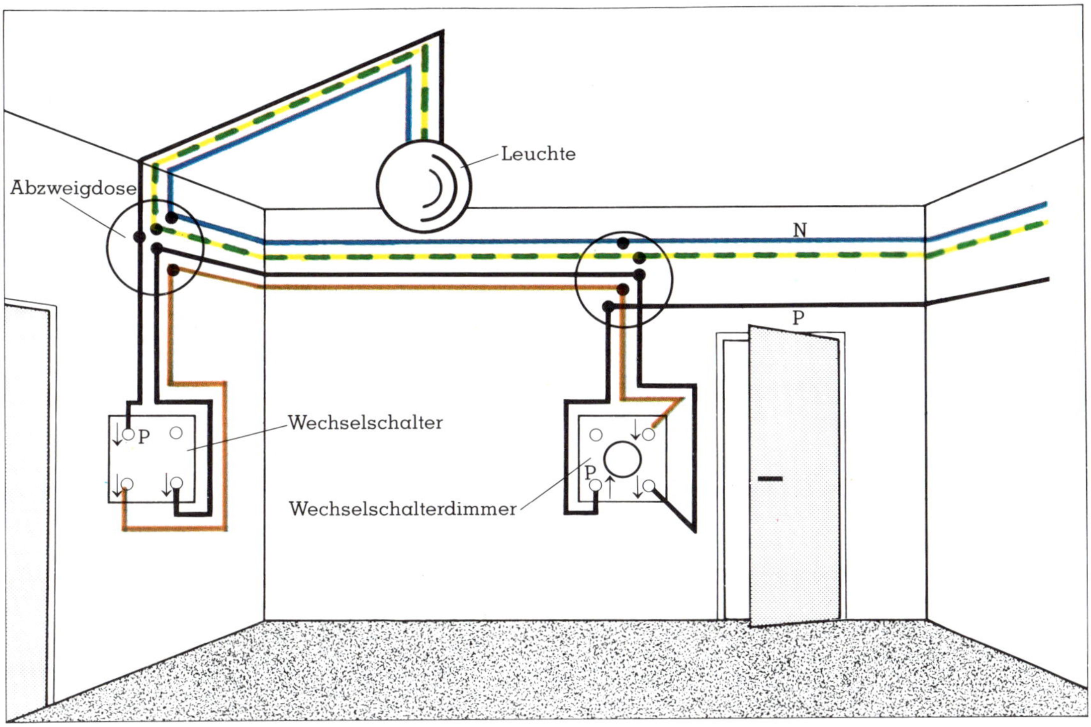

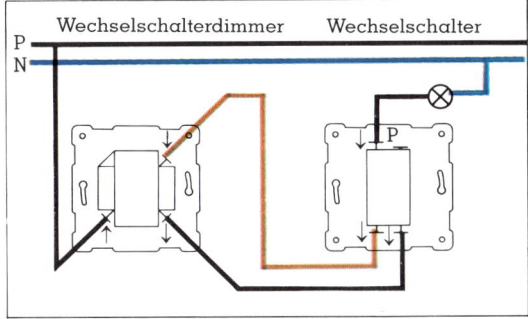

Wechselschaltung mit einem Dimmer und einem Wechselschalter (Wirkschaltplan oben; Schaltbild rechts)

Dimmer in Wechsel- und Kreuzschaltungen

Dimmer sind nicht nur als Ausschalter, sondern auch als Wechselschalter erhältlich. Das bedeutet, daß sie anstelle eines normalen Wechselschalters eingebaut werden können. In einer Wechselschaltung kann einer der beiden Schalter ein Dimmer sein, der andere ein Wechselschalter. Wird das Licht von einem der beiden Schalter eingeschaltet, hat es die Helligkeit, die am Dimmer eingestellt wurde. Zwei

Dimmer in einer Wechselschaltung können nicht eingebaut werden, da sie sich gegenseitig in der Regulierung der Helligkeit beeinträchtigen, eine einwandfreie Funktion ist nicht möglich.

Genauso verhält es sich beim Einbau eines Dimmers in eine Kreuzschaltung. Auch hier kann nur ein Dimmer zusammen mit den Wechselschaltern verwendet werden. Die Lichtstärke richtet sich immer nach dem Dimmer, gleichgültig, mit welchem Schalter ein- oder ausgeschaltet wird.

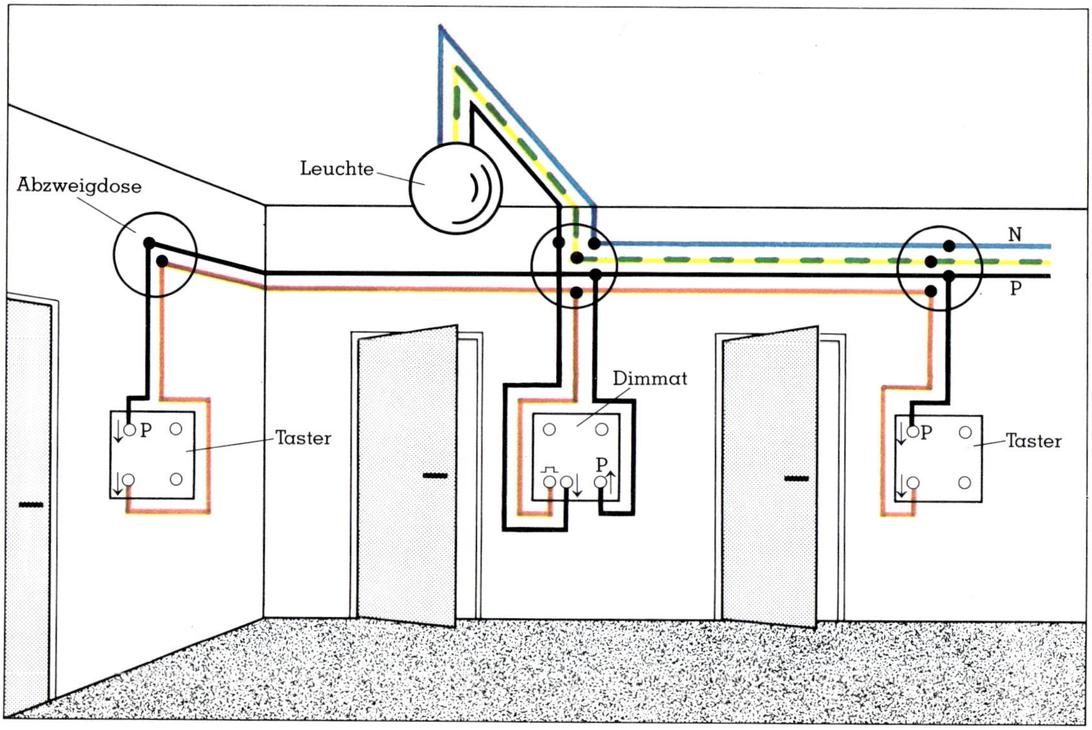

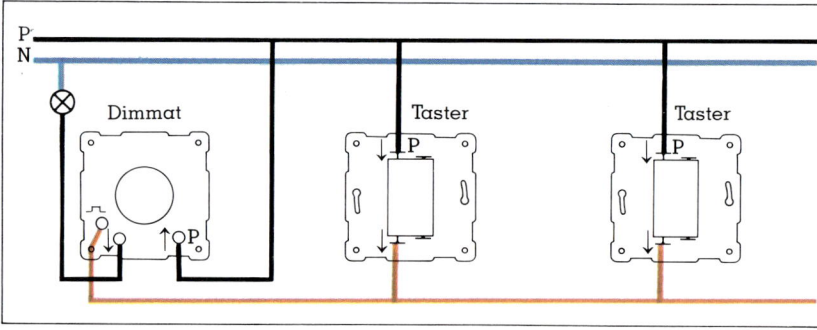

Ein Sensordimmer mit Tastern als Nebenstellen. Es können bis zu zehn Nebenstellen angeschlossen werden, von jeder Nebenstelle aus kann unabhängig geschaltet werden (Wirkschaltplan und Schaltbild)

Abzweigdose

Leuchte

Dimmat

Taster

P

N

P

Taster

P

N

Dimmat

Taster

P

Taster

P

Eine weitere Möglichkeit ist der Einbau eines »Dimmat« (Markenname). Der Dimmat ist ein elektronischer Sensorhelligkeitsregler, der die gleiche Schaltwirkung wie ein Stromstoßschalter hat. Er kann zusammen mit einem oder mehreren Tastern in einen Lichtstromkreis eingebaut werden und erlaubt dadurch einen einfachen Aufbau der Schaltung. Beim Antippen des Dimmat wird das Licht mit der größten Hel-

ligkeitsstufe eingeschaltet. Hält man die Hand auf der Sensorfläche, wird das Licht langsam dunkler und anschließend wieder heller, bis die gewünschte Lichtstärke erreicht ist. Wird der Lichtstromkreis mit dem Taster ein- oder ausgeschaltet, verhält sich die Schaltung wie eine Schaltung mit Stromstoßschalter. Das bedeutet, daß man mit jedem Taster das Licht ein- und ausschalten kann.

Störungen am Dimmer beseitigen

Kann man die von einem Dimmer geschalteten Lampen nicht einschalten, muß man zunächst die Ursache der Störung suchen.

Die Sicherung des Dimmers kann man überprüfen, indem man sie ausbaut und mit dem Durchgangsprüfer kontrolliert. Hat sie keinen Durchgang, muß sie durch eine neue ersetzt werden. Der Typ der Sicherung (beispielsweise 2,5 A flink) ist an ihrem Rand eingeprägt; wird eine falsche Sicherung eingebaut, kann der Dimmer beschädigt werden.

Häufig wird die Sicherung zerstört, wenn die Glühlampe durchbrennt. Das kündigt sich oft durch Summen und leichtes Flackern der Lampe an. In einem solchen Fall sollte man sofort ausschalten und die Glühlampe austauschen. Falls nach dem Austausch der Sicherung die Lampe immer noch nicht eingeschaltet werden kann, ist die Elektronik des Reglers defekt. Eine Reparatur ist dann nicht möglich, der Dimmer muß ausgetauscht werden.

Die Mutter wird nur in Ausnahmefällen mit der Zange entfernt; sie sollte nur von Hand angezogen worden sein

Nach Abnehmen der Deckplatte ist der Dimmer zugänglich

Der Drehknopf am Dimmer kann ohne Werkzeug abgezogen werden

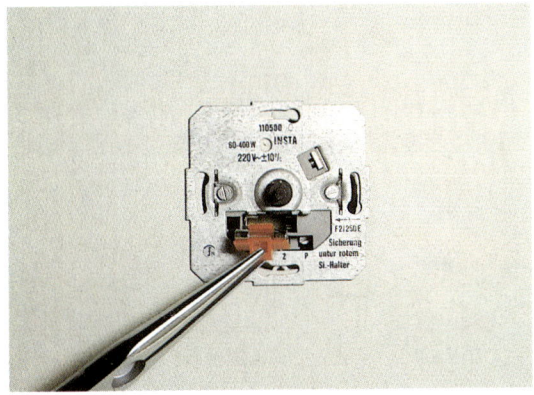

Der Sicherungshalter (rot) kann herausgezogen und die Sicherung ausgetauscht werden

Fehlersuche

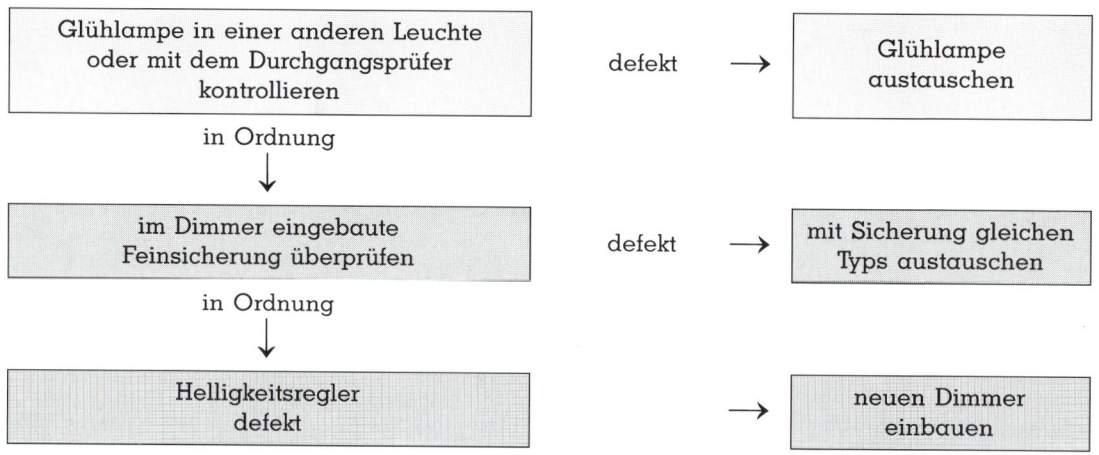

| Glühlampe in einer anderen Leuchte oder mit dem Durchgangsprüfer kontrollieren | defekt → | Glühlampe austauschen |

in Ordnung
↓

| im Dimmer eingebaute Feinsicherung überprüfen | defekt → | mit Sicherung gleichen Typs austauschen |

in Ordnung
↓

| Helligkeitsregler defekt | → | neuen Dimmer einbauen |

Fernbedienung der Lichtschalter

Es gibt viele Gründe, Lichtschalter auf Fernbedienung umzubauen. Sei es, daß eine Installation geändert wird und der Schalter an der falschen Stelle liegt oder ungünstig zu erreichen ist, sei es, daß lediglich Bequemlichkeit und höherer Komfort angestrebt werden.

Das System, mit dem die Fernbedienung möglich wird, ist in vielen Haushalten bekannt: Es ist ähnlich der üblichen Fernbedienung von Fernsehgeräten.

Man benötigt einen Sender, der auf unterschiedlichen Kanälen — je nach Fabrikat sind bis zu 30 möglich — ein Infrarotsignal abgibt. Der Empfänger wird in der Unterputzschalterdose zusammen mit einem Sensordimmer eingebaut. Vor dem Einbau wird am Geräterah-

Vierkanalfernsteuerung für die Fernbedienung von Sensordimmern

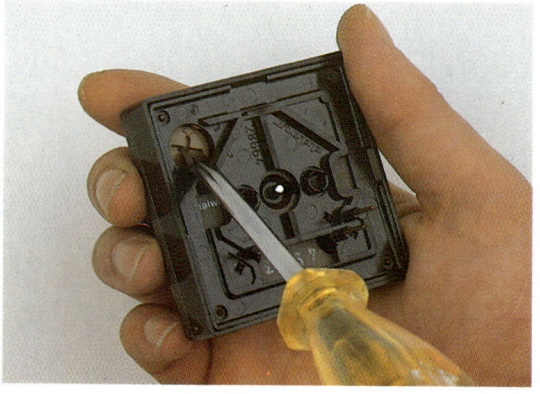

Am Empfängerteil des Dimmers wird einer von vier Kanälen eingestellt, dadurch können vier Dimmer einzeln angesteuert werden

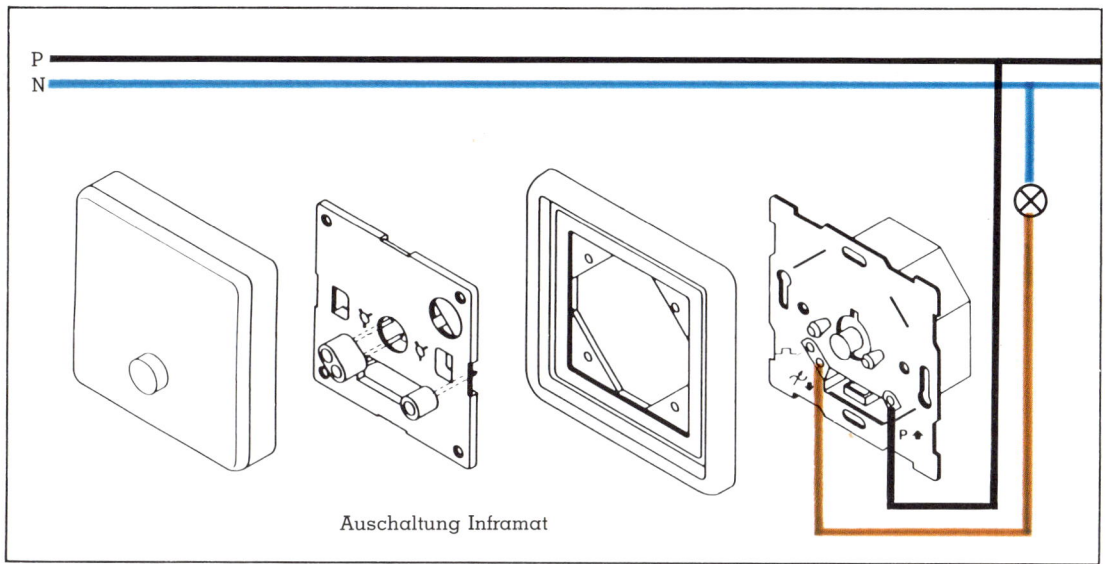

Auschaltung Inframat

Montageschema und Schaltbild des fernbedienten Sensordimmers

men eingestellt, über welchen Kanal die Steuerung erfolgen soll. Auf diese Art können in einem Raum mehrere Empfänger unabhängig voneinander geschaltet werden.

Die Benutzung ist als Dimmer und als Ausschalter möglich. Ein kurzes Antippen der Steuertaste schaltet das Licht an und aus, ein längeres Berühren regelt das Lich stufenlos von dunkel nach hell und umgekehrt, bis die gewünschte Helligkeit eingestellt ist. Der in die Schalterdose eingebaute Sensordimmer kann neben der Fernbedienung wie gewohnt auch mit der Hand bedient werden.

Die Stromversorgung der Fernbedienung erfolgt über eine auswechselbare Batterie.

GEWUSST WIE

Als Sensordimmer bezeichnet man Dimmer, die ohne beweglichen Stellknopf oder Schalter arbeiten. Das Schalten und Dimmen erfolgt lediglich durch das Berühren der Sensorfläche mit der Hand. Dabei kann man durch kurzes Antippen das Licht ein- und ausschalten, ein längeres Berühren der Sensorfläche verändert die Helligkeit stetig bis zur gewünschten Stufe.

Neuinstallation von Steckdosen und Schaltern

Dies ist ein Gebiet für fortgeschrittene Heimwerker: Hier werden neue Leitungen gelegt
und unter Umständen die ganze Installation
erneuert. Es gibt eine Reihe von gut durch-
dachten Bauteilen, die die Arbeit erleichtern
und ein perfektes Ergebnis ermöglichen.

Planung der Installation

Es gibt zwei Arten, Steckdosen und/oder Schalter zu verlegen: Die sichtbare Aufputzinstallation und die (fast) unsichtbare Unterputzinstallation. In Wohnräumen sollten alle Leitungen im Putz (oder unter Putz) verlegt werden. In Nebenräumen, Kellern oder Garagen verlegt man die Leitungen oft schneller und preiswerter auf Putz.

Vor dem Planen eines neuen Anschlusses ist zu prüfen, wie stark die Leitung belastet wird. In Wohnungen werden in der Regel Leitungen mit einem Querschnitt von 1,5 mm^2 verlegt, die bei einer Sicherung von 10 A bis zu 2,2 kW belastet werden können.

Ist für eine Leitung eine größere Belastung zu erwarten, muß ein neuer Stromkreis mit eigener Sicherung installiert werden.

Das gleiche gilt auch bei der Erweiterung von Stromkreisen. Wird von einer Steckdose ausgehend eine weitere Steckdose angeschlossen, darf auch hier die zulässige Belastung des Stromkreises nicht überschritten werden. Besonders leicht kann das geschehen, wenn starke Verbraucher, wie Heizgeräte, angeschlossen werden.

Aber auch wenn nur kleine Verbraucher, wie Lampen oder Rundfunkgeräte, angeschlossen werden, sollten in einem Stromkreis mit einer Sicherung nicht mehr als 16 Steckdosen installiert werden. An diesen Steckdosen dürfen nur Geräte bis zu einer Gesamtleistung von 2,2 kW gleichzeitig benutzt werden.

Für Beleuchtung und Schutzkontaktsteckdosen sind gemeinsame oder getrennte Stromkreise möglich. Getrennte Stromkreise haben den Vorteil, daß bei Ausfall eines Stromkreises durch den zweiten Stromkreis zumindest noch eine behelfsmäßige Beleuchtung des Raumes möglich ist.

Für Verbraucher mit einem Anschlußwert von mehr als 2 kW, beispielsweise Heizstrahler oder Backöfen, ist ein eigener Stromkreis zu installieren, auch wenn die Geräte über eine Steckdose angeschlossen werden.

Für die Ausstattung von Wohnungen mit elektrischen Anschlüssen für einen mittleren Wohnkomfort werden folgende Anschlüsse empfohlen:

Unterputzleitungen werden im Rohbau verlegt, sie erfordern eine gründliche Vorplanung

Raum	Steck-dosen	Leuch-ten
Wohnzimmer		
ohne Eßplatz	8	2
mit Eßplatz	10	3
Eßplatz/-raum	4—8	1—2
Küche	10—12	3—4
Hausarbeitsraum	9	2
Schlaf- und		
Kinderzimmer		
je nach Größe	5—9	1—2
Bad	4	3
WC	1	1
Flur/Diele	2	2
Balkon/Terrasse	2	1

Dazu kommen noch gesonderte Stromkreise und Anschlüsse jeweils für Elektroherd und -backofen, Geschirrspülmaschine, Waschmaschine, Wäschetrockner und möglicherweise die elektrische Warmwasserbereitung. Antennensteckdosen und Fernmeldesteckdosen werden zusätzlich in der gewünschten Anzahl in die Planung mit einbezogen.

In Schlafräumen werden neben den Betten mindestens Doppelsteckdosen eingebaut, so daß beispielsweise eine elektrische Uhr und ein Radio gleichzeitig benutzt werden können. Auch in den übrigen Wohnräumen sind in der Regel Doppel- oder Dreifachsteckdosen empfehlenswert, da oft mehr Geräte angeschlossen werden sollen, als man ursprünglich geplant hat. Man kann dadurch verhindern, daß Verlängerungsleitungen und Mehrfachsteckdosen in der Wohnung herumliegen — dies sieht unordentlich aus und birgt eine gewisse Stolpergefahr.

Steckdosen für Steh- und Tischleuchten können auch einzeln oder in Gruppen über Lichtschalter von der Tür aus geschaltet werden. Man erspart sich möglicherweise bei einer größeren Anzahl von Leuchten viel Rennerei und Sucherei nach den einzelnen Schaltern.

Für Flure, Treppenhäuser und Räume, die von mehreren Stellen aus betreten werden können, ist an jedem Zugang ein Schalter vorzusehen. Dadurch kann durch Kreuz- oder Wechselschalter das Licht von mehreren Stellen aus benutzt werden.

Eleganter, leitungsparend und vor allem bei nachträglicher Veränderung der Installation einfacher ist der Einbau von Stromstoßschaltern anstelle einer Wechselschaltung. Jeder Schalter muß dann nur noch mit zwei Adern angeschlossen werden, und es ist eine beliebig große Anzahl von Schaltern je Leuchte möglich.

Ist man sich über die Lage von Anschlüssen noch nicht sicher, kann man auch Leerdosen einbauen. Die Leerdose wird mit einem Deckel verschlossen und kann übertapeziert werden. Die Leitung wird mit einer Schleife durch die Leerdose geführt.

Bei Bedarf kann der Deckel entfernt, die Schleife aufgeschnitten und eine Steckdose an dieser Stelle montiert werden. Es ist ebenso möglich, ein Leerrohrnetz mit Leerdosen und glatten oder gewellten Kunststoffinstallationsrohren zu verlegen. Zu einem späteren Zeitpunkt kann man die gewünschten Leitungen dann durch das Leerrohr ziehen und die Anlage dadurch den geänderten Anforderungen anpassen. Bei der Verwendung von Abzweigschalterdosen hat man zusätzlichen Anschlußraum bei der Nachinstallation.

GEWUSST WIE

Steckdosenringleitungen sind besonders vorteilhaft bei einer Änderung der Möblierung. Dadurch werden vorher verdeckte Steckdosen benutzbar, und vorher verwendete werden durch die Einrichtung verdeckt. Aus diesem Grund werden bei Ringleitungen die Steckdosen oder Leerdosen im Abstand von 1,25 m rundum an allen Wänden vorgesehen. Die Zahl der notwendigen Steckdosen oder Leerdosen kann man überschlägig mit der Formel

$$Steckdosenzahl = 10 + \frac{\text{Wohnfläche in m}^2}{2}$$

berechnen. Eine solch großzügige Installation kann durchaus sinnvoller sein, als nachträglich die Wände aufzustemmen, um die Leitungen zu ergänzen.

Bei einer übertapezierten Leerdose wird die Tapete aufgeschnitten, die Steckdose kann ohne Beschädigung der Tapete eingebaut werden

Grundregeln für die Leitungsverlegung

Leitungen müssen senkrecht oder waagerecht verlegt und nicht (aus Sparsamkeit) schräg über die Wand gezogen werden. In Decken oder in Fußböden dürfen sie auf dem kürzesten Weg verlegt werden, aber auch hier soll eine geradlinige und rechtwinklige Leitungsführung angestrebt werden.

Diese Leitungsführung hat den Sinn, daß man von der Lage der Steckdosen, Schalter und Verteilerdosen auf die Lage der Leitungen schließen und sie so vor Beschädigungen durch Bohren, Stemmen oder Nägeleinschlagen schützen kann.

Senkrechte Leitungen sind möglichst in der Nähe von Zimmerecken oder etwa 15 cm von der Türkante entfernt zu verlegen. Waagerechte Leitungen verlaufen 30 cm unterhalb der Decke.

Leitungen von Steckdose zu Steckdose (Ringleitungen) werden etwa 30 cm oberhalb des fertigen Fußbodens verlegt, daraus ergibt sich auch die Steckdosenhöhe.

In der Kücheninstallation sind die Steckdosen oberhalb der Arbeitsplatte, in etwa 105 cm Höhe, vorzusehen. Eine Ausnahme ist die Herdanschlußdose, die etwa 50 cm über dem Fußboden montiert wird.

Die hier angegebenen Maße für die Leitungsverlegung sind keine Festmaße, die unbedingt millimetergenau eingehalten werden müssen, sondern sie geben Installationszonen an. Abweichungen von 15 cm nach oben und unten sowie 5 bis 10 cm nach rechts und links sind zulässig. Die Einhaltung der Maße stellt sicher, daß man auch nach Jahren noch angeben kann, an wel-

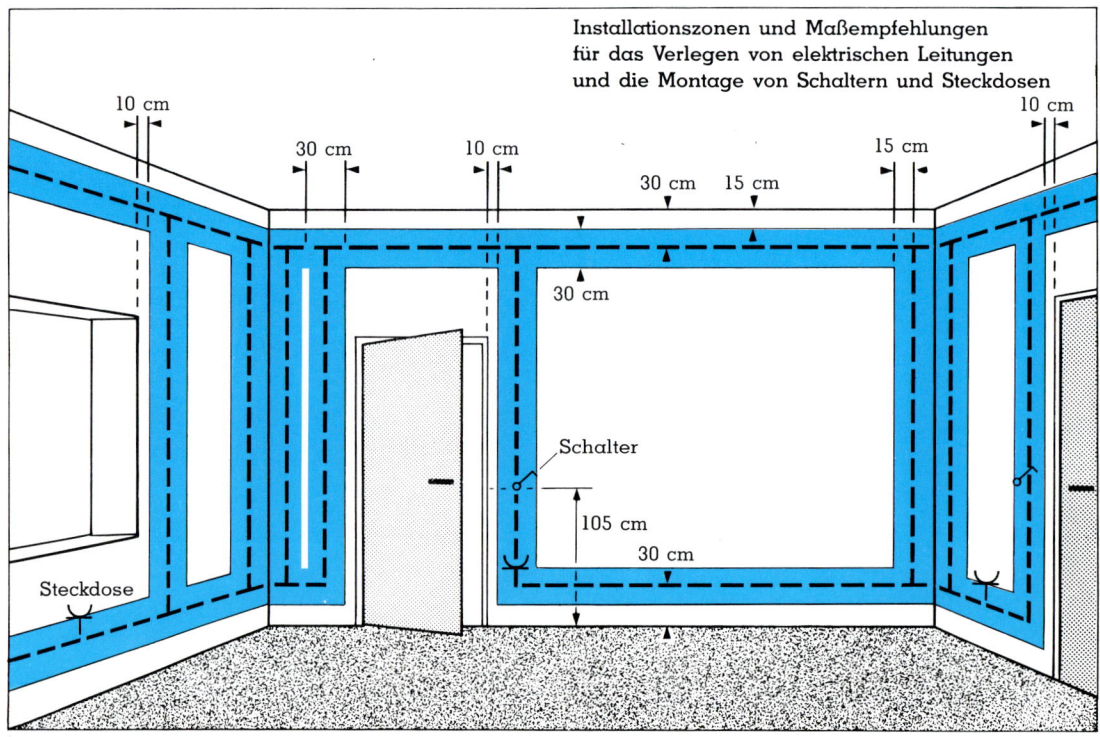

Installationszonen und Maßempfehlungen für das Verlegen von elektrischen Leitungen und die Montage von Schaltern und Steckdosen

Mittlere Einbauhöhen

Wohnräume	Lichtschalter	105 cm
	Schalter-Steckdosen-Kombination	105 cm
	Steckdose	30 cm
	Verteilerdose	220—250 cm
Küche	Küchensteckdosen	105 cm
	Herdanschlußdose	50 cm
	Kochendwassergerät	140 cm

chen Stellen der Wand Leitungen verlegt sind, und an welchen Stellen man unbekümmert bohren oder stemmen kann.

Im Bereich der beschädigten Leitung wird nun ein Loch mit dem Durchmesser und der Tiefe einer Abzweigdose gestemmt und die Abzweigdose mit Gips eingesetzt. Die Aderenden werden abisoliert und in der Abzweigdose durch Aderklemmen miteinander verbunden. Die Dose kann nun mit einem Federdeckel verschlossen und übertapeziert werden. Auf diese Weise wird der Schaden sachgerecht repariert, und die Leitung ist in ihrer Qualität nicht beeinträchtigt.

Leitungen müssen von Heizungs- und Warmwasserrohren ausreichenden Abstand halten, da durch eine etwaige Erwärmung die Isolierung leiden kann und die Belastbarkeit des Leitungsquerschnitts verringert wird. Die Leitungen sollen deshalb möglichst nicht mit Heizungs- und Sanitärinstallationen in einem gemeinsamen Schacht verlegt werden.

Von Telefon- und Antennenleitungen ist ein Abstand von mindestens 1 cm einzuhalten, um Störungen zu vermeiden.

Im Erdreich dürfen nur dafür geeignete Kabel, zum Beispiel mit Kurzzeichen NYY-J, verlegt werden.

Für kurze Strecken wie für den Anschluß einer Außenbeleuchtung oder für eine Verbindung vom Haus zur Garage darf auch eine Mantelleitung (NYM) im Schutzrohr verwendet werden. Das Schutzrohr muß gegen Eindringen von Wasser geschützt und belüftet sein, damit möglicherweise auftretendes Schwitzwasser trocknen kann. Die Leitung muß zugänglich und auswechselbar bleiben.

GEWUSST WIE

Leitung angebohrt — was nun? Irgendwann passiert es bei aller Vorsicht doch einmal: Man bohrt ein Loch in die Wand, es blitzt, und die unter Putz verlegte Elektroleitung ist beschädigt. Meist ist der Folgeschaden gering, da die Sicherung bei dem dadurch entstehenden Kurzschluß den Stromkreis sofort unterbricht. Da moderne Handbohrmaschinen schutzisoliert sind, ist man auch weitgehend vor einem elektrischen Schlag geschützt.

Die Reparatur der Leitung muß allerdings sehr sorgfältig geschehen. Man darf deshalb die beschädigten Aderenden nicht »irgendwie« miteinander verbinden, sondern man muß genauso vorgehen wie bei einer Neuinstallation.

Vor Beginn der Reparaturarbeiten kontrollieren, ob die Sicherung wirklich ausgeschaltet und die Leitung damit spannungsfrei ist. Nicht vergessen: Warnschild am Sicherungskasten anbringen.

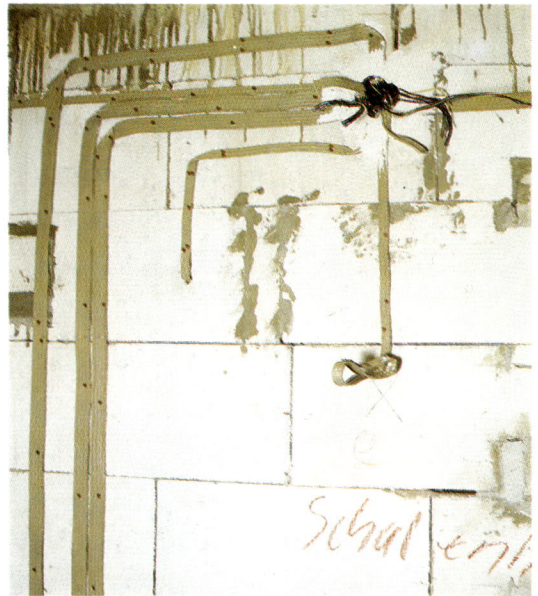

Beim Neubau werden häufig Stegleitungen verwendet. Wegen ihrer geringen Dicke müssen die Wände nicht geschlitzt werden

Stegleitungen sollen Abstand zueinander haben, damit der Putz besser hält. Bei den rechts liegenden Leitungen ist der Abstand zu klein, die linke Leitung ist richtig verlegt

Besonderheiten bei Stegleitungen

Im Neubau verlegt man auf Wänden, die verputzt werden, häufig Stegleitungen. Genausogut eignen sie sich auch für Erweiterungen einer Installation, wenn in den Putz nachträglich Schlitze gestemmt, gefräst oder geklopft werden müssen.

Stegleitungen haben den Vorteil, daß sie nur wenige Millimeter dick sind und daher leicht in einer Putzschicht verlegt werden können. Sie müssen zum Schutz vor Beschädigungen in ihrem ganzen Verlauf mindestens 4 mm vom Putz bedeckt sein.

GEWUSST WIE

auf Putz
Die Leitung ist auf der fertigen Wand vollständig sichtbar.

unter Putz
Die Leitung liegt im Mauerwerk und wird von der vollen Dicke der Putzschicht bedeckt.

im Putz
Die Leitung liegt auf dem Mauerwerk und wird von der Putzschicht überdeckt.

Stegleitungen dürfen nicht verlegt werden:
- in Installationskanälen
- auf brennbaren Baustoffen (in Holzhäusern auch nicht mit Putzabdeckung)
- unter Gipskartonplatten, die auf einem Lattenrost angebracht werden
- in Beton
- auf oder unter Streckmetall und Drahtgewebe
- im Erdreich (auch nicht im Schutzrohr)

GEWUSST WIE
In größeren Räumen sollte eine vier- oder fünfadrige Stegleitung zum Deckenanschluß und zum zugehörigen Schalter gelegt werden, um die Möglichkeit einer nachträglichen Erweiterung zu einer Serienschaltung nicht auszuschließen.

Verlegetechnik

Bei mehreren Stegleitungen nebeneinander soll zwischen den Leitungen ein Abstand von 1—2 cm sein, damit der Putz zwischen den Leitungen Halt findet und nicht abblättert.

Bögen werden rechtwinklig umgeklappt. Für die dabei entstehende Verdickung ist das Mauerwerk an der Bogenstelle etwas auszustemmen, so daß die Leitung ausreichend vom Putz bedeckt ist.

Geschickter, weil ohne Verdickung, ist der Bogen, wenn eine oder zwei Adern nach innen gezogen werden. Dazu wird die Stegleitung in der Längsrille auf einer Länge von etwa 15 cm aufgetrennt.

Die Befestigung der Stegleitung auf der Wand erfolgt mit Gipspflastern. Dazu wird mit einem Spachtel alle 20—30 cm ein Batzen Gips aufgetragen und die Leitung so lange festgehalten, bis der Gips abbindet. Diese Verlegetechnik erfordert etwas Übung und unter Umständen auch einen Helfer zum Halten der Leitung. Ebenso zulässig ist die Befestigung mit Stegleitungsnägeln. Die Nägel werden durch die Rille zwischen zwei Leitern der Stegleitung geschlagen.

GEWUSST WIE

Stegleitungsnägel bestehen aus gehärtetem Stahl und haben eine Unterlegscheibe aus Isolierstoff. Die Länge der Nägel wird entsprechend dem Untergrund gewählt (ausprobieren !). Es dürfen auf keinen Fall andere Nägel, die gerade zur Hand sind, verwendet werden.

Eine Verletzung der Leitungsisolation durch den Nagel muß vermieden werden. Ist es trotz aller Vorsicht geschehen, wird das ganze Leitungsstück ausgewechselt. Kreuzen einander zwei Stegleitungen, dürfen sie nicht mit einem gemeinsamen Nagel befestigt werden.

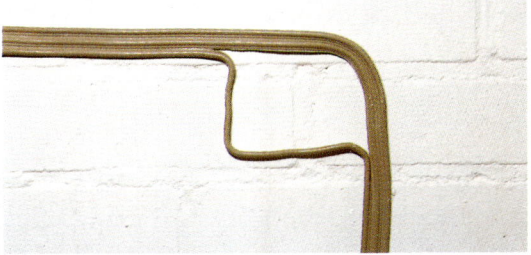

Stegleitungsbogen mit nach innen gezogener Ader

Stemmarbeiten

Beim Stemmen von Mauerwerksschlitzen für Leitungen sollte man sehr zurückhaltend sein. Schlitze sind nur zulässig, wenn sie die Standfestigkeit der Wände nicht gefährden. In Wänden aus Hohlblock- oder Lochsteinen sind nur senkrechte Schlitze bis zu einer Tiefe von 3 cm erlaubt. Im Mauerwerk von Schornsteinen sind Schlitze genauso verboten wie Aussparungen für Unterputzschalter und Abzweigdosen. Das Stemmen mit Hammer und Meißel gefährdet die Standfestigkeit von Wänden. Besser ist es,

Schlitze in der Wand sollten nicht gestemmt, sondern bereits beim Mauern freigelassen werden. Nach dem Verputzen sind Schlitz und Leitungen unsichtbar

Aussparungen für die Schalterdosen können mit einer Bohrkrone maßgerecht hergestellt werden

Schlitze mit einem Vorsatz der Handbohrmaschine zu fräsen oder mit einem Trennschleifer zu schneiden.

Löcher für die Aufnahme von Schalter- und Verteilerdosen können mit Hammer und Meißel gestemmt werden. Hat man mehrere Unterputzdosen einzubauen, kann dies eine sehr schweißtreibende Arbeit werden. Man kann statt dessen mit einer Bohrmaschine und einer mit Hartmetall bestückten Bohrkrone die Löcher genau passend fräsen. Für diese Arbeit ist eine leichte Heimwerkerbohrmaschine nicht geeignet, optimal ist die Verwendung eines Bohrhammers.

Verbinden der Leitungen

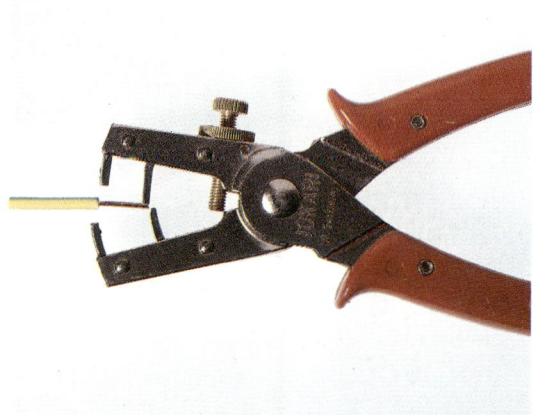

Bevor man die Leiter mit Aderklemmen verbindet, müssen sie etwa 10 mm weit abisoliert werden — hier mit einer Abisolierzange

Leitungen dürfen nur in dafür vorgesehenen Dosen oder Kästen miteinander verbunden werden. Dafür werden Leitungsklemmen verwendet, in denen die zu verbindenden Leiter mit einer Schraube festgeklemmt werden. Ebenfalls zulässig sind schraubenlose Steckverbindungsklemmen, die eine sehr gute elektrische und mechanische Verbindung gewährleisten. Bei Steckklemmen für den Anschluß mehrerer Leiter werden die Adern unabhängig voneinander verklemmt, die Verbindung ist zug- und rüttelsicher.

Verbindung der Adern in einer Aufputzabzweigdose mit Aderklemmen

Noch übersichtlicher sind diese in der Dose befestigten Klemmen

Eine lose Verbindung in einer Klemme ergibt einen Wackelkontakt, der Rundfunkstörungen und eine Erwärmung der Verbindung zur Folge hat. Unter Umständen kann eine lose Verbindung zum Brand führen. Mangelhafte Klemmverbindungen gehören zu den häufigsten Ursachen für elektrisch verursachte Brände. Aus diesem Grund ist es streng verboten, Leitungsadern mit einer »Würgeverbindung« zusammenzudrehen, falls gerade keine Klemme zur Hand ist.

Die Klemmen werden in Unterputz- oder Aufputzdosen untergebracht. Verteilerdosen, auch Abzweigdosen genannt, haben in der Regel einen Durchmesser von 70 mm. Sie dienen nur zum Abzweig von Leitungen, nicht zur Aufnahme von Schaltern oder anderen Geräten. Sie werden senkrecht über Schaltern und Steckdosen angebracht.

Schalter und Steckdosen werden in Schalterdosen mit einem Durchmesser von 58 mm eingebaut. In Schalterdosen dürfen Leitungen nicht miteinander verbunden werden.

Geräteverbindungsdosen sind tiefer als Schalterdosen und können einen Schalter oder eine Steckdose sowie einige Leitungsklemmen aufnehmen. Dadurch ist es möglich, die Zahl der Abzweigdosen zu verringern. Ein weiterer Vorteil ist der, daß die Störungssuche leichter wird, weil man an der Verbindung arbeiten kann, ohne eine Leiter zu besteigen. Nachträgliche Änderungen sind ebenfalls leicht möglich, da man durch Herausnehmen des Schalters oder der Steckdose die Verbindungsklem-

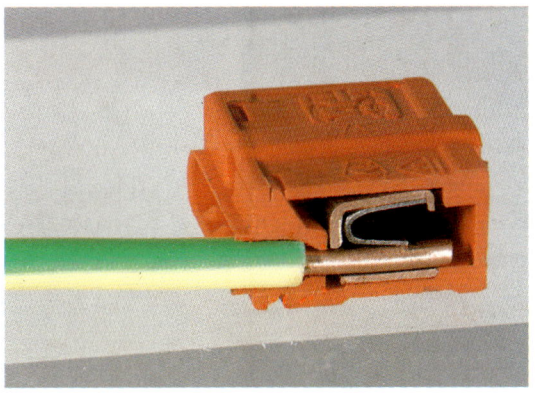

Die schraubenlosen Klemmen halten den Leiter durch eine Klemmverbindung. Zum Lösen fest ziehen und gleichzeitig hin- und herdrehen

Schalter- und Abzweigdosen mit den dazugehörigen Federdeckeln

Praktische schraubenlose Steckklemmen werden von Elektrikern immer häufiger verwendet

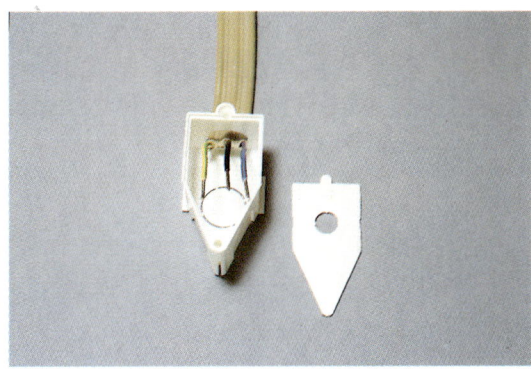

Wandleuchten können mit einer Unterputzanschlußdose montiert werden

men erreicht, ohne die Tapete an einer Abzweigdose zu beschädigen.

Für den Anschluß von Wand- oder Deckenleuchten sollte nicht nur die Leitung aus der Wand herausragen. Bei dieser, sehr häufig angewandten Verlegungsart hat das Ende der Leitung keinen Halt. Dadurch kann beim Anschließen der Putz ausbrechen. Besser ist es, eine Leuchtenanschlußdose einzubauen, in der noch zusätzlich Platz für die Lüsterklemme ist. Deckenlampen dürfen nicht an der Lei-

tung, sondern nur an einem eingedübelten Haken aufgehängt werden.

Bevor die Wände gestrichen und tapeziert werden, sind alle Leitungen und Verbindungen auf einwandfreie Funktion zu prüfen. Bei Maler- und Tapezierarbeiten in der Nähe der Elektroinstallation müssen die Leitungen spannungsfrei geschaltet werden (Sicherung ausschalten oder herausdrehen). Alle Schalter und Steckdosen werden erst nach Beenden der Malerarbeiten angeschlossen.

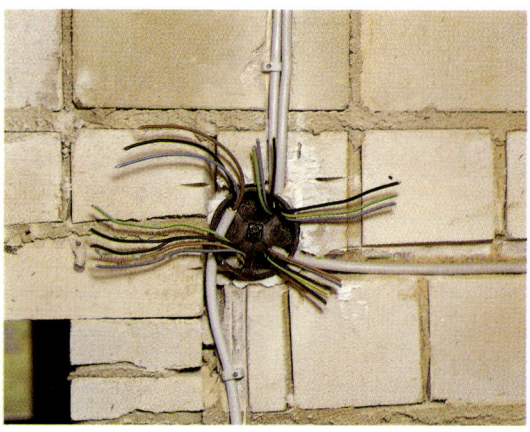

Die Leitungen werden in die Unterputzdose eingeführt; die Dose wird mit Gips befestigt

Zum Verputzen werden die Adern in die Dose gedrückt und der verbleibende Raum mit Papier gefüllt. Dadurch wird verhindert, daß Mörtel in die Dose gerät

Eingipsen der Schalterdose

Unterputzschalterdosen und -abzweigdosen werden mit Gips befestigt. Zunächst prüft man, ob das in die Wand gestemmte oder gebohrte Loch tatsächlich ausreicht, die Dose aufzunehmen. Unter Umständen muß man die Verbindungsstege der Dose abbrechen oder für die Einführung der Kabel Platz schaffen.

GEWUSST WIE
Zum Anrühren von Gips nimmt man einen Gummibecher, in den etwa 1/2 Tasse Wasser gefüllt wird. In das Wasser wird mit einem Spachtel Gips eingestreut, den man zu Boden sinken und kurz sumpfen läßt. Der Gipsbrei wird kräftig umgerührt und ist zur Verarbeitung fertig.

Nie Wasser in Gips geben, da sonst unauflösliche Klumpen entstehen.

Die Kabel werden durch die dafür vorgesehenen Aussparungen in die Dose eingeführt. Die Wand wird gründlich vorgenäßt und mit dem Spachtel ein Batzen Gips in das Loch gegeben. Die Schalterdose wird in den plastischen Gips gedrückt, so daß er an den Seiten hervorquillt. Die Dose wird so tief in die Wand gesetzt, daß sie entsprechend der Putzstärke etwa 10 bis 15 mm aus dem Mauerwerk hervorsteht. Nach dem Verputzen soll die Dose glatt mit der Wand abschließen.

Mit dem Spachtel wird der freie Spalt um die Dose voll Gips gestrichen, damit die Dose und die Leitungen festen Halt bekommen. Die angerührte Gipsmenge reicht für eine Dose. Bei etwas Übung kann man auch eine etwas größere Menge anrühren und zwei bis drei Dosen hintereinander festsetzen oder mit dem Gipsrest Leitungen an der Wand festpflastern.

Da der Gips in wenigen Minuten abbindet, darf die Menge nicht zu groß sein, sondern es sollte immer wieder neu angerührt werden. Vor dem Ansetzen einer neuen Portion Gips muß der Gipsbecher sauber ausgespült werden, da geringe Reste von abgebundenem Gips das Aushärten beschleunigen und die Verarbeitungszeit dadurch zu kurz wird.

Bei profilholzverkleideten Wänden kann man den Durchmesser der Wandeinbaudose mit dem Bleistift anzeichnen ...

Hohlwanddosen

In Wänden aus Gipskartonplatten (»Rigips«) oder in profilholzverkleideten Wänden kann man keine Unterputzschalterdosen eingipsen. Man verwendet hier Hohlwanddosen. Sie werden mit Klammern, die hinter die Wandverkleidung greifen, in der Wand befestigt. Dazu ist es erforderlich, daß das Loch für die Hohlwanddose sehr genau geschnitten wird, damit sie festen Halt bekommt. Man kann dieses Loch mit einem Bleistift auf der Wand aufzeichnen und mit der Stichsäge aussägen, besser (und schneller) jedoch ist eine genau passende Lochsäge.

Der beispielhafte Einbau einer solchen Hohlwanddose wird auf den beiden folgenden Seiten beschrieben und illustriert.

... und mit der Stichsäge aussägen

Einbau

Die Bohrungen für die Hohlwanddosen werden angezeichnet. Bei zwei nebeneinander stehenden Dosen zeichnet man zweckmäßigerweise einen waagerechten Strich mit Hilfe einer Wasserwaage. Dabei muß der genormte Abstand von 71 mm genau eingehalten werden, damit die Steckdosen- oder Schalterabdeckung paßt.

Mit einer Lochsäge an der Handbohrmaschine werden mit einer Drehzahl von etwa 1000 Umdrehungen die Löcher ausgeschnitten.

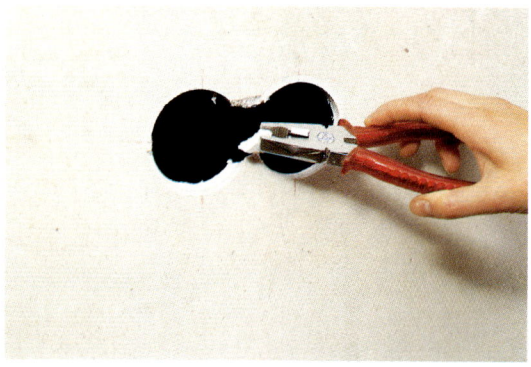

Wenn der Steg zwischen den Löchern bei der Montage stört, kann er mit einer Zange oder einer Säge entfernt werden. Er kann aber auch, wie im nächsten Bild, stehenbleiben.

Die hinter der Wandverkleidung verlegte Leitung wird durch die Öffnung geführt. In die Löcher können Schalterdosen (rechts) oder Abzweigschalterdosen (links) eingebaut werden.

Entsprechend der Anzahl der verwendeten Leitungen werden an der Hohlwanddose mit einem spitzen Gegenstand die Durchbrüche geöffnet. Die Leitung kann nun durchgeführt und die Dose eingesetzt werden.

Mit den zwei Schrauben werden die hinter der Wand liegenden Klammern angezogen. Die Hohlwanddose hat an der Vorderseite einen verstärkten Rand, der ein Durchrutschen durch das Loch verhindert.

In den vorhergehenden Bildern wurde die Hohlwanddose montiert und somit für die Aufnahme der Steckdose vorbereitet.
Man hat bei der Hohlwanddose aber auch die Möglichkeit, die Steckdose außerhalb der Wand vorzumontieren.

Bei dieser recht günstigen Montageart werden Hohlwanddose und Steckdose zusammen eingesetzt und dann in der Wand befestigt. Der Vorteil liegt darin, daß die Anschlußklemmen bei der Montage außerhalb der Wand leichter zugänglich sind.
Die weiteren Montageschritte sind die gleichen, wie sie bereits bei der Unterputz-Steckdose beschrieben wurden.

Schalterkombinationen

Aus der modernen Wohnungsinstallation sind sie nicht mehr wegzudenken: Unterputzschalterkombinationen, mit denen eine große Anzahl von Schaltern und Steckdosen elegant in einem Rahmen zusammengefaßt werden. Schalterkombinationen gibt es in einer großen

Vielzahl von Formen und Farben, und die Hersteller versuchen, sich gegenseitig in der Auswahl zu übertreffen. Das Grundprinzip ist jedoch immer das gleiche: Die Unterputzschalterdosen werden in waagerechter oder in senkrechter Reihe mit dem genormten Abstand

Moderne Schalter-Steckdosen-Kombination

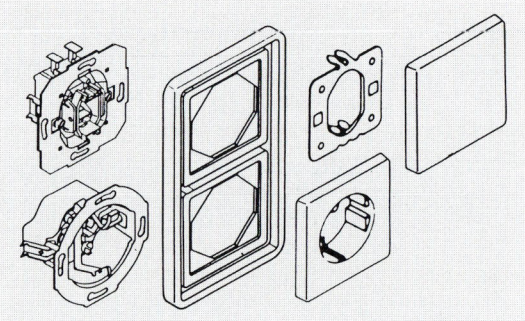

Die Kombination wird aus unterschiedlichen Einsätzen in einem Rahmen montiert

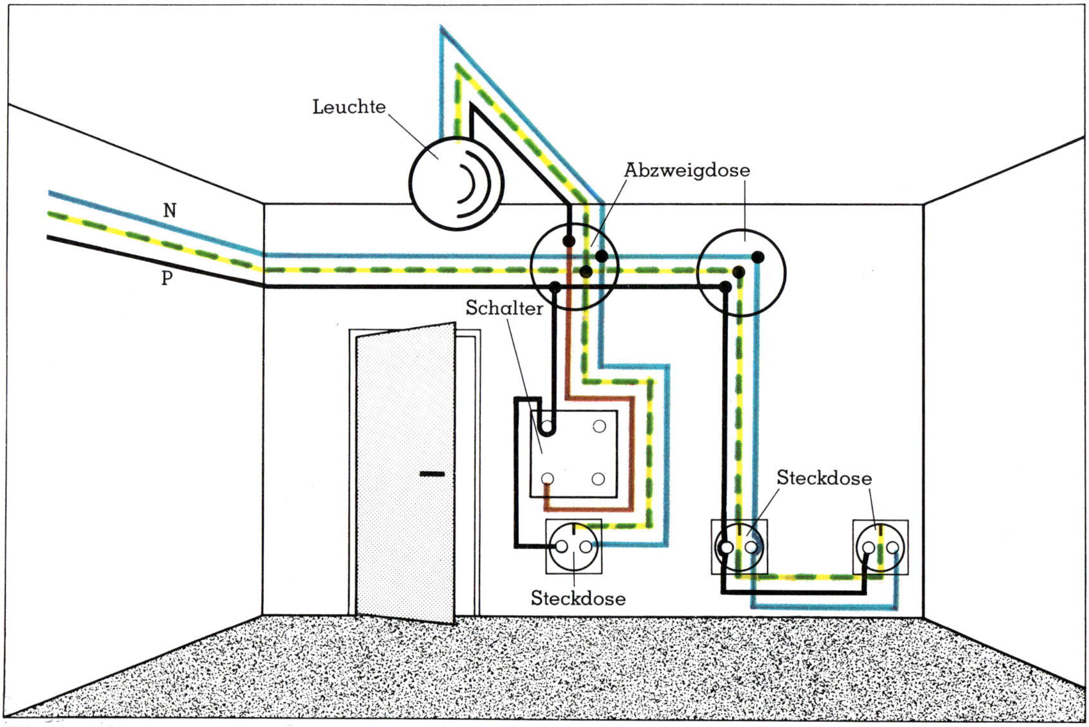

Anschluß der Schalter-Steckdosen-Kombination und Durchschleifen der Leitungen von einer Steckdose zur nächsten

von 71 mm von Mitte zu Mitte in der Wand eingebaut. Nachmessen ist nicht nötig, da die
Schalterdosen durch Steckverbindungen zusammengehalten werden, die stets den richtigen Abstand gewährleisten.

In die Schalterdosen werden beispielsweise
Schalter, Steckdosen, Telefonverbinderdose
und andere montiert. Alles zusammen wird mit
einem entsprechenden Rahmen abgedeckt.
Anschließend werden die Steckdosenab-
deckungen montiert und die Wippen für die
Schalter aufgedrückt.

Ganz so schnell — wie hier beschrieben —
geht es natürlich doch nicht: Entweder sitzen
die eingebauten Geräte nicht genau passend
für die Abdeckung, weil sie mit den Spreizklemmen unterschiedlich eingebaut werden
können, oder es klemmt sonst etwas. Mit etwas
Geduld und Fingerspitzengefühl erhält man
schließlich doch eine gelungene Schalterkom-
bination.

Die Zahl der miteinander zu kombinierenden
Geräte ist lediglich abhängig von den Abdeck-
rahmen. Mehr als vier bis fünf Geräte in einer

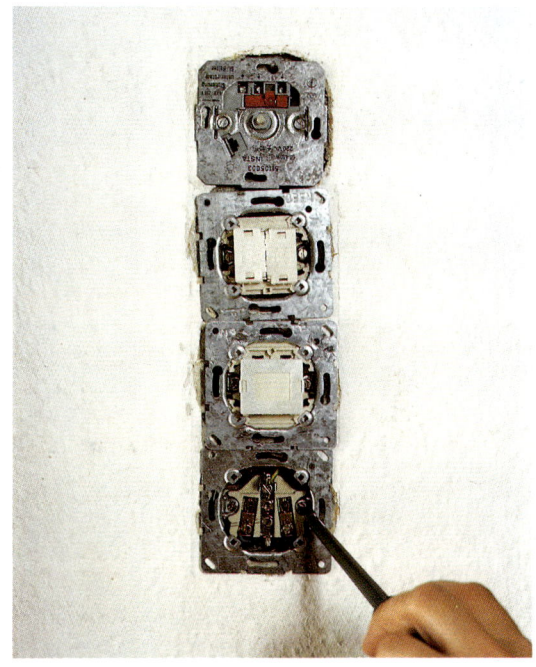

Nach dem Verputzen und Tapezieren können die
Geräte montiert werden

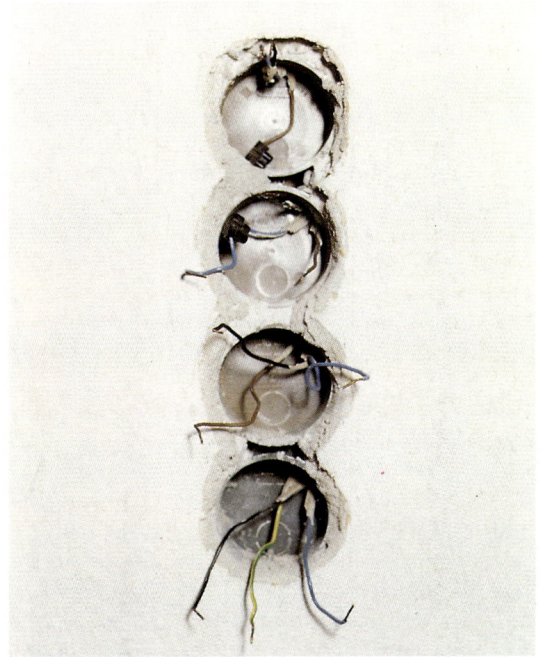

Schalter-Steckdosen-Kombination mit vier Unterputzdosen

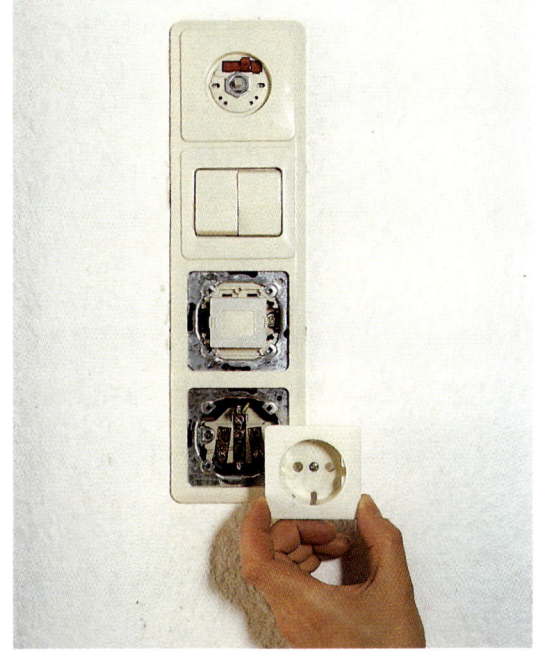

Der Rahmen faßt Schalter und Steckdosen zu einer
Einheit zusammen

Reihe sollte man aus optischen Gründen nicht wählen.

Übliche, für den Einbau geeignete Geräte und Bauteile sind:

- Aus- und Wechselschalter (durch Einsetzen einer Glimmlampe auch beleuchtbar)
- Kreuzschalter
- Taster (mit verschiedenen Symbolen für Klingel, Licht usw.)
- Kontrollschalter (die mit einer Glimmlampe anzeigen, ob sie eingeschaltet sind)
- Serienschalter (für zwei getrennt zu schaltende Leuchten)

- Dimmer (elektronische Helligkeitsregler)
- Schutzkontaktsteckdose, mit oder ohne Klappdeckel
- Antennensteckdose für Fernsehen und Rundfunk
- Lautsprechersteckdose mit zweipoligen Steckbuchsen für Mono und Stereo
- Abdeckung für Telefonanschluß
- Blindabdeckung, wenn die Dose leer bleiben soll oder ein Stromstoßschalter eingebaut wird
- Variationen und Sonderausführungen für viele dieser Geräte

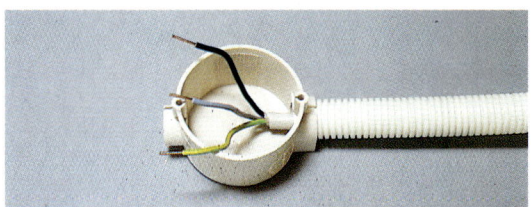

Gewelltes Kunststoffrohr für die Unterputzinstallation

Anschluß einer Aufputz-Doppelsteckdose mit Leitungsverlegung im Kunststoff-Schutzrohr

Leitungen in Installationsrohren

Leitungen unter Putz können in flexiblen, gewellten Kunststoffrohren untergebracht werden. Sie werden in Schlitzen im Mauerwerk verlegt, so daß sie vollständig vom Putz überdeckt sind und man sie beim Verputzen nicht beschädigt. Die Rohre werden mit Rohrhaken oder Gipspflastern im Mauerwerk befestigt. Die Leitungen werden erst nach dem Verputzen eingezogen, wenn der Bau ausreichend trocken ist.

Diese Rohre benützt man vor allem, um nachträglich Leitungen verlegen zu können. Sie sind genausogut für die Hausinstallation wie für Telefon- und Antennenleitungen geeignet. Starkstrom und Antennen- oder Telefonleitungen sollten jedoch wegen der Abstände der Leitungen zueinander nicht zusammen in einem Rohr verlegt werden.

In jedem Rohr dürfen nur Leitungen des gleichen Stromkreises verlegt werden.

Aufputzinstallationen werden häufig in grauen Installationsrohren aus Hart-PVC verlegt. Die geraden Rohre sind drei Meter lang, sie lassen sich mit einer Puksäge leicht auf jedes beliebige Maß kürzen. Installationsrohre gibt es unter anderem mit Innendurchmessern von 11, 13,5,

16, 23 und 29 mm. Für Bögen gibt es besondere Formstücke, die mit Muffen auf die Rohre gesteckt werden.

Die Installationsrohre schützen die Leitungen vor mechanischen Beschädigungen. Da in ihnen je nach Durchmesser auch mehrere Mantelleitungen und Kabel zusammen verlegt werden können, vereinfachen sie die Installation und vermitteln den Eindruck einer sehr ordentlichen Leitungsführung.

Anschlüsse oder Verbindungen und Abzweigungen dürfen nur in Dosen gemacht werden.

GEWUSST WIE

Beim *Verlegen von Installationsrohren* sollte ein Draht in die Rohre eingefädelt werden, der an den Schalter- und Abzweigdosen hervorsteht. An diesem Draht befestigt man bei Bedarf die neue Leitung und zieht sie ohne Schwierigkeiten ein.

Die Leitungen können auch seitlich aus dem Schutzrohr herausgeführt werden

Die Schutzrohre werden mit Rohrschellen auf der Wand befestigt

Auf einem Balken verlegte Mantelleitung. Das freie Ende wird aufgerollt, damit es bei den weiteren Arbeiten nicht stört

Leitungsverlegung auf Putz

Häufig gibt es keine andere Möglichkeit: Die Leitung muß sichtbar verlegt werden. Dabei bedeutet »auf Putz« nicht nur das Verlegen von Leitungen, Schaltern und Steckdosen auf verputzten Wänden, sondern genauso auf Sichtmauerwerk, auf Bretterwänden oder Balken.
Für diese Leitungen gelten strengere Vorschriften als bei Verlegung in der Wand. Es dürfen nur Mantelleitungen oder Kabel verwendet werden, keine Stegleitungen. Bei der Verwendung von Installationsrohren dürfen auch Aderleitungen verwendet werden, eine Anwendung, die in der Wohnungsinstallation seltener ist.
Die sichtbar verlegte Leitung muß mit passenden Schellen ausreichend befestigt werden, damit sie nicht durchhangt oder Abstand von der Wand hat. Das bedeutet, daß bei waagerechten Leitungen der Abstand zwischen zwei Schellen höchstens 30 cm, bei senkrechten Leitungen höchstens 40 cm beträgt. Vor dem Verlegen der Leitung wird der Verlauf mit Bleistift und einem langen Lineal oder Brett angezeichnet.
Zunächst werden die Sockel der Steckdosen mit Holzschrauben und Dübeln auf der Wand befestigt. Darauf befestigt man die Leitung entlang der Bleistiftlinie mit Schellen. Es gibt Leute, die die Qualität des Elektrikers daran messen, wie ordentlich und wie geradlinig der Leitungsverlauf ist.
Liegen zwei oder mehr Leitungen nebeneinander, achtet man auf einen gleichmäßigen Abstand zueinander und setzt auch die Schellen in eine Reihe nebeneinander. Einfacher wird das Verlegen mehrerer Leitungen, wenn man sie gemeinsam durch ein Installationsrohr oder einen rechteckigen Kabelkanal führt. Kabelkanäle sind aus grauem Hart-PVC . Sie werden auf der gesamten Länge mit einem Deckel verschlossen und erlauben dadurch auch nachträglich Zugang oder das zusätzliche Verlegen einer notwendig gewordenen Leitung.

Montage einer Aufputzsteckdose

Der Sockel der Steckdose wird mit zwei Holz-schrauben befestigt, auf Mauerwerk mit 6-mm-Dübeln. Anschließend werden die Leitungen verlegt und mit Schellen befestigt. Die Stahl-nägel können direkt eingeschlagen werden.

Die Verbindung zwischen Abzweigdose und Steckdose ist hergestellt. Bevor die Leitungen in die Dose einmünden, werden sie gekröpft. Das heißt, sie werden in einem sauberen Bo-gen so geführt, daß sie im rechten Winkel in die Steckdose einmünden. Bei der Montage wird die Leitung auf entsprechender Länge ab-isoliert. Dabei kann man ruhig etwas großzü-gig die Aderenden überstehen lassen. Es ist besser, bei der Montage die Adern zu kürzen, als daß sie nicht lang genug sind.

Abzweig- und Steckdose werden geschlossen. Die Sicherung wird eingeschaltet, und die Kontakte an der Steckdose werden mit dem Spannungsprüfer auf einwandfreie Funktion überprüft.

Abzweigdose montieren

Die Abzweig- oder Verteilerdose wird mit zwei Holzschrauben befestigt (auf Mauerwerk mit 6-mm-Dübeln). Es gibt Verteilerdosen mit Klemmverschluß und solche mit verschraubbarem Deckel. Die Sicherung des Deckels mit einer Schraube bietet besseren Schutz vor unbefugtem Öffnen.

Die Leitungen werden abisoliert und durch Aderklemmen miteinander verbunden. Es sind mehrere Arten der Verbindung möglich. Die Abzweigdose in diesem Bild ist auch für Leitungen mit stärkerem Querschnitt zulässig, da sie feste Klemmen hat. Es stehen vier Klemmen zur Verfügung, so daß auch ein Schalter angeschlossen werden kann. Die Leitungen werden nach dem Anklemmen möglichst sauber und übersichtlich in die Dose gedrückt. Beim Einführen der Leitungen in die Klemmen ist die Spitzzange hilfreich.

Nach einer Sicht- und Funktionsprüfung der angeschlossenen Geräte kann die Abzweigdose geschlossen werden.

Aufputzschalter montieren

In der Abzweigdose sind für den Anschluß der Lampe die dritte und vierte Klemme belegt (schwarz, braun).

Am Schalter, in diesem Fall ein Feuchtraumschalter, werden die Adern angeschlossen, bei der hier gezeigten Ausführung mit schraubenlosen Klemmverbindern. Die Anschlüsse sind am Schalter gekennzeichnet, genauere Hinweise finden Sie im Kapitel »Austausch eines Lichtschalters«.

Feuchtraumschalter und Steckdosen haben einen verschraubten Deckel, in den beim Zusammenbau eine Dichtung eingelegt wird. Dadurch wird die Abdichtung gegen Spritzwasser erreicht.
Auf die Schalterwippe wird der Deckel aufgesteckt. Zur Demontage kann man den Deckel mit einem Schraubendreher abheben.

Kabelkanäle

Bei der nachträglichen Aufputzinstallation von Leitungen in Wohnräumen bietet sich die Verwendung von Kabelkanälen an. Sie sind in verschiedenen Ausführungen erhältlich und können so ausgewählt werden, daß die Aufputzinstallation sehr unauffällig wird.

Eine Möglichkeit ist die Verwendung von Kabelkanälen in Form von Fußleisten, in denen auch Steckdosen und andere Geräte eingebaut werden können.

Preiswerter ist die Montage eines Minikanals, der eine Mantelleitung aufnehmen kann, erhältlich als offener Kanal oder als Kanal mit Scharnierdeckel. Die Minikanäle haben auf der Rückseite ein doppelseitiges Klebeband und können so leicht auf festem Untergrund angeklebt werden. Unter Umständen ist ein Sichern mit Schrauben nötig.

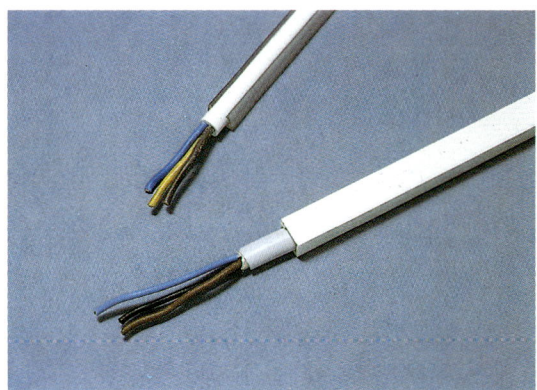

Minikanal zur Aufnahme einer Mantelleitung

Anschlüsse und Geräte in Feuchträumen

In Badezimmern, an der Waschmaschine oder im Freien besteht die Gefahr, daß die elektrische Anlage durch spritzendes Wasser oder auch Kondenswasser naß wird. Diese Feuchtigkeit erhöht die Gefahr von elektrischen Unfällen, deshalb sind besondere Sicherheitsmaßnahmen vorgeschrieben, die auch streng eingehalten werden müssen.

Feuchte und nasse Räume

Als *feucht* bezeichnet man Räume, in denen mit Wasser hantiert wird, etwa in einer Waschküche. Von einem *nassen* Raum spricht man, wenn seine Wände, beispielsweise zu Reinigungszwecken, mit Wasser abgespritzt werden, aber auch Gewächshäuser und andere Räume mit sehr hoher Feuchtigkeit.

Unterputz-Feuchtraumsteckdose

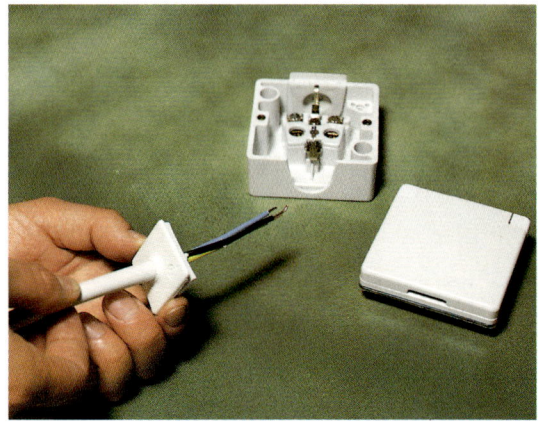

Bei Aufputzschaltern und -steckdosen wird die Leitung durch eine Gummidichtung geführt

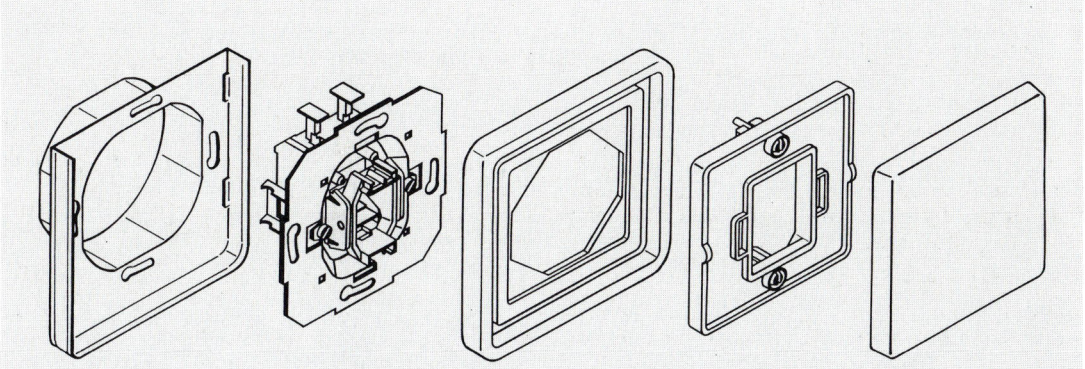

Unterputz-Feuchtraumgeräte werden aus Gerätesockeln, Rahmen und Abdeckplatten zusammengebaut.

In diesen Räumen dürfen nur Feuchtraumleitungen mit Kunststoffumhüllung (zum Beispiel mit Kennzeichen NYM) verwendet werden. Unterputzinstallationen benötigen abgedichtete Unterputzschalter, Steckdosen und Abzweigdosen. Aufputzschalter, Abzweig- und Steckdosen sowie Leuchten sind in mindestens tropfwassergeschützter Ausführung zu verwenden (Schutzart IPX1, Kennzeichen ◗).
An der Einführung in Geräte muß die Leitung feuchtigkeitssicher abgedichtet sein. Nasse Räume erfordern Kabel der weitergehenden Schutzarten Schutzart IPX5.
Als zusätzliche Sicherung für alle Feuchträume sollte möglichst eine Fehlerstromschutzschaltung mit einem Auslösestrom unter 30 mA vorhanden sein.

GEWUSST WIE
Feuchtigkeit ist beim Umgang mit elektrischem Strom gefährlich, da sich bei nasser Haut der elektrische Widerstand des Körpers verringert. In Badezimmern ist besondere Vorsicht angesagt. Durch die Wasserleitungen ergibt sich ständig ein guter Erdschluß, und bei Fehlern an Elektrogeräten kann der Strom ungehindert durch den menschlichen Körper fließen.

Anlagen im Freien

Hier gelten die gleichen Bestimmungen wie für feuchte Räume. Da PVC-Leitungen durch die Sonneneinstrahlung schnell altern, sollten Leitungen möglichst unter Dachvorsprüngen oder ähnlich geschützt verlegt werden. Erdverlegte Leitungen sind ebenfalls gut geschützt. Schwarzen Leitungen ist in der äußeren Ummantelung Ruß beigemischt. Sie sind dadurch gegenüber der UV-Strahlung der Sonne beständiger und für Außenanlagen besser geeignet. Stegleitungen dürfen auf keinen Fall außen verlegt werden.

Badezimmer und Duschen

Nach den Bestimmungen der VDE 0100 wird ein Badezimmer in vier unterschiedliche Gefahrenzonen eingeteilt.

Der Bereich 0 liegt im Inneren der Bade- oder Duschwanne. Innerhalb dieses Bereiches dürfen keinerlei Elektrogeräte benutzt und/oder montiert werden.

Der Bereich 1 umfaßt die senkrechten Wände um die Bade- oder Duschwanne, vom Fußboden bis zu einer Höhe von 2,25 m. In diesem Bereich dürfen keine Steckdosen oder Lichtschalter montiert werden. Fest montierte elektrische Durchlauferhitzer oder Warmwasserspeicher sind zulässig, wenn sie spritzwassergeschützt sind.

**Schutzbereiche
in einem Badezimmer**

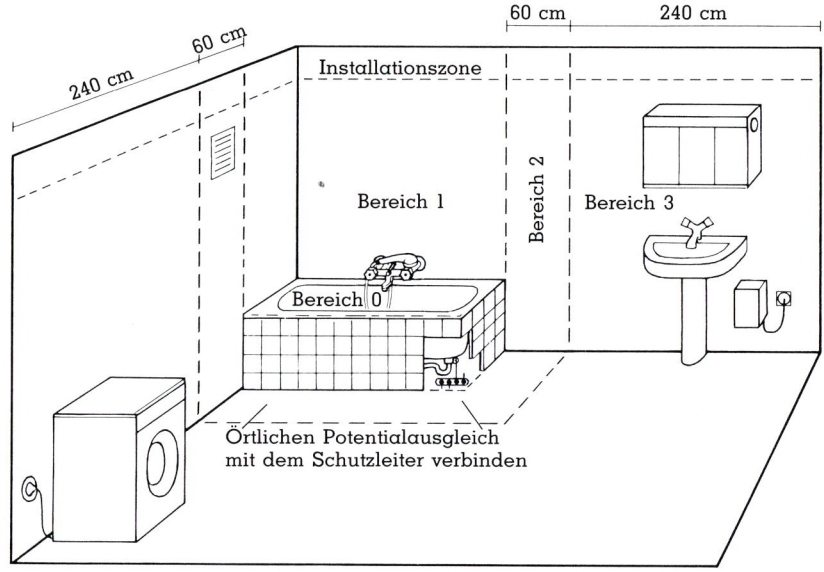

Der Bereich 2 verläuft 60 cm um den Bereich 1. Auch in diesem Bereich dürfen keine Steckdosen oder Schalter angebracht sein. Leuchten sind zulässig, wenn sie der Schutzart IPX4 oder IPX5 entsprechen, das heißt, sie müssen spritzwassergeschützt sein.

Der Bereich 3 geht bis zu einem Abstand von 2,40 m um den Bereich 2, das heißt, der Abstand zur Dusche oder Badewanne beträgt 3 m. Genauso wie die anderen Bereiche reicht er bis zu einer Höhe von 2,25 Metern über dem Fußboden. Steckdosen in diesem Bereich sind nur zulässig, wenn sie über einen Fehlerstromschutzschalter mit einer Empfindlichkeit von höchstens 30 mA geschützt sind.

Alle metallischen Bauteile der Sanitärinstallation benötigen einen örtlichen Potentialausgleich. Das bedeutet, daß die Abläufe der Dusch- und Badewanne, die Wasserleitungen und auch die Heizungsleitung durch einen Potentialausgleichsleiter miteinander verbunden sind. Der Potentialausgleich ist auch nötig, wenn im Baderaum keine elektrischen Einrichtungen sind.
Der Potentialausgleichsleiter ist eine isolierte Kupferleitung (grün-gelb) mit mindestens 4 mm² Querschnitt oder ein verzinkter Band-

stahl von mindestens 2,5 x 20 mm. Dieser Leiter wird am Verteiler oder an der Potentialausgleichsschiene mit dem Schutzleiter verbunden. Bei Stahlwannen mit Abflußrohren aus Kunststoff wird nur die Wanne an den Potentialausgleich angeschlossen. Dusch- und Badewannen haben an ihrer Unterseite eine Lasche mit einer Bohrung, daran kann die Ausgleichsleitung angeklemmt werden.

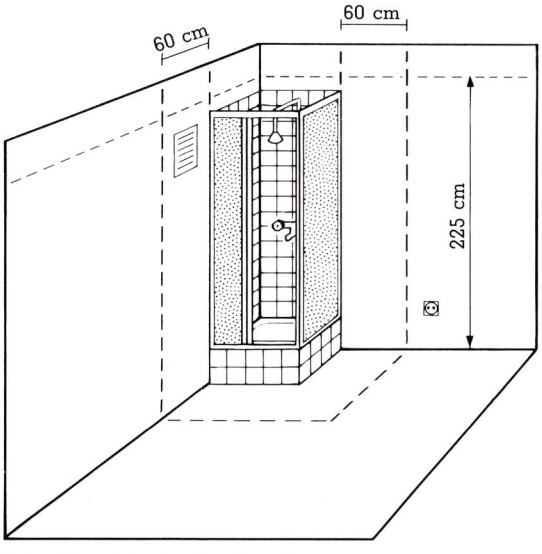

Schutzbereiche in der Dusche

Schutzklassen in Wohnungen	
Bereich	Schutzklasse
0	IPX7
1	IPX4
2	IPX4
3	IPX0

Die Bedeutung der Schutzklassen wird im Kapitel »Schutzarten und Schutzklassen« erklärt. Im Bereich 0, 1 und 2 dürfen keine Leitungen in oder unter Putz sowie hinter Wandverkleidungen verlegt werden, ausgenommen Leitungen zur Versorgung von im Bereich 1 oder 2 fest montierten Geräten. Die Leitungen müssen fest montiert und immer von hinten eingeführt werden.

Leitungen zur Stromversorgung anderer Räume dürfen im Bereich 0 bis 3 auf keinen Fall verlegt werden.

Leitungen auf der Rückseite des Schutzbereichs, beispielsweise in nebenliegenden Räumen, müssen mindestens 6 cm Abstand zur Oberfläche des Badezimmers haben.

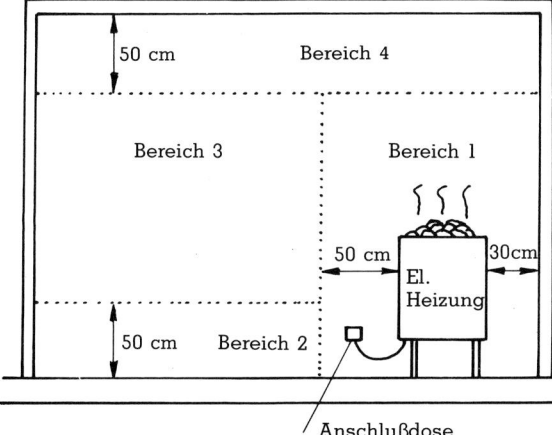

Schutzbereiche in der Sauna

Sauna

Für eine Sauna gelten eine Reihe von Bestimmungen, vergleichbar den Bestimmungen für ein Badezimmer. Sie gilt aber nicht als Feuchtraum, sondern als trockener Raum.

Für eine selbst eingebaute Sauna im Haus sollte man vor allem beachten:

● Es dürfen nur wärmebeständige Leitungen verwendet werden (Sonderleitungen mit erhöhter Wärmebeständigkeit für Räume über 55° C)
● Steckdosen dürfen nicht in Saunakabinen angebracht werden
● Im Bereich von 0,5 m um die Saunaheizung dürfen nur solche Installationen vorgenommen werden, die zu dieser Heizung gehören (Bereich 1)
● Bis zu einer Höhe von 0,5 m über dem Boden werden keine besonderen Anforderungen an die Elektroinstallation gestellt (dies ist Bereich 2)
● Von dieser Höhe bis 0,5 m unter der Decke dürfen nur Leitungen, die einer Wärmebelastung von 170° C und Geräte, die bis 125° C standhalten, montiert werden (Bereich 3)
● Über diesem Bereich (Bereich 4) bis zur Decke dürfen nur Thermostate und Leitungsschutzschalter sowie die zugehörigen Verbindungsleitungen installiert werden. Die Temperaturfestigkeit muß dem Bereich 3 entsprechen
● Die Stromversorgung der Saunaheizung ist durch einen Thermostaten zu unterbrechen, wenn im Bereich 4 die Temperatur über 140° C steigt
● Saunaeinrichtungen dürfen nur über einen festen Anschluß mit dem Netz verbunden sein
● Alle Geräte der Saunaeinrichtung müssen mindestens die Schutzart IP24 aufweisen
● Die elektrische Einrichtung der Saunakabine muß von einer außerhalb gelegenen Stelle abzuschalten sein

Saunaöfen haben eine hohe Anschlußleistung und werden in der Regel mit Drehstrom betrieben. Aus diesem Grund sollten sie von einem Fachmann angeschlossen werden.

Außeninstallation

Im Außenbereich eines Hauses wird häufig ein elektrischer Anschluß gewünscht, sei es zur Beleuchtung von Terrasse oder Balkon, sei es außerhalb des Hauses zum Heimwerken oder Rasenmähen.

Alle diese elektrischen Anlagen müssen tropf- oder spritzwassergeschützt sein, es gelten die-selben Bestimmungen wie für feuchte und nasse Räume.

Die Verteiler, Abzweigdosen, Schalter und Steckdosen müssen an der Einführungsstelle für die Leitung feuchtigkeitssicher abgedichtet sein. Falls eine Aufputzinstallation nicht ge-wünscht wird, können die Leitungen und Steckdosen auch unter Putz gelegt werden. Dafür verwendet man Einbausteckdosen mit wassergeschützter Abdeckung und mit einem Klappdeckel, der das Spritzwasser abhält. Bei Außenanlagen ist es besonders empfehlens-wert, einen Fehlerstromschutzschalter mit ei-ner Empfindlichkeit unter 30 mA zu verwen-

Eine bewegliche spritzwassergeschützte Außenbe-leuchtung mit Erdspieß

Für die Außenbeleuchtung werden die Leitungen im Erdreich verlegt

Spritzwassergeschützte Steckdosen können im Garten verwendet werden

den, da durch den feuchten Boden eine gute Verbindung zur Erde besteht. Bei elektrisch angetriebenen Werkzeugen und bei Rasenmähern kommt als weitere Gefahr noch die Möglichkeit der Beschädigung des Kabels hinzu, auch deswegen ist der Fehlerstromschutzschalter sinnvoll.

Werden Leitungen im Erdreich verlegt, sollen sie zum Schutz vor Beschädigungen mindestens 60 cm tief liegen, unterhalb von befahrbaren Wegen sogar 80 cm tief. Verwendet werden Kabel mit Kunststoffisolierung mit dem Kurzzeichen NYY oder andere für Erdverlegung geeignete Kabel. Für kurze Strecken kann auch eine Kunststoffmantelleitung (NYM) in einem belüfteten Schutzrohr verlegt werden. Zum Schutz vor Beschädigung sollten die Kabel etwa 10 cm hoch mit Sand bedeckt werden. Auf die Sandschicht werden Ziegelsteine gelegt, die verhindern sollen, daß man später beim Graben versehentlich das Kabel mit Schaufel oder Hacke beschädigt.

- Zwischen den beiden Steckbuchsen muß immer eine Spannung von 220 V gemessen werden
- Ist ein Fehlerstromschutzschalter mit einem Fehlerstrom von 30 mA oder weniger vorhanden, muß er bei einer Verbindung von Phase und Schutzleiter mit einem Spannungsprüfer abschalten
- Fehlt der Fehlerstromschutzschalter, muß der zweipolige Spannungsprüfer beim Messen zwischen Phase und Schutzleiter 220 V anzeigen

Sinngemäß können diese Prüfungen auch in Abzweigdosen beim Anschluß von Leuchten durchgeführt werden. Ergeben sich Werte, die von diesen Prüfpunkten abweichen, ist ein Elektriker zu Rate zu ziehen, bevor die Leitung in Betrieb genommen wird.

Prüfen neuer Anschlüsse

Die fachgerechte Prüfung einer neuen Installation ist für einen Heimwerker schwierig, da er in der Regel nicht über alle notwendigen Meßgeräte verfügt. Bei größeren Arbeiten ist es deshalb sinnvoll, einen Elektriker hinzuzuziehen, der folgende Prüfungen vornimmt:
- Anschluß und Wirksamkeit sämtlicher Schutzleiter
- Wirkung des Fehlerstromschutzschalters
- Messen des Isolationswiderstandes aller Leitungen

Darüber hinaus wird er alle Leitungen einer Sichtkontrolle unterziehen und überprüfen, ob die Sicherungen dem Leitungsquerschnitt entsprechen.

Eine erste Prüfung neuer Steckdosen kann man auch mit dem zweipoligen Spannungsprüfer vornehmen:

Fachausdrücke

Ampère Einheit der elektrischen Stromstärke, benannt nach dem französischen Physiker Ampère (1775—1836); Kurzzeichen A. Beispiel: Eine Sicherung ist für einen Strom von 10 A ausgelegt

Blitzschutz Gehört zur elektrischen Anlage und steht über den Potentialausgleich mit ihr in Verbindung

Dämmerungsschalter Mit einer Fotodiode ausgerüsteter Schalter, der selbsttätig bei Einbruch der Nacht das Licht einschaltet

Drehstrom Kurzbezeichnung für Dreiphasenwechselstrom. Der Drehstromanschluß besteht aus drei Außenleitern und einem Mittelleiter sowie dem Nulleiter. Mit einem Drehstromanschluß kann eine größere Leistung bereitgestellt werden

Erdkabel Sind besonders hochwertig isoliert und ermöglichen die Verlegung elektrischer Leitungen im Erdreich und im Wasser

Fehlerstrom Strom, der bei einem Isolationsfehler fließt

Fehlerstromschutzschalter (FI-Schutzschalter) Schaltet den Stromkreis ab, wenn ein Fehlerstrom fließt

Frequenz Gibt an, wieviel Schwingungen in einer Sekunde ablaufen. Die Frequenz des Wechselstroms beträgt 50 Hz

Gleichstrom Fließt im Gegensatz zum Wechselstrom nur in einer Richtung. Wird im Haushalt vor allem in batteriebetriebenen Geräten verwendet

Halogenleuchte Mit einem Halogen gefüllte Leuchte, die eine besonders gute Lichtausbeute bei sehr kleinen Abmessungen ergibt

Hertz Einheit für die Frequenz; Kurzzeichen Hz. Benannt nach dem deutschen Physiker Hertz (1857—1894)

Isolationsfehler Fehlerhafter Zustand der Isolierung, zum Beispiel bei der Beschädigung der Leitung durch einen Nagel

Joule Einheit der Arbeit; Kurzzeichen J. Benannt nach dem englischen Physiker Joule (1818—1889). 1J = 1Ws (Wattsekunde)

Klingeltransformator Wandelt die Netzspannung in ungefährliche Kleinspannung von 4—12 V um; trennt den Niederspannungsteil dabei vom Netz und hat gleichzeitig die Wirkung eines Trenntrafos

Leiter Alle elektrisch leitenden Teile, in der Regel werden die Adern einer Leitung als Leiter bezeichnet

Leitungsquerschnitt Querschnittsfläche der Ader; sie kann aus dem Durchmesser errechnet werden

Leitungsschutzschalter Schützt die Leitung vor zu hohem Strom; wird auch als Sicherung bezeichnet

Leuchtstofflampe Mit einem Gas gefüllte Glasröhre mit zwei Elektroden. Die Lichtwirkung entsteht durch einen von innen auf die Glasröhre aufgebrachten Leuchtstoff, der durch das Gas zum Leuchten angeregt wird

Lüsterklemmen Anschlußklemmen mit zwei Klemmschrauben

Ohm Maßeinheit für den elektrischen Widerstand; Kurzzeichen Ω. Benannt nach dem deutschen Physiker Ohm (1789—1854)

Potentialausgleich Elektrisch leitende Verbindung aller metallischen Bauteile eines Hauses mit dem Erder

Schaltplan Übersicht über die elektrischen Leitungen und Geräte in einer Anlage

Schutzisolierung Bietet beim Auftreten von Fehlern einen Berührungsschutz vor Teilen eines Elektrogerätes, die unter Spannung stehen

Schutzkleinspannung Spannung unter 42 V; verhindert, daß bei einem Isolationsfehler eine gefährliche Berührungsspannung auftritt

Schutzkontaktstecker und -steckdosen Dienen zum lösbaren Anschluß von Elektrogeräten und erden diese über einen an den Schutzleiter angeschlossenen Schutzkontakt

Schutzleiter Besonderer, aus Sicherheitsgründen mitgeführter Leiter; Kennfarbe grün-gelb; verhindert bei Fehlern, daß das Gehäuse von elektrischen Geräten unter Spannung steht

Sicherung Schützt die Leitung vor Überlastung und schaltet bei einer bestimmten Stromstärke ab

Spannung Wird zwischen zwei elektrischen Leitern gemessen; in der Hausinstallation beträgt die Spannung 220 V

Stromkreis In der Hausinstallation die Leitung zwischen der Sicherung im Wohnungsverteiler oder hinter dem Zähler und dem Verbraucher, beispielsweise einer Leuchte oder Steckdose

Transformator Wandelt eine bestimmte elektrische Spannung in eine andere um

Volt Maßeinheit für die elektrische Spannung; Kurzzeichen V. Benannt nach dem italienischen Physiker Volta (1745—1827). Beispiel: Die Spannung an der Steckdose beträgt 220 V

Watt Einheit der elektrischen Leistung; Kurzzeichen W. Benannt nach dem englischen Erfinder Watt (1736—1819). Beispiel: Ein Heizofen hat eine Leistung von 2000 W, das entspricht 2 Kilowatt (2 kW)

Wechselstrom Elektrischer Strom mit periodisch wechselnder Richtung (Frequenz: 50 Hz)

Widerstand, elektrischer Eigenschaft von Stoffen, den elektrischen Strom beim Durchgang mehr oder weniger zu hemmen (Maßeinheit: Ohm)

Register

Abzweigdose 14, 98 f., **110**
Aderendhülsen 28 f.
Aderleitungen 108
Anschlüsse **117**
Antennen **66 ff.**
Antennensteckdosen **66 f.**, 106
Aufputzdosen 99
Aufputzinstallation 92, 107 f.
Aufputzschalter **111**
Aufputzsteckdose **109**
Ausschalter 21, 75 f., 106
Außeninstallation **116 f.**
Außenleiter 13 f., 21 f.
Außenleuchten 58

Badezimmer **113 f.**
Breitbandkommunikationsanlagen 69
Bügeleisenanschlußleitung **43 ff.**

Deckeneinbauleuchte **51 f.**
Differenzstromauslöser 16
Dimmer 16, 21, 55, **82 ff.**, 106
Doppelsteckdose 74
Drehstrom **13 f.**, 21
Durchgangsdosen 66 f.
Durchgangsprüfer 29, 31 f.
Durchgangsprüfung **32**, 42
Durchklingeln 32

Elektroinstallation **10—25**
Elektromotoren **46 f.**
Enddosen 66 f.
Energiekabel 22
Erdkabel 22
Erdungsleiter 13 f., 23

Fehlerstromschutzschaltung
17 f., 117
Fehlersuche 42, 54, 88
Feinsicherungen 16
Fernschalter **81 f.**
Fernsehen 25, **66 ff.**
Feuchträume **112 ff.**
Feuchtraumleitung 22
Feuchtraumschalter 111
Fundamenterder 13 f.

Geräte **34—47**, **112 ff.**
Geräteverbindungsdosen 99
Gleichstrom 21
Glühlampen 48 f., **52**, 82
Gongs 64 f.
Gummiaderschnur 24
Gummischlauchleitung 23 f.

Halogenlampen 52, **55 f.**
Hausanschluß **12**
Herdanschlußleitung 24
HF-Koaxialkabel 23, 25, 66
HF-Schaumstoffleitung 25
Hohlwanddosen **101 ff.**

Infrarotschalter **58 ff.**
Installation 6, 57, **70—89**
Installationsrohre **106 f.**, 108

Kabelanlagen 69
Kabelkanäle 108, **112**
Kennziffer 20
Kleingeräte **42**
Kleinspannung **62—69**
Klemmen 98 f.
Klingelanlage **64 f.**
Klingelleitung 23, 25
Kohlen **46 f.**
Kontrollschalter 106
Kreuzschalter 21, 76 f., 79, 106
Kreuzschaltung 79, 81, 85
Kunststoffrohr 106
Kupplung **36 ff.**

Läutwerke 64
Leerdosen 93
Leistungsmessung 12
Leiter 13
Leitungen 21, **22 ff.**, 65, 92,
98 ff., **106 f.**
Leitungsquerschnitt 15
Leitungsschutzschalter 15 f.
Leitungsverlegung **94 f.**
Leitungsverzweigung 21
Leuchten 21, **48—61**, 92 f.
Leuchtenanschlußdose 100
Leuchtstofflampen **53 f.**
Lichtschalter **75 ff.**, **88 f.**
Lüsterklemme 45, 50 f., 100

Mantelleitung 22 f., 108
Meßgeräte 117
Minikanal 112
Mittelleiter 13 f., 21 f.

Neonlampen 51, 53
Neuinstallation **90—117**
Niedervolt-Halogenleuchte 55 ff., 82
Nulleiter 18 f., 22
Nullung 14, 17, **18 f.**

Phase 14, 21 f.
Phasenprüfer 28, 30 f.
Potentialausgleich 13 f., 114
Potentialausgleichsleiter 114
Potentialausgleichsschiene 13 f.
Potentialunterschiede 13
Prüfen 117
Prüfschraubendreher 28, **30**
PVC-Schlauchleitung 23 f.

Radio **66 ff.**
Ringleitung 57
Rundfunk 25

Sauna 115
Schaltbild 61, 75 ff., 83 ff.
Schalter **90—117**

Schalterdosen 98 f., 102
Schalterkombinationen **104 ff.**
Schaltpläne 21
Schmelzsicherungen 15 f.
Schraubendreher **28 f.**
Schutzarten **20 f.**
Schutzisolierung **18 f.**
Schutzklassen 9, **20 f.**, 115
Schutzkontaktsteckdosen 18 f.,
21, 106
Schutzkontaktstecker 17 f.
Schutzleiter 13 f., **18 f.**, 22, 34
Schutzrohr 106 ff.
Schwachstrom 25
Schwachstromanlage 62
Seitenschneider 28 f.
Sensordimmer 86, 88 f.
Serienschalter 21, 75 ff., 106
Serienschaltung 77, 84
Sicherheitsregeln **8**
Sicherungen 8, 12, **15 f.**, 21
Sinnbilder **21**
Spannung 13
Spannungsprüfer 8, 29 f., **31**
Starter 53
Steckdosen 14, 66 f., **72 ff.**,
90—117
Steckdosenringleitungen 93
Stecker **36 ff.**
Stegleitungen 23, 65, **96 f.**, 108
Stehlampe 54
Stemmarbeiten **97 f.**
Strahler **50 f.**
Stromkreisverteiler 12
Stromstoßschalter **81 f.**, 86

Taster 106
Tastschalter 21
Transformator 56 f., 64 f.

Unterputzdosen 98 ff.
Unterputzinstallation 92

VDE 0100 8
Verteilerdosen 98 f., 110

Wandeinbaudose 72 f.
Wechselschalter 21, 75 ff., 85, 106
Wechselschaltung 78, 81, 85
Wechselspannung 13, 21
Wechselstrom **13 f.**, 21
Werkzeug **26—33**
Widerstand 21
Wirkschaltplan 75 ff., 81, 83 ff.

Y-Draht 23, 25

Zähler **12**
Zangen **28 f.**
Zuleitungen **34—47**
Zwillingsleitung 25

In der bei vielen Selbermachern beliebten FALKEN Heimwerker-Serie sind bisher erschienen:

»Kleinmöbel aus Holz« (128 S., Nr. 0905)
»Fahrradreparaturen« (112 S., Nr. 0796)

»Tapezieren« (112 S., Nr. 0743)
»Anstreichen und Lackieren« (120 S., Nr. 0771)

CIP-Titelaufnahme
der Deutschen Bibliothek

Schubert, Karl H.:
Elektroarbeiten/Karl H. Schubert
[Zeichn.: Gerhard Wawra]. —
Niedernhausen/Ts.: Falken-Verlag, 1988
    FALKEN Heimwerker-Praxis
    ISBN 3-8068-0975-5

ISBN 3 8068 0975 5

© 1988 by Falken-Verlag GmbH
6272 Niedernhausen/Ts.
Titelbild: Photo-Design-Studio
Gerhard Burock, Wiesbaden-Naurod
mit freundlicher Unterstützung
der Heinrich Kopp GmbH & Co. KG, Kahl, Main
Umschlagrückseite: Hermann Kleinhuis
GmbH & Co. KG, Lüdenscheid
Bildquellennachweis: Brilliantleuchten AG,
Gnarrenburg, S. 116 r.; Gebrüder Merten
GmbH, Co. KG, Gummersbach, S. 59; Gerhard
Wawra, Wiesbaden, S. 5 o., 13 o., 19 o., 61, 61,
62—63, 64 u., 74 u., 75, 76, 77, 78, 79, 81 u., 83,
84, 85, 86, 94, 104 u., 114; Heinrich Kopp
GmbH & Co. KG, Kahl/Main, S. 1, 6—7, 9, 16,
17, 18, 19 u. 36 o., 41, 62, 64 o., 116, 70—71, 80 o.,
88, 89, 90—91, 104 o., 112 M., 113; Hermann
Kleinhuis GmbH & Co. KG, Lüdenscheid, S. 11,
13 u., 98 M., 99 o.; Karl H. Schubert, Platjen-
werbe, S. 5 u., 10, 12, 14, 15, 20, 23, 28, 29, 30 o.,
31, 32, 33, 34, 35, 36 u., 37, 38, 39, 40, 42, 43,
44, 45, 46, 47, 50 51, 52, 53, 54, 55, 57, 60, 64 M.,
65, 68 o., 72, 73, 74 o., 80 M. und u., 81 o., 82,
87, 92, 93, 96, 97, 98 o. und u., 99 M. und u.,
100, 101, 102, 103, 105, 106, 107, 108, 109, 110,
111, 112 o., und u., 115, 116 l.; PHILIPS, Ham-
burg, S. 2, 48—49, 55 u., 56; Photo-Design-
Studio Gerhard Burock, Wiesbaden-Naurod,
S. 26—27, 30 u., 67
Die Ratschläge in diesem Buch sind von Autor
und Verlag sorgfältig erwogen und geprüft,
dennoch kann eine Garantie nicht übernom-
men werden. Eine Haftung des Autors bzw.
des Verlages und seiner Beauftragten für
Personen-, Sach- und Vermögensschäden ist
ausgeschlossen.
Satz: Dinges + Frick, Wiesbaden
Druck: Zumbrink Druck GmbH, Bad Salzuflen

817 2635 4453 6271